U0839756

女人要宠

Nü REN YAO CHONG

夏 兰 编著

时事出版社

图书在版编目(CIP)数据

女人要宠／夏兰编著.—北京:时事出版社,2007.5
ISBN 978-7-80232-119-9

Ⅰ.女… Ⅱ.夏… Ⅲ.妇女心理学—通俗读物
Ⅳ.B844.5-49

中国版本图书馆 CIP 数据核字(2007)第 040553 号

女人要宠

出 版 发 行:时事出版社
地　　　址:北京市海淀区万寿寺甲 2 号
邮　　　编:100081
发 行 热 线:(010)88547590　88547591
读者服务部:(010)88547595
传　　　真:(010)68418647
电 子 邮 箱:shishichubanshe@sina.com
网　　　址:www.shishishe.com
印　　　刷:北京京安印刷厂

开本:787×1092　1/16　印张:17.5　字数:307 千字
2007 年 5 月第 1 版　2008 年 10 月第 7 次印刷
定价:28.00 元

前 言

Qian Yan

“该怎么宠女人”是一个大众性的话题，也是一个需要深入研究与探讨的问题。你知道女人为什么需要“宠”吗？你知道女人的真实生存状态吗？你知道她们内心的甘苦与渴望吗？你知道女人最真实的一面吗？

有作家形容，每一种花代表着一种女人。有的女人如牡丹、芍药般雍容华贵、气质高雅、超凡脱俗；有的女人如兰花般惹人怜爱，有着柔若无骨的纤纤素手，凝满哀怨与深情的眼，让人顿生怜惜与柔情；有的女人如玫瑰般热烈奔放、激情如火、敢爱敢恨；有的女人如梅、如菊，高风傲节又纯洁；有的女人如出水芙蓉般袅袅婷婷、优雅恬静；还有的女人如虞美人般美艳绝伦却剧毒无比……

花似女人，女人如花。她们或以气质魅人、或以风采骄人。每一种女人都有着独一无二的特质，让人百读不厌……

但是，你能真正地了解女人吗？

女人在许多人的眼中是猜不透的谜。弗洛伊德曾叹道：“虽然我花了30年的时间研究女性的灵魂，但有个大问题我仍然无法回答：女人渴望得到些什么？”

契诃夫也说：“女人是个猜不透的谜。”是的，女人是个没有确切答案的谜。

她为什么就需要人去“宠”呢？因为在现代社会里，女人是“第二性”，被当作男人的肋骨、影子。莎士比亚说：“女人，你的名字叫脆弱。”

在新时代社会，女人们虽然迈出家门走向社会了，但是，她们活得轻松快活吗？答案是否定的，实际上，她们肩头的担子更重了。她们不仅没有摆脱家务的担子，还背上了事业的重负。所以，她们要两头做人，在家庭与事业的夹缝中苦苦地挣扎，辛酸无人知晓……

另外，她们一心追求感情，却易为爱所伤；她们全心全意地经营婚姻，却可能被丈夫抛弃；她们为丈夫、为子女耗尽所有精力，却可能无人领情；只因是女人，想在事业上崭头露角竟难如登天；即使越过重重险阻获取成功，却不能坦然享受成功的喜悦，反而烦恼缠身……

女人的青春易老、红颜易逝，女人最易陷入孤独无助……

但这个世界却万万不能缺少了女人，她们是人类的半边天。文学大师冰心说过："如果世界上缺少了女人，就缺少了十分之五的真，十分之六的善，十分之七的美。"

女人一直在我们的生活中扮演着重要的角色。对于女人，我们该做些什么呢？我们是不是该多给她一些爱护、多给她一些温暖、多给她一些帮助呢？

你知道该怎么去宠女人吗？你了解女人的心思吗？

当一位令你砰然心动的女孩朝你走来，除了心跳不已外，你知道该怎么向她表达你的爱意吗？

当一个你爱的女人在你久追不果的情况下，你是继续表达自己呢，还是该放弃？你知道女人对爱情的憧憬吗？你知道什么样的求爱方式最有效吗？

俗话说"女人心，海底针"，把女人的心理形容得非常透彻。事实即是如此。女人的心是难以捉摸的，明明是自己喜欢的男人，却非要装出一副漠不关心的神色；而对于根本没感觉的男人却会开随意的玩笑。

女人对于男人的追逐，越是疯狂、越是执著，她的心里就越是喜欢，只是表面上板着面孔说讨厌，而最终却可能会义无反顾地嫁给这个"讨厌"的男人，因为这个男人能够满足她对爱情的幻想。

男人是什么？对于女人来说，男人应是座可以依靠的大山。男人的关心和爱护是女人的"最需"。女人在受伤的时候，最希望能够有一个可以依靠的男人，让她依着他栖息，做甜美的梦。这就是女人所追求的"毕生幸福"。

女人会把男人当成她一生幸福的"赌注"，拿自己的青春孤注一掷。她们希望通过一个男人，改变自己的后半生……

这就是女人，男人所不了解的女人。

许多男人自认为了解女人和自己的妻子，其实未必。德国哲学家费尔巴哈曾经说过："和你最近的人往往离你最远。"

是的，一个男人与一个女人可能共同生活了几年或几十年，可仍不明白她的内心需求是什么，不明白她为什么对婚姻生活有那么那么多的不满意，不明白她为什么会由婚前温柔可人又善解人意的女孩儿变成婚后心胸狭窄、斤斤计较又喜欢唠叨的怨妇，不明白……

当与你已经堪称是“老夫老妻”的妻子忽然埋怨道：“恋爱的时候，你每天送我一支玫瑰，怎么现在一支都不送了？”你会不会为这句话而半天缓不过神来？你是真诚地检讨自己：“亲爱的，都是我的错，不该疏忽了这件事情，以后一定谨记”；还是不屑地对她讲：“一个渔夫钓到鱼后，是否还要继续喂它饵吃呢？”你知道不同的两种回答分别会造成什么后果吗？

婚后的少妇可能会依然缠着男人，像初恋的少女一样，柔声地要他陪着去逛街、做美容；女人可能不在乎男人为她花了多少钱，却在意男人是否舍得为她花钱；她可以不要金钱带来的物质享受，却对男人的嘘寒问暖感动不已；她不再过分地在意男人的学历、相貌以及经济基础，却对“他是否在乎她”毫不含糊……

是的，女人的心思很难懂，但是你却一定要懂。只有搞懂女人心，你才知道针对不同情况该怎么去宠她！

女人显示出高傲或矜持，仅仅是因为过分的自尊；自知相貌平平的女人，希望在他人眼中是美丽的；她最喜欢听到爱人称赞自己，哪怕明显言过其实；女人有时不是不想嫁，而是苦于找不到认为可以依靠的男人；明明喜欢一个男人，却不会说出来，而是等待着那个男人自己上钩；没有一个女人愿意成为令丈夫讨厌的人，但却会被丈夫逼成这样的女人；明明已经白发初现、眼袋明显，却仍不愿听到有人叫自己“阿姨”……

解读女人不容易！宠女人也要对不同情况采取不同的应对方式。

女人不仅有明媚的一面，也有阴暗的一面，亦正亦邪。她们的本能中有光环也有阴影；有天性的美德，也可能有劣根。

女人的香色让人惊诧，女人的秀色让人赞叹，女人的出色让人钦佩，女人的爱让人感动……美与爱交织成女人生命中最亮丽的风景。我们能从女人身上感受到母爱和情爱，从女人的奉献中看到宽容和忍让。当你打开女人这扇窗，你就会看到美丽、温柔、文雅、坚韧，感受到无怨无悔的付出、无日无夜的辛劳、无时无刻的呵护、无始无终的温馨。

不过，当你透过女人身上特有的光环，你还可能会看到女人心灵中的阴暗面：女人的浅薄使自己最容易被诱惑；女人的凶悍使自己容易被拒绝；女人的轻浮使自己容易被抛弃……

没有男人喜欢任性的女人，但女人却可能很任性；没有男人喜欢虚荣的女人，但女人却可能一心求虚荣，甚至会集吝啬、矫情、嫉妒心强、报复欲猛烈于一身，并且被错误的思想冲垮理智……

这时，你不仅不能听之任之、不能顺其心而行，相反要采取拒绝、反对、划清界线等方式去面对，这样才能使自己免受其害，造成终身悔恨。

要想宠女人，首先要走近女人、理解女人、感悟女人，把女人彻底读懂。本书不仅向你详细、全面地解剖女人的方方面面，还有针对性地教你如何根据不同情况去“宠”女人。

此书在编写过程当中，得到了很多对“宠女人”有感受、有想法的朋友的帮助和建议，他（她）们积极地参与到书稿的编写过程当中来，对资料的提供、收集、整合以及具体写作都给予了很大的帮助。

在此，作者对所有给予帮助、提供资料以及提出宝贵建议的朋友表示真诚的感谢，希望这部融入了诸多人士心血的作品能够得到广大读者的认可，受到男人和女人们的欢迎。

谨以此书献给深爱着女人的男人们，和所有为爱付出的女人们。

主编者　夏　兰

2007 年 4 月于北京

目 录

Mu Lu

第一章 女人为什么要宠

NüRenWeiShenMeYaoChong

第三节 家庭中的“老黄牛”

第四节 因为性别“出头”难

第五节 事业成功的艰辛

第二节 男人对女人该具备的风范

第三节 宠女人要顺应女人心

第四节　女人闹情绪怎么办

第五节　女人做错事怎么办

第六节　家庭问题如何化解

第三章　“出格”的女人别依着她

ChuGeDeNüRenBieYiZheTa

第一节　得寸进尺、无理取闹

第一章

女人为什么要宠

第一节
社会因素带给女人的“重压”

SheHuiYinSuDaiGeiNüRenDeZhongYa

1. “好女人”难做

人们对女人的期望太高

现今社会，女人成为人类的“半边天”，社会地位提高了，受重视的程度也提高了。在受到重视的同时，人们赋于的期望值也大大地增加了，既要求女人能够走到社会上拼得一席之地，又要求女人成为贤妻良母的典范。

人们给予了女人太多的期望，作家梁晓声说：“好女人是一所学校，一个好男人通过一个好女人走向世界。一个男人的一百个男朋友，也没有一个好女人好；一个男人的一百个男朋友，也不能代替一个好女人。好女人是一种教育。好女人身上散发着一种清丽的、春风化雨般的妙不可言的气息。她是好男人寻找自己、走向自己，然后豪迈地走向人生的百折不挠的力量。”

“女人是社会变化和发展的酵素，当你走向战场和类似战场的生活，身后有一位好女人相随，那死也不是可怕的了。当你感到身心疲倦透顶的时候，一只温柔的手放在你的额头，一觉醒来，你又变成朝气蓬勃的人。当你糊涂又懒散，自卑又自叹，提不起腰杆，好女人温柔的指责，像一条鞭子，抽打着你前进。好女人使人向上……好女人暖化了男人，同时又弥补了男人的不完整和幼稚，于是男人就像一个真正的男人……”

在众望所归中，在众目睽睽之下，女人们竭尽全力地使自己成为人们心目中的“好女人”，兢兢业业地工作，勤勤恳恳地理家，为此忙得团团转，生怕哪一点做得不够好。

新时代女性的社会价值提高了,但肩头的担子也更重了。

身顾"万事"疲于奔命

为什么说"好女人"难做呢?

首先,女人要讲究自身形象,在百忙中抽出时间来料理自己的衣装和容颜,否则,就会被人视为"不够格的女人",被上司视为"懒散的下属",被丈夫视为"令自己没面子的妻子"。

接下来,女人还要懂得理家,懂得体贴、照顾丈夫,否则,就会被视为"不合格的妻子"。整理家务,多被认为女人"分内的事"。那些琐碎的、繁杂的、永远理不完的家务活,占用了女人多少本该好好享受人生、享受生活的时间呀!女人可能会毫无怨言地去做,男人却大多会心安理得地享受家庭的温馨与整洁,却不去想这是妻子的辛劳付出换来的,是该得到帮助、感谢的。

除了理家之外,女人还要"料理"自己的丈夫。男人在外面是堂堂男子汉,在女人面前却是"需要照顾的大男孩",将妻子的照顾看做是天经地义的事。女人们也希望自己成为"好妻子",用自己的付出与牺牲营造一个温暖又温馨的家,用自己的付出与爱心赢得、留住丈夫的爱。

于是,女人们对丈夫的付出就日复一日地继续了下来:

女人在天未拂晓之时,就得早早地起床,准备早餐与该换的衣物。早餐已热气腾腾了,丈夫还在甜蜜的梦里,于是女人得耐下心来用温柔的声音去唤醒他,告诉他早餐已经备好,是他喜欢吃的什么什么。

女人在给自己买东西时,往往精打细算,犹豫再三,生怕浪费了辛苦赚来的"血汗钱"。可是,当丈夫说喜欢某某物品时,无论价钱多么昂贵,只要能够博得爱人一笑,再吝啬的女人也会无比慷慨地掏腰包,私房钱见了底也再所不惜。

为了让丈夫看他喜欢的球赛,女人甘心错过心爱的电视剧,边听着丈夫兴奋的叫声边为他打毛衣。

女人在丈夫大发雷霆的时候,往往忍气吞声,等他气消了再同他慢慢解释、慢慢开导。

当丈夫醉熏熏地回到家中,满口的胡话、将酒菜吐了一地后,女人要安抚他好好休息,还要收拾狼狈的局面;

女人在工作一天回到家中后,不能像丈夫一样坐到沙发上看电视,而是要继

续辛劳，料理晚餐与剩余的家务，并且还要注意再忙再累也不能蓬头垢面，否则，会被丈夫视为“黄脸婆”……

做好了以上这些事项，并不等于完事大吉了，你还得把工作搞得差不多，否则，你会被人看不起，说你要靠男人养，吃闲饭。不过，你也不能把工作做得太出色，超过了丈夫，就会让丈夫有压力，在你面前没面子，还担心养不住你，婚姻的裂痕可能就因此而产生了。

想做“好女人”，怎一个“难”字了得！你得身顾万事，为此疲于奔命！

“好女人”往往是为别人而活的，把“好”献给了别人，把苦和累留给了自己。

做得好也未必得到承认

女人是易受人挑剔的，她们的责任面远远大于男人。近些年，女性的生存面扩大了，在某些方面可以与男性齐头并进了，但是女性被赋予的使命更多了，责任面也随之扩大了，她们在女性的传统角色——无私奉献的妻子和自我牺牲的母亲的基础上又添加了新的意义：现代女性应该是既出得了厅堂又下得了厨房的全才，她们在白天要做个合格的职员，能够赚到不错的薪水，回到家中又能够轻松愉快地打理好家务、照顾好孩子，不误相夫教子，即“家里家外一把手，家庭事业不输人”。

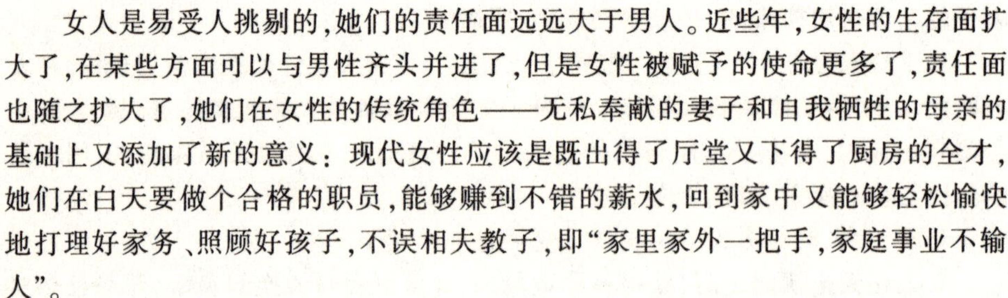

男人没这么多的压力，他们只要工作干得出色，能给家里拿回大把的钱来，基本就可以高枕无忧了。女人则不然，丈夫形象邋遢女人会被指责，说她没打理丈夫，不是个合格的妻子；子女不乖或学习不上进，女人也会被指责，说她不教育孩子，不是个合格的母亲；丈夫烦恼多得不到排解，女人会受到指责，说她与丈夫不贴心；子女不愿意与她交流并且不听她的话，女人会受到指责，说她不懂得引导孩子。当丈夫、孩子在高兴地看电视，将瓜子皮扔得满地都是时，女人要一声不响地去清扫，还不能抱怨，否则，丈夫和孩子都会嫌她啰嗦……

要想无人指责，女人得贴心贴肝地关心丈夫，从衣着到内心的想法；要想无人指责，女人得无微不至地关心子女，让他们吃好穿好，还得教他们做人、督促他们的学习……总之，在家里，女人得做所有人的保姆。

有一个女人经过十年寒窗苦读上了大学，念了硕士，当有了孩子则立刻止住了奋斗的步伐，一心培养起儿子来，别无他顾，只希望儿子也能够像自己一样过五关斩六将，读硕士、读博士，出人头地。即使儿子在她的培养下成为一个博士，那么她也还是白白地牺牲了自己的大好人生，那是以放弃自己的人生追求为代价的。

当丈夫事业有成，春风得意的时候，人们称赞的往往是这个男人的能力、魄力与风度，而没人会想到他背后的女人。当子女健康成长或学业有成之时，人们夸奖的是这个孩子的聪明可人而忽视了辛勤培育他的母亲。

令人感到不平的是：一个女人为丈夫、为孩子牺牲了那么多，结果却可能事与愿违。当丈夫成功了、子女的翅膀硬了时，他们就忘了她的付出，男人可能会忘恩负义地背叛她，子女可能会嫌她思想落伍、嫌她说话唠叨而不愿回家见她。当她看到他们都不再需要自己时，才会幡然醒悟：她不是个成功的妻子，不是个成功的母亲，更不是个成功的女人。

我们的妻子、母亲，为我们奉献出了自己的所有，只为成全“好女人”这三个字。当我们认识到这一点后，就该对她们报以一声“谢谢”，送上一个温暖的笑脸。她们做得好就该得到“好”。

女人千辛万苦，只为做得好，而最终往往却得不到“好”。

2. “好女人”不能说不

难以按自己的意愿生活

女人活在世上，要比男人有更多的无奈。即使在社会生活多元化的现代社会，女人的自由范围仍没有男人大，她们的某些生活方式似乎只能按既定的传统模式去进行，否则她们将面临较大的压力。

生活中，男人较自由，可以天高任鸟飞地去做想做的事情。而女人则相反，她们常被生活所羁绊、捆绑，却又挣脱不了束缚，只能无奈地叹息。

女人很难按自己的意愿去生活。如今，女人的独立意识渐醒，她们完全可以自强自立于世，所以免不了寻求自主和自由。在越来越发达的社会中，由于女性的选择更为丰富多彩，因此结婚对一部分女人来说越来越失去吸引力。她们或是打算暂时单身，或是打算永久单身。不过，如果到了结婚年龄，亲朋好友们则会不断地催促快结婚，好像是大家的事情一样。

一旦过了结婚的年龄而尚未结婚，那么麻烦就多了：父母会觉得没面子，被认为女儿嫁不出去了；朋友会认为她是个失败者，对她抱持怜悯的态度；在社会上则会被当成“异类”，引来异样的目光……总之，要承受方方面面的压力。

很多到了婚龄或过了婚龄的女人会在父母亲的恩威并济、软硬兼施的情形下一次又一次地去相亲，结果多半是父母亲中意而女儿自己有意见。要是一再相亲不成，父母亲就警告了：年龄一年年大了，再挑剔就结不成婚啦！女孩子这么大了还不将就点！

在一个单位里，到了婚龄而尚未结婚的女性，不论她的人缘多么好，她仍然会碰到一些很尴尬的场面：别人聊天偶尔谈丈夫和孩子的时候，她插不上嘴；如果有人说漏了嘴提到老处女什么的，会歉意地赶快闭嘴，甚至还带着同情的眼色看看她，仿佛不小心伤害了她，这种过分的谨慎反而更让她伤心……

换作同样的情况，人们对男人则宽容得多，如一个男人始终坚持做“单身王老五”则是可以得到人们的认可的。

另外，女人多是家务事的奴隶，她们赚的钱可能并不比男人少，男人下了班可以舒舒服服地看电视、看报纸、散步等，女人却首先要准备一家人的晚餐，然后料理家务。哪个女人不愿像男人一样轻闲呢，没有人天生爱干活。但女人似乎只能这样，除非钱多的可以雇保姆，否则，她就得亲自担任“保姆”这一角色。

“结婚以前，乌都的房子总是整理得干干净净的，”米歇艾娜抱怨道：“可现在他连指头都懒得动一下了。”男人可以变懒，可以对家务不负责任，可女人却无法做到这一点，男人撂了挑子，女人只好无奈地去承担。不仅如此，女人还要去熨平男人的皱衣服，洗净他的脏袜子，帮他安排每天要穿的衣服。这就不难理解为什么结了婚的女人常蓬头垢面的，与婚前判若两人，因为她们被生活完全捆绑住了，顾不上料理自己。这其中有多少无奈呀！

婚姻专家点评

即使在新时代，女人仍然没有男人同样的潇洒与自在。

委曲求全，“不”字难出口

女人是要温柔贤淑的，她们轻易不能说“不”，一个不听话的男孩仅仅会被视为顽皮，而一个不听话的女孩则被视为“叛逆”。女人几乎就等于“乖顺”的代名词。女性在婚姻或生活中大都扮演着“好母亲”或者“乖女儿”的角色。“好母亲”或者“乖女儿”就必须有着顺从、勤劳、可爱、心肠好、乐于助人、善解人意、细心体贴等等诸多优点，至于“不愿意”或者“不，现在不行”等话是不该从她们的嘴中说出来的，她们用牺牲自我和无尽的付出成全了在人们心目中的形象。在维持着良好形象的时候，她们是付出了种种代价的。

无论在何种场合，冷硬无情的话都不能从女人的嘴里说出来，人们会说这个女人太冷酷生硬、太没女人味了。反之如果出自一个男人之口，人们就不会再抱着反对的态度，在有些时候还会被视为优点，得到赞赏、敬佩，被奉为“真男人”。即使被人欺负，女性也多不能像男人一样大大方方地捍卫自己的尊严，她们要学会忍耐、学会屈从。

于是，女人常常逆来顺受，委曲求全。在遭遇困难或苦恼时，她们常常需要以牺牲自己来顾全大局，并找种种借口安慰自己。

“他毕竟是我的领导，他有权利指责我。如果我反驳，会让他难堪的。”女人常顾忌他人的感受，而放弃了自己的权利。

“我丈夫工作不顺心，回家发发脾气也是可以理解的。如果我再同他吵，他不是更难过了吗？”即使对方无理，女人也常把丈夫放在首位。

“我的儿子还太小，如果我离了婚，他就会没有了爸爸。我不能那么自私，剥夺了儿子的幸福！”

“嫁鸡随鸡，嫁狗随狗！他不好又能怎么样，已经嫁了他，凑合着过吧。”

女人就这样总是放弃自己、牺牲自己成全他人，并能找到安慰自己的借口，被打掉了牙往肚子里咽，以维持在人们心目中的形象。

不管怎么说，在现代社会中，女性都是人类的半边天，占据着男人不可取代的重要位置。无论在家庭中还是社会中，无论是我们的母亲、姐妹、妻子、女儿，还是亲朋、同事乃至陌生女人，我们都该对她们多一份宽容、多一份关爱，这样生活一定会更美好。

人们对女人的要求，永远比对男人的要求高。

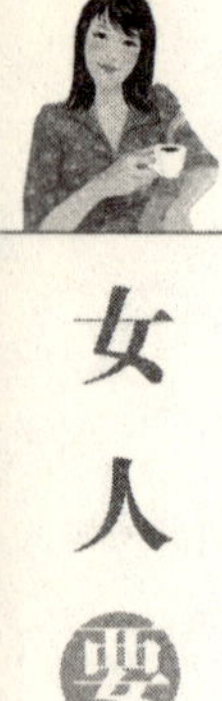

第二节
感情方面的辛酸苦辣

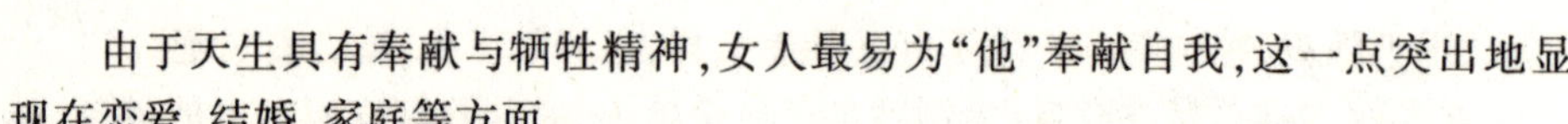
GanQingFangMianDeXinSuanKuLa

1. 为爱受伤的总是女人

为爱奉献自我的“痛”

由于天生具有奉献与牺牲精神，女人最易为“他”奉献自我，这一点突出地显现在恋爱、结婚、家庭等方面。

为爱情不顾一切的常常是女人。女人们最常上演为一场爱情而置前途、命运于不顾的人间剧，虽然到最后她们往往是受害者。只要女人爱上一个男人，无论这个男人是泼皮无赖还是无业游民，不管他在别人的眼中是多么的不堪，在爱他的女人眼中也是伟岸的，她为他可以抛弃名利、地位，只求轰轰烈烈爱一场。

恋爱中的男人会同时与一大群朋友交往，而恋爱中的女人则会把爱人当作绝对的生活重心，整天围着他转，不惜冷落所有的朋友而把全部的爱和时间都奉献给他，不求索取不问回报。男人在心爱的女人相伴时，也会对其他的美女忍不住侧目，而女人则对其他男人不屑一顾，只因觉得自己的男人最伟岸。男人对女人的甜言蜜语常常是信口说出，而女人则常常对男人那真假难分的山盟海誓刻骨铭心。

虽然人人都向往爱情，但是男人很少会像女人一样为爱情舍弃名利、地位。男人们承受着比女人多得多的来自社会的责任和压力，他们自然而然地把爱情放在次要位置，把事业放在首位。他们得有事业，得通过事业的拼搏实现自己的人生价值。爱，不过是他们生命的一部分，为爱情落泪似乎只是女人的专利，男人难得为爱情要死要活，而女人为了爱情却什么都能够做到。

为爱情放弃一切便是最常上演的故事了。生活中为爱情放弃一切的常常是女人而不是男人。女人都是爱情动物，她们生来就是为了爱而活的。那些所谓的女强人追求金钱、追求权势、追求名利，不过是在爱情得到以前或失落之后退而求其次的一种自我安慰和弥补。若是这时爱出现了，若是鱼和熊掌不可兼得，那她一定会舍弃一切的光环退居幕后，只求与心爱的人能够相厮相守，甘心为他守候一生的。

在男人眼里，老婆总是别人的好；在女人看来，老公却总是自己的强。

华是一家名校的毕业生，得到了一份相当好的工作。她却与一个游手好闲的男人相恋了，并坚决地嫁给了他。婚后，丈夫仍没改掉从前的恶习，华则努力用自己的收入来使他过上舒适的生活。这虽然在别人眼中是有些看不过去的，可华却沉浸在幸福里没有感到丝毫的不妥。这就是爱情中的女人，甘心为爱情奉献自我。

当初丹嫁给丈夫的时候，遭到了父母的强烈反对，因为女方的家庭条件较之男方的家庭条件好很多，父母怕女儿嫁过去受苦。丹则不顾一切地与爱人私奔了。流浪的路上，丹吃尽了苦头，只要爱人几句甜言蜜语，丹便毫无怨言了……

这就是爱情中的女人，甘心为爱情放弃自我、奉献自我。

婚姻专家点评

一旦遭遇爱情，女人常常会被爱俘虏，也会被男人俘虏，成为爱情和男人的双重奴隶。

牺牲自我成全"他"

婚后的女人，常要"嫁鸡随鸡"、"嫁狗随狗"，很多时候、很多事情都要以丈夫为中心，放弃个人的喜好和幸福。婚姻生活中，一旦自己的利益与丈夫发生冲突，女人常主动放弃自己成全丈夫。即使颇为难，也只能无奈地妥协。

里克有一个不满周岁的儿子，现在她面临的问题是，公司不可能保证把她的位置长期空在那里等她回来，公司决定：如果里克在今后的 3 个月内不能来上班的话，就要重新聘用人员来顶替她原先的位置。这就说明或者是里克辞职，或者是丈夫请假照顾孩子。

里克不忍心影响丈夫的工作，那样他可能将受到嘲笑，说他整天和孩子呆在一起。于是，里克不得不向单位辞职了，那可是她辛辛苦苦奋斗了多年才得来的职位。以后，她得重新再奋斗了。

莉是一位精明干练的职业女性，在国内拥有一份相当不错的职业，且大有发展前景。她的丈夫被派往巴黎工作 3 年，为了照顾丈夫使他能专心工作，她不得不

放弃自己的工作，陪着丈夫去巴黎。

她很担心，她在巴黎没有一个熟人，又不会讲法语。她丈夫每天可以在自己熟悉的圈子中忙碌，会过得非常充实，而她却要一切从零开始，去寻找新朋友，建立一个新的生活圈子，尽管她知道那儿的生活她适应不了，尽管她知道她根本不会法语，她还是必须去尝试。在生活发生转变时，她以丈夫为重心，而自己成了牺牲品，是何等的无奈！

艾伦娜的故事也同样感人。她与丈夫同在一个机构工作，她有着良好的组织才能，并且善于和同事们交流，得到了众人的拥护，随之要受到提拔。事业得到晋升是多少职业女性所梦想的，可艾伦娜却拒绝了这次机会，原因只有一个，她的丈夫早就想得到这个职位了，如果自己退出竞争，那么丈夫就能够脱颖而出，如愿以偿了。因此，她牺牲了自己而成全了丈夫。

在婚姻生活中，女人毫不计较地牺牲着自己。女人的母性呼唤使她不自觉地承担起了照顾丈夫和子女生活的责任。对于大多数女人来说，她们虽然没有做专职家庭主妇，没有放弃工作，可生活的重心全然是丈夫和孩子，而自我事业的发展和进步则被牺牲掉了。

丈夫满意了，孩子被照顾周到了，可女人却没有了自己。她们也许会说在丈夫和孩子身上找到了自身的价值——她们在一种伟大的自我牺牲中陶然忘我了。

婚姻专家点评

在爱情和婚姻当中，女人把牺牲自我当成天经地义的事情。

付出所有被视为“理所当然”

女人并不是生来就必须要牺牲自我的，现代女人也并非只有这样才能被人认可，是她们自觉自愿这样做的，以至于男人把她们的付出当成“理应如此”。

希尔德便是一位这样的妻子，她的丈夫贝拉特拉姆以心安理得的态度享受着妻子无微不至的“照顾”。他还不断向妻子提出尽善尽美的要求，分配给她本该自己分内的劳动：他让她把自己的衣服送到干洗店，让她帮自己预约医生，让她帮自己制订工作计划等等，结果妻子越是无私付出，丈夫越是得寸进尺，不懂得怜香惜玉，更不懂得适可而止。

女人为男人创造了温馨的生活，男人在享受的同时可能还会对女人横加挑剔，甚至暴力相加。伊莉斯当初为了丈夫背叛了父母，私自决定与他结了婚。可婚后的生活却一再让伊莉斯失望，丈夫好吃懒做不求上进，使过惯了富裕生活的伊莉斯生活得很寒酸。从前擅长甜言蜜语的丈夫再也没有了从前的温情，对她冷言冷语，有时还很粗暴。伊莉斯却不后悔嫁给了这个人，她白天外出打工，晚上回到家里做全部的家务，尽量使丈夫过上舒适的生活；而他却丝毫不领情，因为他觉得伊莉斯是他的妻子，她所做的一切都是应该的。这就是伊莉斯为爱情而付出的代价。

爱得如此无私，只有女人才能做得到。而男人呢，他们已经对女人的牺牲习以为常，心安理得地接受而不存在感激与回报。

在婚姻关系中，做出牺牲和让步最多的当然是女人，可是，她们收获的往往只有无奈。女人常把男人奉在主位，而自己甘居其次：丈夫因为赌博欠下了大笔债务，女人会在原来的工作之外再找一份清洁工作帮助丈夫还债；丈夫在外面举办聚会，一掷千金，女人会省吃俭用供男人挥霍；丈夫可能会把收入的一半用在业余爱好上，女人连买件衣服也要货比三家……

可是，男人们看到的是什么？不是女人的奉献而是女人的缺点和不足！

安娜是一个不幸的女人。当初她的丈夫执意要开一个计算机商店，她十分清楚，丈夫想靠计算机商店挣钱的想法根本不可能实现，但是为了表示作为妻子的支持，安娜把父母遗留下来的全部财产都投进了这个商店，并全力帮丈夫经营，最终还是维持不下去了。丈夫不检讨自己的投资失误，反而同安娜无理取闹。安娜明知丈夫没理，也任着他使性子，因为她知道他的心情不好；可是丈夫却没有理会她的心情更糟。

在女人付出和牺牲的背后，往往不是回报而是糟糕的境遇。

不怕付出只怕失去

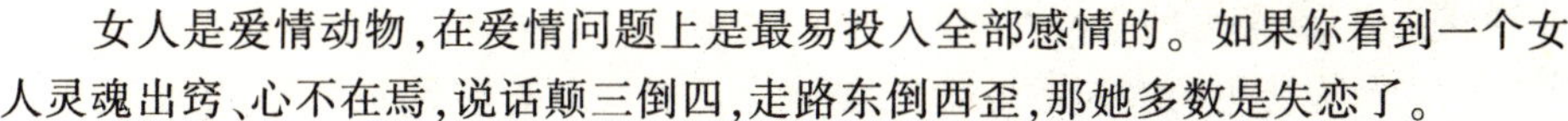

女人是爱情动物，在爱情问题上是最易投入全部感情的。如果你看到一个女人灵魂出窍、心不在焉，说话颠三倒四，走路东倒西歪，那她多数是失恋了。

再聪明的女人，一旦遭遇爱情问题，可能就变傻了。一个女人一旦投入了让她牵肠挂肚的恋情，她就像一只飞蛾扑进了熊熊的火焰之中，一切都不管不顾了，大有一股奋不顾身的气概，一门心思就奔一个认定的目标去了。

女人在爱情的游戏中，往往是认真到了极点，也敏感到了极点，更是脆弱到了极点。因为她们比男人对爱情更加痴迷、更加依恋；而一旦遭受不幸，就会悲痛欲绝，长久地舔拭着伤口，不能忘怀。

女人的情感心理逻辑是——你爱她，她痛苦，你不爱她，她也痛苦；幸福也痛苦，不幸福更痛苦。她在任何时候都能体现出“多愁善感”的一面来：男人要对她太

好了，她痛苦，痛苦之处在于惟恐好景不长、惟恐风云突变、惟恐节外生枝；男人要对她不好了，她就想：我怎么就没有叫男人动心的魅力呢？我怎么就不能将他牢牢地拴在身边啊，我怎么就费尽了心思也不能打动他呢，这可怎么办呀……总之，她时时都被多愁善感的情绪纠缠着。

一对男女分手了，男的潇潇洒洒地去寻找他的新感情了，而女人却痴痴地不肯从旧情中走出来，感叹自己的情路坎坷。

"你不知道，这世界上再没有哪个女人会像我对他那样好了，不会了，不会再有了，没有哪个女人会像我照顾他那样照顾他了，她们会在他面前说一些花言巧语，她们会骗得他团团转，可从心里讲，哪个女人会真正的爱他呢？没有，真的没有哪个女人会像我一样的爱他啦！可是，为什么他就不明白呢，为什么他还是要离开我呢？没有了他我可怎么办呢？"

很明显，女人一厢情愿地还爱着那个男人。那个负心汉可能根本就不值得她爱，或者两个人的缘分走到了尽头，就该各自顾各自，可女人却不这样去想，她没有男人的潇洒，她不那么容易解脱，她会为不再有任何意义的"旧情"而感伤好一阵子，苦苦地折磨自己。

青春和美貌是女人的本钱，特别是对于爱情。女人一旦青春不再，年华逝去，就自然而然地丧失了信心，怀疑自己的魅力，怀疑男人的忠心，从而多心起来，害怕失去伴侣，对婚姻不再有安全感，尤其是到了一定年龄以后，甚至到了对男人疑神疑鬼的地步。

这也难怪，一个 40 多岁的男人，可以毫无困难地找到一位较年轻的妻子，可一个 40 多岁的女人就处境尴尬了。如果真的遭遇负心郎，他突然告诉她决定要和某位更年轻的女士共度余生的时候，女人的自信就会彻底倒塌，从此陷入悲痛中再也难以解脱。

对于爱情和婚姻，女人不怕付出，只怕失去。

婚姻专家点评

爱情中的男人是洒脱的，爱情中的女人却是易受伤的。

被抛弃、受伤的多是女人

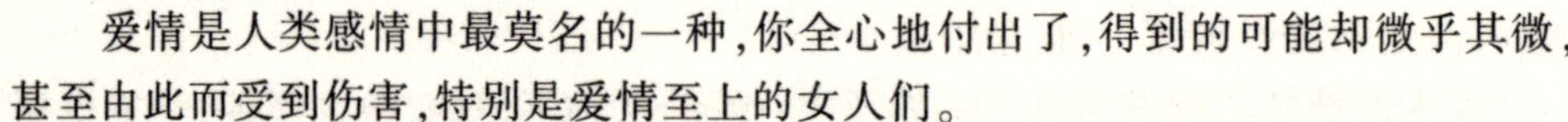

爱情是人类感情中最莫名的一种，你全心地付出了，得到的可能却微乎其微，甚至由此而受到伤害，特别是爱情至上的女人们。

恋爱之前，一个女人可以阳光，脸上总带着微笑；可以潇洒，只要自己愿意，可以放心地去做任何事情。而陷入爱情之中的女人,阳光和潇洒可能就消失到了九霄云外,脸上不再阳光,而是多了几分忧,生活也不再潇洒,因为她的心开始被爱情牢牢地羁绊着。

女人往往比男人更多情,当女人陷入恋爱中时,通常十分投入,甚至男人的一些缺点这时在她们眼里也变成了可爱的东西——这就是陷入爱情中的女人的态度,她们用纯洁的心去爱那个男人,把自己的爱情视为最纯洁、最神圣的,全心全意地去爱。

可是,女人所面对的男人是怎么样的呢?男人往往不像女人那么痴情。可能一追到手,正式成为了男女朋友,玫瑰花就少了,情人节也忘了,生日蛋糕更不送了……随着时间的增长,她在他眼里的可爱之处竟全然不见了,男人最易在此时转变视线,去追寻新的目标,一段恋爱就此宣告结束。

当男人找到了自己心怡的又一对象,对以前的女友早已忘得一干二净时,那个痴心的女人可能还不能走出来。那个负心的男人牵着又一个女人在花前月下时,受了伤的女人却还生活在恋爱失败的打击中。

这个世界上,对女人打击最大的莫过于失恋了。失恋的女人往往连自己都一起失去,找不回从前的轻松快乐,找不回从前的自信心。

女人往往会因为一次恋爱的失败,就丧失自信心,以致长期徘徊在爱河的岸边而不敢再涉足其中。正所谓:一朝遭蛇咬,十年怕井绳。

因为恋爱失败,就怀疑自己的恋爱条件不合格,会有意无意地审视自身的弱点:学历是不是太低,工作是不是太差、身材是不是不够好、长相是不是不讨人喜欢……以致长期徘徊在爱河的岸边,随着时光的飞逝,慢慢地产生一种自卑心理。尽管她们热切地期望着能够走出失恋的阴霾重新开始生活,但是却久久地陷在孤独无助的深渊里。

在男女交往中,易受到伤害又无可奈何的多是女人。一场疯狂的热恋,她一不小心有了他的孩子,她认为孩子该有个家,可是她没有等来婚姻,却等来了分手。男人一甩手走了,去寻找新的爱情了,她却守着襁褓中的孩子发呆,欲哭无泪。

已经25岁的她,依然漂亮,看起来也依然年轻,甚至与18岁时没什么区别。如果不是有了孩子,也许她可以从这场恋爱的痛苦中走出来,去找到新的幸福。可是,现在已经很难了,孩子成了她的包袱,成了一场失败的恋爱给她留下的永久的伤,也成了她重新获得幸福的最大阻碍。

她越来越受不了周围人们向她投来的异样的眼光,那眼光仿佛带着毒刺,一直能穿透她的灵魂。这对她来说真是雪上加霜,而那个负心的男人此时不知在哪里毫无负担地逍遥着,女人却是要承受这么重的伤害。

“自从他离开我和女儿后,我感觉天都塌下来了,不知未来的路该怎么走。我一下子成了不受欢迎的人,就连父母姐妹也都疏远了我,好像我做了什么对不起他们的事情。他也是有责任的，可人们为什么只惩罚我一个人呢？”不知她要在这种氛围里煎熬多久。

为爱受伤的女人，在我们的生活中常常能够看到。对于此类不幸的女人，无论是她的亲人、朋友还是萍水相逢的人，我们都不该嘲笑她的遭遇，她们可能并没有做错什么，也没有伤害到谁，只是被爱情撞了一下腰。我们都该同情她们、帮助她们，让她们尽快走出人生的低谷，这是有良知的人该做的。

爱情与婚姻的失败，是男人的“跌打损伤”，却是女人的“致命伤”。

2. 婚姻没有“保质期”

经营得好不一定守得住

很多女人对男人的依赖心理都是很重的，这大概是女人要嫁人的原因所在。嫁人求的是一生的归宿，有了男人就有了依靠，不再愁吃愁穿愁没人说话。她们往往把爱情当作一生最重要的事情，可以为它付出自己的全部心血，寄托全部希望。

女人们爱成群结队，哪个女人都有几个好姐妹，她们之间可以无话不谈，好到“铁姐妹”的地步。可是，一旦恋爱了，女人的心被那个男人勾走，她就会一心扑在男人的身上，把姐妹们抛到九霄云外去了。在她们看来，好姐妹只是茶余饭后的点心，而心爱的男人才是正餐，是可以寄托终身的人，是可以让自己弃之一切而不顾的人。

而女人一旦结了婚，有了丈夫就不要了姐妹，“丈夫才是能陪伴我一生的人，他才是我最重要、最好的朋友！”这就是女人针对友情与爱情的态度，可见对男人的依赖心有多重，她把丈夫看做是她唯一最主要的伴侣、安慰、快乐源泉和精神力量，为了他可以弃多年的友谊于不顾。

然而，寄托的希望越大，最终的失望也就越大。如果她把男人当成了她的全部，那么一旦她失去这个男人，她的世界就空了，她的精神世界与内心就什么都没有了。此时的她只能极度的失落与悲伤。

一个女人即使与爱人步入了婚姻的殿堂，也不等于一生的幸福就有了保险。女人忙里忙外地过日子，把全部的感情和希望都寄托在家庭上，尽量让丈夫和孩子吃好穿好，自己则能省就省：她们不再过多地买化妆品，省下的钱给孩子买吃的；她们也不再追赶时尚，省下钱孝敬公婆；她们也不再有过多的个人生活，大多的时间都花在丈夫身上，她们在乎自己的男人超过自己，整天想着自己的丈夫喜欢吃什么，冷不冷，热不热，今天的工作累不累，然而她并没有想得到什么回报……

女人们就这样一心一意为丈夫、为家庭忙碌，牺牲自己。她们努力营造一个舒适、清静的环境，让男人感觉家是最好的地方，女人常以此来留住男人心。女人在意丈夫超过了在意自己，甚至会早上出门向丈夫道声平安，晚上回家给丈夫一个吻，却不期望男人会加倍回报自己。

为了家，为了丈夫，为了孩子，女人竭尽所能地付出，耗费着自己宝贵的人生时光，用尽心思地经营着这份感情，可是，苦心经营最终能换来什么？遇到负心郎的女人会等来丈夫的背叛。

在现实生活中常常会遇到这样的情况：一个女人在家里不仅做着自己份内的事，而且还做着男人应该做的事，在家里担当着多重身份。而男人在外面挣些小钱就自觉劳苦功高，甚至沾花惹草，甚至提出离婚，理由是两个人之间不再有共同语言了。

现实中常有这样的情况发生：结婚多年，孩子已长大了，忽然男的要离婚，一夜间就翻了脸，全然不顾妻子勤勤恳恳、任劳任怨多年，狠下心要抛弃“黄脸婆”。可悲的是，此时女人会蒙在鼓里，不知自己做错了什么，不知道、不清楚、不理解为什么他们之间不再有共同语言。

遭遇冷水浇头的女人怎么也想不到为了维系与丈夫的婚姻，自己付出了那么多，放弃了那么多，竟会得到这样的下场。有的女人为了丈夫的事业，早就放弃了自己的专业，全心理家，相夫教子，可丈夫却与“家庭妇女”越来越没话可说，无可避免地爱上了别人。

有太多让男人变心的原因，往往却不是因为女人做得不够好，而是让男人觉得“不够好”。这时，忙碌中的女人才幡然醒悟，原来，自己已经输了，输得连自己都找不到了：我是谁，丈夫的媳妇；我还是谁，女儿的妈妈。可我还是我吗？可怜的迷失了的女人！

把全部感情和希望都寄托于丈夫和家庭的女人在遭遇婚姻裂变后，就会消沉、颓废，对生活彻底失去希望，在极度灰心和郁闷中了此一生。一路走来，女人寄托在男人身上的幸福就这样被男人打得支离破碎。对于女人来说，寄托在男人身上的幸福就像海市蜃楼，可以转瞬即逝，自己付出的一切都将归于零。

女人在与一个男人牵手时，明知是一场赌注，也会毫不保留地投入，这便是女性最大的弱点，即难以抗拒感情的诱惑，以及隐藏在感情背后的安身立命需求，于是就彻底投降、屈服于爱情，于是才会有“飞蛾扑火”的结局。

这便是女人，容易为爱受伤的女人。

爱情与婚姻就像女人的一场赌注，但往往输得最惨的是女人。

女人偏偏最怕遭遇“情变”

较之男人而言，女人的青春短暂，红颜易逝，一旦人老珠黄，在男人眼里就不再有从前的位置了。女人从快乐女孩到四十岁的女人，好像只是眨眼间的功夫。仿佛就在昨天，自己还穿着时髦的衣服，散发着青春的光彩，令男人看得如痴如醉。可是，四十岁的女人却感受到了危机，在男人面前再也自信不起来了。

“男人四十一朵花，女人四十豆腐渣”，这话没错。四十岁是女人身体状况的转折点，内分泌开始失调，红润的脸色逐渐变黄，照照镜子就知道，黄脸婆就是这样形成的。

为了留住青春，女人不惜花费几千元去美容院。美容师柔声细语、情真意切地说：“大姐，您有色斑，您还有眼袋……”是啊，光阴剥去了女人青春的外衣，把她们逼向中年，夺走了她们的青春和自信。

而恰恰就是此时，是最易祸起萧墙，男人移情别恋的时候。一旦有什么风吹草动，对女人来说绝对是雪上加霜，或者干脆被逼上绝路。

为了丈夫与家庭，女人甘做无名英雄，甘心牺牲、甘心担负重任，可是，即使她们做得完美无缺，生活也未必能公平地对待她们。等到丈夫事业成功，子女们都学业有成拥有自己一片天空的时候，女人已耗尽了大半的人生与精力、人老珠黄了。

他潇洒你漂亮的时候一切都好，一旦年过四旬，他潇洒依旧，你却青春不再，一块儿上街，人家说他陪老大姐买东西；陌生同事上门，可能会冷不丁冒出一句：“没听说你和你妈住在一块啊”，你听了只有干生气的份。而丈夫正处于春风得意时，事业成功了、人成熟了、风度也更加迷人了，就有可能成了年轻女人们“围攻”的目标。这时，第三者插足的事情就有可能发生了。与丈夫一路奋斗到这一天，本以为该苦尽甘来享清福了，女人却易在此时遭遇“情变”。

他的周围总会围着一群真不知爱上他的钱还是爱上他的人的女人，且个个年轻貌美。你得天天提心吊胆地上演“家庭保卫战”，就算侥幸没出局也得早晚被累垮。谁让自己已经人老珠黄，没了挣扎的资本呢？为了不至于血本无归，即使受了天大的委屈，也得忍着，只求还有个太太的名份。

一位典型的贤妻良母年仅四十出头，一直神采弈弈的她突然变得颓丧极了，整个人都神情恍惚，原来是她的丈夫提出了离婚，一下子把这个坚强的女人打击垮了。可青春不再的女人还能怎么样呢，除了无可奈何地等待最后的“宣判”别无他策，谁叫自己天生就是女人呢！

在家庭保卫战中，女人遭遇负心汉还得以德报怨，只有这样才有可能令负心人感动，使面临危险的婚姻化险为夷。

有一个现实的故事是这样的：他总是和她吵架，生活好了，默契却消失了，幸福感也淡得几乎察觉不到了。回忆往事，他们曾经不羁、任性、痴狂地相亲相爱，又一同为家庭的幸福奋斗过。她是一个典型的贤妻良母，用自己的付出使丈夫拥有了成功的事业，随着事业的红火，他与她之间的话也越来越少了，直到像是一对陌生人。他们之间的爱情就像一杯凉透了的咖啡，充满着真实的无奈。

他喜欢娴，娴是他的秘书，娴很聪明很能干。随着天天的接触，好像不知不觉中侵蚀了感觉，不经意间就迷失了自己的心。所以，他想离婚，但是总下不了决心。虽然对妻子没了感觉，一下子割舍多年的结发之情，他又实在有些难以做到。

后来他终于下了决心，决定与妻子摊牌了。在这之前，妻子早就有所察觉，她悲痛欲绝，一直硬撑着。她能做的，只有以德报怨来感动负心汉。

他找了一家幽静的餐厅，与妻子点了几道菜。他寻思着怎么与她说起，却见妻子拿着一双干净的筷子在腰果炒肉中挑着，不一会儿，腰果与肉之间就划出了一个界限。

他忍不住问：“你这是干什么？”

妻子说：“我记得上回你带我出来吃饭的时候也点了这个菜，菜让你翻了好几遍，一颗腰果也没留下。你爱吃，就都给你吃吧！”

他听了这话，泪当场就流下来了。这让他想起了两个人恋爱的时候，彼此相亲相爱，又相互照应，多幸福呀！那时候两个人最大的心愿就是能永远生活在一起，现在，这个愿意实现了，可是，自己却要去破坏它……最终，他与娴分了手，再也没有提离婚的事。

以德报怨的结果是她保住了婚姻，可是，她曾经受过的伤，却永远都难以痊愈，常在心里隐隐作痛。能有这样的结果，已经是谢天谢地了，有多少女人在家庭保卫战中败下阵来，操劳多年却成了“下堂妻”呢？

处于此种情形的男人，希望你能够使自己冷静下来，回想“黄脸婆”对你多年来的付出与牺牲。她把青春和爱都给了你，如果你反而忘恩负义，那么，几乎就等于把“结发妻”逼上了绝境。千万不要轻易上演这种“陈世美负秦香莲”的故事，那样会遭世人唾骂的。

女人容易输，却又输不起。一旦从婚姻中败下阵来，就等于败了一生。

第三节 家庭中的“老黄牛”

JiaTingZhongDeLaoHuangNiu

1. 忙家庭还要拼事业

挣扎在家庭与事业的夹缝中

如今，女人们可以说摆脱了“家庭妇女”这一有轻视成分的称谓，并曾经创造了好几个具有里程碑意义的时代：曾有过告别三寸金莲做大脚女人的时代、曾有过告别家庭妇女参加社会工作的时代，而现在又进入了做现代女人的时代。

什么是“现代女人”呢？就是工作业绩不输人，家庭生活又不误，如此追求“事业、家庭两不误”是现代绝大多数已婚女人的真实写照。女人在社会和家庭中发挥着越来越重要的作用，本来是件好事，可同时也加重了自身的负担，要做好家里家外的一把手，可不是一件简单、轻松的事情，做好哪一样，都需付出血和汗的代价。

现代女人都是很要强的，她们既想在社会上拼得一席之地，又想有完整的家庭生活。她们明知道女人的事业和家庭是相互冲突的，倘若将精力集中在事业上，便感到有愧于家庭，反之，一心扑在丈夫或孩子的身上，也许会丢掉在事业上进取的机会。在进退维谷中，她只能咬着牙选择“家庭事业两不误”，一个人扮演着“职业女性”与“家庭主妇”的双重角色。

有人说，家庭和事业是压在现代妇女头上的“两座大山”，这话一点也不夸张，家庭和事业确实是女人肩上的沉重负担，不知道男人们在看到妇女的解放与社会地位提高的同时，是否注意到了妇女们的压力。如果男人们为妇女的自由、解放和社会地位的提高而心理失衡，那么，当他们明白了妇女们的苦楚后，一定会改变看法，替女人们捏一把汗的。

一个家庭的主要经济支柱可能是男人，一个家庭的中坚力量却可能是女人。

家庭不是有着充实的经济基础就能够正常运转的，它还需要有人花费心血去经营。日常生活中，能够为家庭鞠躬尽瘁的多是女人，而在家庭中受到轻视的也是女人。

虽然女人可以同男人一样有事业，一样干得出类拨萃，顶着“巾帼英雄”、“女强人”等响当当的光环四处招摇，但是当事业与家庭发生冲突时，多数女人还是会忍痛放弃或大有发展前途或如日中天的事业，一心理家的。有调查显示，在高中毕业生中，女性占50%以上，在大学生中，女性占近50%，但是在高职人员中，女性所占的比例却远远低于50%。这个数字说明了什么？显而易见，女性的竞争力与男性旗鼓相当，但是却有很多女性为了家庭而轻视或放弃了事业，也就是说她们为了家庭牺牲了自己的事业，把事业高升的机会让给了丈夫，自己则甘心理家。

“一个成功的男人背后，定有一个默默支持他的女人。”这话句一点也没错，是女人用自己的牺牲和奉献给了男人追求成功的自由，她们把成功的机会让给了男人，她们把这种牺牲与奉献当成了女人的美德，虽然男人在顶着成功光环的时候，心里可能会蔑视上不了台面的“黄脸婆”。

虽然明知道没有经济上的高收入，便难免受到男人的轻视、降低在家庭中的地位，但女人们还是甘愿做出这样的选择。女人为了家庭不仅会放弃经济上的独立性与高收入，还会放弃自己的时间与空间，并把这当成是自己该做的，甘愿成为家庭的奴隶。

既争强好胜，为了家庭和那个他还要忍辱负重，苦与痛无人知晓。

体力和精力双双透支

社会地位提高了的女人不仅没有生活得更轻松，反而更累了，她们的肩头上担负着太多的名头：公司职员、妻子、母亲、女儿、儿媳妇……她们得面面俱到，她们得比男人想得更周全，得努力扮演好每一个角色，需要付出尽可能多的精力和体力。如不是在此一一道来，是男人们无法想象的。

女人们在职场上奋斗、拼搏，早就不单单是为了有钱赚、能生活得更好些，而是要通过工作业绩来体现自己的人生价值。我们能看得见现在有很多高层岗位都是女人占据着，她们是像男人一样打拼才得到领导位子的，她们做出了让男人逊色的工作业绩。在社会发展迅猛的今天，女人们对工作态度的执著和献身精神，可以说是一道亮丽的风景线，真有“巾帼不让须眉”的劲头。在取得相当的工作业绩或得到好的职位同时，她们也付出了等价的辛劳。

不过，再“工作狂”的女人，通常也是顾家的，男人的心可以完全维系在事业上，女人却很少会这样，一旦离开了家庭，女人的人生就是不完整的，原因是女人比男人更注重家庭。一个有了充足经济基础的男人可以认为自己已经成功了，女人则没这么洒脱，一个有充足经济基础的女人却必须有一个幸福温暖的家，才能说人生是成功的。这就造成了女人即要全力打拼事业、又要全心理家的局面，所以一个既要事业又要家庭的妇女就像谚语中的两头燃烧的蜡烛，双倍地消耗着体力和精力，明知生活是一个陷阱，仍甘愿奉献和牺牲，义无反顾超负荷地付出着，家庭事业两不误，表演着活生生“春蚕到死丝方尽，蜡炬成灰泪始干”的故事。

女人花在理家上的心思，往往是倾尽所能的。她们会毫不抱怨地为哪怕在男人眼里不值得一提的小事而绞尽脑汁，只为家庭更温馨、生活更美好。为了家庭生活尽善尽美，她们的耐心和细心令人惊叹。她们得为丈夫的衣、食、住、行操心，得为儿女的升学考试担忧，家里缺了什么用品多数都是她们先知道并且买回家的。她们不是在为自己而活，而是在为家庭、为丈夫、为儿女而活。

女人们忙碌的身影是每个家庭中的一景，她们耐心地做永远也做不完的家务，即使闲下来的时候，脑子里也在思索着家里怎样布置更漂亮、怎样做菜会更合丈夫的胃口、儿女是不是该请个家教等等，即使是正牌的职业女性，也会在工作之外的时间里一门心思理家，甚至为家庭、为丈夫失去自己。

有人说世界上最可怜的便是结了婚的妇女，她们不仅可以为家庭放弃事业，更可以放弃友谊、放弃娱乐，用很多本该属于自己的东西来换取家庭的温馨，把家庭当成生活中绝对的重心，她们把曾经享受生活的时间都用来理家、等丈夫了。

甚至曾经崇尚个性生活、生性喜欢自由的女人，在婚后也甘心被家庭俘虏，放弃了自由支配生活的特权而将时间全部给了家庭，否则便觉得有愧于家庭。

莎丽本来是一个很会享受生活的女人，自从有了两个孩子后，就完全没有了自己的生活，她会陪着呀呀学语的孩子度过无聊的时光而放下喜欢的小说，她会带着孩子去见爷爷奶奶而错过看电视剧的时间，她会为了照顾孩子而衣冠不整……

女人就是这样，婚前是自由快乐的女孩，结婚后就成了妻子、妈妈、儿媳妇，再也做不成自己了。她们不再拥有自由的时间，而是把时间都馈赠给了家庭成员。她们没有享受到美好的生活，却忙得不可开交，经常精疲力竭，她们体现了中国妇女无私奉献和牺牲的精神。

女人心里装的都是家人，能够做出无私奉献往往是女人自己。

2. 被视为家庭的奴隶

勤俭持家用心良苦

女人天生具有乐于奉献和甘于牺牲的精神，她们放弃自己、折磨自己，甘做他人的垫脚石。她们像是生来为别人而活，积极主动地为他人贡献出自己的全部精力。即使她们做得无可挑剔，也很少有人会对她们有一颗感恩的心，没人说谢谢，更别提回报。

女人们在付出时往往不求回报，在这一点上，女人的胸襟可是比男人大得多。

中国社会传统的家庭，自古以来就崇尚节俭，在家庭收支方面采用"量入为出"的原则，即尽量增加收入而减少开支。一般家庭的财富，都是这样由日常生活中一点一滴的节省而积累起来的。这一点在现代女人的身上依然存在。女人常被批评"小气"、"不大方"，这正是她们勤俭持家的体现。女人也能够像男人一样大把花钱，在人前显胜，但为了家庭生活，她们却宁可一省再省，好让家庭慢慢拥有坚实的经济基础。

节约是好妻子的美德，她们为家庭的前途着想，做到"有备无患"。也许女人强制性地要求丈夫把整月的薪水加奖金如数上交，好像很霸道，但女人却不会乱花一分钱，在为丈夫、儿女花钱时或许会慷慨大方，自己花钱时却思忖再三，能省则省：出门乘出租车当然享受，丈夫花得起，妻子也花得起，但是女人却要把钱省下来，去乘公共汽车、电车和地铁；去餐厅吃饭当然省事，男人能图省事，女人也能图省事，但女人却要自己回家动手煮饭做菜吃，把钱省下来；上街购物男人捡称心的买，女人则捡便宜的买，女人也懂得贵的舒心，可是还是把省钱放在了第一位……即使是富有的女人，也可能会不抽烟、不喝酒、挤公共汽车、买便宜货……

男人对女人的行为多会很不以为然，觉得太小家子气了。孰不知，节约是女人特有的美德，一旦家庭出现变故，需要一大笔钱时，女人会毫不费力地拿出储蓄，解掉燃眉之急。一般到此时，丈夫才会明白妻子的好。无数个日月的苦心积累，女人为的就是这一刻的解脱与轻松。女人的这种美德难道还不值得男人们称赞吗？

女人一旦闲赋在家，无论何种原因，都会被批为"安于现状"、"靠男人养活"，

这种结论是不对的。如果没有女人的持家，男人何以能够安心地去拼事业？男人们在外面花天酒地、大把花钱享乐的时候，有没有想到妻子在家里忙碌的身影呢？在踏进一个温馨整洁的家时，有没有想到这有妻子的一份功劳呢？

现代社会，虽然大喊“女性解放”、“提高妇女社会地位”，可是，女人所受到的关注仍是不足，她们缺少男人的关爱，常常身心疲惫，但是她们不会像男人一样潇洒地大把花钱去游泳、滑冰、旅游来慰劳自己，伴着她们的可能永远只是做不完的家务活，日复一日地埋头苦干，还未必能得到他人的承认，为家庭鞠躬尽瘁却受到轻视。

女人勤俭持家用心良苦，却因此被批“小气”，而无人关注其小气所蕴涵的无私和奉献。

丈夫、子女的“忠实保姆”

说女人是丈夫、子女的“忠实保姆”，一点也不夸张。女人不仅对丈夫要无微不至地照顾，在对子女的养育上，也同样不含糊。

在生儿育女中，女人的付出远远多于男人。女人必须要经过一个令人精疲力竭的、马拉松式的痛苦分娩过程，才能使幼小的生命降临到这个世界上来。此后，要细致入微地照顾好孩子，让他健康、活泼地成长。从咿呀学语到蹒跚学步，直到孩子懂事，其间女人倾注的心血，是十分巨大的，足以令一个充满活力的女人精疲力竭，迅速衰老。

在家庭生活中，女人会毫无私心地把付出当作本分，把丈夫和孩子放在首位，尽可能地让他们过得舒服，却不在意亏了自己。即使是一个在工作中颇显精干的女人，在家庭生活中也会表现出女人特有的贤淑来。

几乎每个女人都会几样拿手好菜，不过却是丈夫和孩子喜欢吃的，而非对自己的胃口。女人经过油熏火燎的辛苦后，丈夫与孩子或者会只顾自己大饱口福，或者无视她的辛苦加以挑剔，女人则只有微笑着接纳。

当丈夫的朋友来做客时，女人无论多忙也要亲自下厨房，使出浑身解数让客人吃得满意，只为丈夫脸上光彩。当孩子生病或考试时，女人会精心调制出既营养又美味的汤菜来，为孩子“加油”。而对自己，女人则会“退而求其次”，能将就则将就。

为了给丈夫买一件称心的外套或给儿子买一双漂亮的运动鞋，女人可能会咬咬牙下血本;当给自己置办衣物时,则专奔着“大拍卖、大降价”的招牌去。女人总是这样,她们放弃自己去成全丈夫和孩子,放弃自己所喜欢的东西去换丈夫或孩子的惊喜。她们勤俭持家,默默奉献,全力维持着家庭的和美,做丈夫和孩子坚实的后盾。丈夫脸上的幸福和孩子的健康成长,就是对女人辛苦付出的最好慰劳,却无人在意她是否过得舒服。

她们愿意为丈夫和孩子而活,丈夫和孩子却未必领情。丈夫可能忘了她的生日与结婚纪念日而毫无愧疚,孩子可能不在母亲节里向母亲道声“谢谢”任女人的内心充满惆怅。更有甚者,丈夫会忘恩负义地在外面沾花惹草、到家里欺负老婆,孩子翅膀硬了便学会了同母亲顶嘴、与母亲做对。

有一个女人为丈夫买了一辆价格昂贵的摩托车,自己却天天骑自行车上班,距离不仅很远,而且道路还很难走;有一个女人认为丈夫工作太辛苦了,于是就让他单独一人去度假,理由是如果两人去,钱就不够了;有一个女人为了照顾丈夫,竟然忍着心痛把丈夫的电动刮胡刀送到丈夫情人那里;有一位老妈妈,她定期把自己退休金的1/3划拨给自己的儿子和女儿,为了能负担得起这种慷慨的奉送,她自己住在一间没有暖气的屋子里,而子女几乎不来看望她……

我们是不是觉得对女人亏欠得太多了呢?!

如果仔细想想,我们就会幡然醒悟——原来,女人并不欠我们的,而是我们欠女人的。

该为女人“减减压”

年复一年、日复一日,女人就像上足了发条停不下来的时针,奔波忙碌着,苦苦挣扎着,透支着精力、体力,不惜葬送了转瞬即逝的青春,忽视了健康、放弃了一次次享受生活的时机,乖乖地做着生活的奴隶。可是,生活却可能并不怜惜她,随着年龄的增加,她会越来越感到力不从心:工作是永远都奋斗不到顶端的,家务是永远都做不完的……她开始体会到了生活的无情。

好强的女人就这样被生活压得透不过气来,最终精疲力竭,甚至付出了健康这一昂贵的代价。由于终日为各种压力所迫,她们患上了这样那样的疾病,受到身体和精神的双重折磨——积蓄已久的怨气可能一下子迸发出来,彻底将一个神采弈弈的女人变成一个风姿不再的怨妇。

这是女人的错吗?当然不是,乐于奉献和甘于牺牲的女人是应该受到尊重,是

应该得到男人的关心和爱护的。她们是男人的妻子，是家庭的顶梁柱，是社会经济的半边天，是绝对不可缺少的。她们的付出该得到承认，她们的生活该受到关心，她们有权力享受美好的人生。

现在又出现了让女人“从社会回到家庭中”的主张，不久前一家大型公司的女副总裁就从高职位上走下来回到了家庭妇女的位子上。其实，这不是妇女的又一进步，而是不得已做出的取舍，她们是该减减压了。这并不是说女人该退出社会回到家中相夫教子，那样又可能因为靠男人养活而受到男人的轻视。在这里提醒所有的男士们，无论你的妻子在家庭与事业中奔波还是只选择其一，都该多关心、帮助她们，减轻她们的身体负担和心理负担，因为她们可能比男人们更辛苦。

关心和爱护女人——我们的母亲、妻子、姐妹、亲朋，人人都有这个责任。

第四节
因为性别“出头”难

YinWeiXingBieChuTouNan

1. 如今依然受到性别歧视

依然被视为“弱女人”

在古代，女人是“弱者”的代名词，男人对“弱女人”往往是不屑重视的，称为“贱内”，女人在家庭、社会中的地位都较男人低下。她们看似男人的附属物，天生需要依靠男人。她们在人们心目中的印象是：裹着三寸金莲，走路莲步轻摇，似乎弱不禁风，一副天生弱者的感觉。所以，根本不被男人们放在眼中。

其实，女人并非真的是天生的弱者、生来就是依靠男人的。古时女人们虽不能走出家门投入到社会中体现自己的人生价值，但女人们同样在家庭中默默地付出着自己的辛劳，打理着繁琐的家务，相夫教子，却难以得到男人们的承认。因为表面上看来，女人吃的、用的、住的都是男人的，而她们付出的牺牲也就是应该的了，根本不被重视。女人处在“受者”的地位上，只有“低眉顺眼”、“忍气吞声”的份，挨打受骂似乎也是情理之中的。

到了现代社会，女人虽已从“弱者”的形象中解脱出来，走向了社会，但是，在人们的心目中，与男人相比，女人还是脱离不了“弱女人”的感觉。因为，杨柳细腰、爱涂脂抹粉的女人同铮铮铁骨的男人相比，确实有些“弱”的感觉，所以难免还是被男人们所轻视。

因为“弱”，女性的美貌也会成为一种灾难，成为受歧视的原因。一个阳光的帅男会得到大家的喜爱和认可，一个娇美的少女却容易遭到斜眼与恶语中伤，被贬为“狐狸精”，受到男人的骚扰与女人的嫉妒。她的美丽容易被当成“祸水”议论，智慧和其他优点却遭到忽视。美丽的女人可能会在工作场合中受到上司以及男同事

的种种“骚扰”，或者易被流言蜚语缠身。难道美丽也是错？

很多时候，女性是必须要逆来顺受的。在受到种种性别歧视时，为了顾全大局，多会把眼泪流到肚子里，自认倒霉。一旦受到攻击，她们就会忍让、屈服，并且付出更多的努力，以期平息对方的怒气，重新和平相处。

她们不得不努力屈服自己而适应所生存的环境，她们得违心地纵容那些自私的上司、伴侣或者朋友肆无忌惮地损害。女性们不敢争取自己的“平等”权益，不敢反抗、不敢冒险、不敢走出传统的角色站起来说“不”，像羔羊一样忍气吞声，让自己成为牺牲品……这些都不是女性同胞们乐于接受的，她们是被迫接受的，造成这一切的都是别人。

谁叫自己是“弱女人”呢？

从古至今，女人一直被人们视为“天生的弱者”，受尽各种不公正的眼光和待遇，以至于全社会都已习以为常了。

辛劳得不到足够的重视

实际上，女人虽“弱”，能力与贡献却并不弱。如今，女人们从家庭中走出来，像男人一样外出工作，挣钱养家，虽然她们不像男人那样动辄当上总裁、经理什么的，但是，却有越来越多的女人在工作中脱颖而出，取得比一部分男人要好的成绩，或者成为一部分男人的顶头上司，甚至像男人一样在职场上叱咤风云，成为人人称颂的“女强人”。

女强人虽少，但是却足以证明女人的能力并不比男人差。

在人们心目中，最终能够出人头地占上风的往往是男人，其实并非如此，在一定的环境和条件下，女人整体素质与能力是毫不逊色的，或者超出男人。在日本，每所大学的女学生所占比例高达七成，而且受表扬的机会远远大于男子。日本的企业界，女子不仅同男人一样的工作、晋升，而且在某些方面已经超过了男性，并大有取代男性的趋势。

通常人们都会认为，女人在体力上要比男人差，不能够承负较重的体力劳动。不可否认，女人是没有像男人一样强壮的身体，往往不能承受同等负重的劳动，但是女人的耐力却比男人持久。男人的爆发力较女人强，女人的耐力与持久性却较男人强。女人比男人更能适应枯燥无味又漫长的事情，她们比男人更有耐心、更细心、更有忍耐力。如打毛衣、哄孩子这种男人头痛的事情，女人做起来却能够得心应手，

不烦不躁。在工作上也如此，像商店售货员、幼儿园老师、美容师等此类工作，绝大多数是由女人来充任的，因为女人更能适应，往往比男人做得更好。

遗憾的是，相比之下，女人所做的工作，看似多比男人的工作分量轻，虽然女人所付出的辛劳并不比男人少，但是较之男人的"大事业"却不受重视。

试想，如果这个世界缺少了女人的辛劳与付出，那么，我们的生活就是残缺的，也就无法正常运转了。

相信天下的女人无不为自己的辛劳得不到足够的重视而叫屈。

"弱"女人其实并不弱，但其工作能力和成果却无人重视，所遭受的待遇依然不乐观。

2. 职场上难以"出头"

没有平等的工作机会

女画家博赖尔为了能够和男人一样学习艺术，曾装扮成一个小伙子；女作家伊万斯为了确保她的作品得到人们公正的评价，曾采用一个非常男性化的名字；伯莱克威尔为了做一名外科医生，竟不得不忍受如狂风暴雨般袭来的充满仇恨的信件的打击和一群在她的医院外面挥舞着铁铲、铁棍的暴徒的恐吓……女人在社会生活中常常会遭受性别歧视。

如今，女性的生存面越来越宽了，她们可以同男人站在同一擂台上比拼，但是却没有摆脱性别歧视的传统模式，难以在各种场合同男人平起平坐。

"女性结婚以后就会没心思工作了，不需要花太多的心血去栽培。"上司多会有这种想法。男人们无视女性所具有的强大的竞争力，以及可能为企业创造更多的财富，连尝试一下都不愿意。

女性还容易成为职场中受轻视的对象。就竞争力而言，表面看来女性比男性要逊色得多，但事实并非完全如此。在很多时候，女人们的竞争潜能被"女人是弱者"这样的思维惯性掩盖了，而一旦有了适合的条件，她们爆发出来的竞争力会超过男人，可是她们依然会受到轻视。

蕾特是一个非常敬业、工作非常认真的女职员，她总是竭尽全力地去工作，无

论分内的事还是分外的事。可是结果却非常令人不平:工作远不如她效率高的男同事们都一个接一个地被提升了，而她却十年如一日地奋斗在原来的工作岗位上。原因何在？只因她是女性,老板根本不考虑是否该将她委以重任,而她的努力与付出只被老板当成“理当如此”的。可怜的蕾特只能抱怨自己错生了女儿身。

工作中,女性常被分配做繁琐复杂而不受重视的工作,受累不讨好。费娜是一家著名女性杂志的编辑,她被分配的任务总是繁重的、没人愿意去做的,她的工作充满了压力,总是不停地奔波于一个又一个的约会,有时候她简直忙到晕头转向、不知所措的地步,直到累得病倒。医生的诊断结果是劳累过度引起的。费娜以为可以休息一段时间了,可是上司却冷着面孔要她不要耽误了工作,并强调换成男人就没这么“娇气”,费娜当时就委屈得泪流满面,也恨自己错生成了女儿身。

在新社会,人们仍然看不惯女人在职场上崭露头角,却对女人的要求比男人更高。

成为受男人支配、欺负的对象

女性常被男性当成“受支配”的对象。“男老板与女秘书”便是最好的例子。老板可以任意支使女秘书去做任何一件事情,完全把这当成自己的特权。比如,女秘书正坐在那儿专心致志地工作,突然间,老板就像旋风一样闯进门来,打断她的工作,显示自己的权威,要求对方立刻将注意力集中到自己身上,满足自己的需求。而且,只要需要,他就会随时随地出现在女秘书的面前,用命令的口吻通知她去做事,把她支使得团团转,并且可以根本不顾她的感受。女秘书则要永远带着温暖的微笑,顺顺从从地去按老板的吩咐做,对被人支配只能无条件接受。

难道女性生来就是要受男性支配的吗?

女性会成为男性变相压榨的对象。约翰娜有一位有名望的老板,在有名望的人手下工作,在他人眼中看起来是一件幸福的事情,工作起来就不是那么回事了。作为老板助手,一方面约翰娜经常受到老板的赞赏,说她有责任心、能干等等;另一方面却任意增加她的工作量而根本不提薪金。

碍于情面,约翰娜一直不忍离开另谋高就,就这样一直干到上了点年纪,这时再想换工作已经困难重重了,相反她倒担心老板会找理由解雇她。她依然拿较少的薪金,依然要为老板做那些分外的事情:比如帮他预订度假的机票和旅馆,帮他给妻子买礼物等等。谁说女人的劳动力生来就是低贱的?

女性会成为被欺负的对象。埃娜虽是一位很能干的管理员，但仍未逃脱受到欺负的命运。埃娜的工作一直使上司很满意，可是老上司退休后，埃娜的日子就难过了，新上司是一个非常苛刻的人，对埃娜的工作经常吹毛求疵并横加指责，使埃娜的工作热情大受打击。

一次，当埃娜因近期加班过多而提出休假时，上司发火了，他怒气冲冲地闯进埃娜的办公室，当着同事的面对她大吼大叫：你大概以为可以在这儿光拿钱不干活吧？居然在这个时候提出休假，你到底有没有受过教育？”不容埃娜辩解，就是一大堆有关职业道德的训诫，然后冲出房间，“哐”地一声使劲带上门，使埃娜难堪到了极点。从那以后，上司总算是抓到了埃娜的短处，经常对她大发雷霆，直到埃娜不得不辞去这份工作。

像这样受到男上司欺负的女性恐怕不只埃娜一人。女性多是感性动物，她们乐于通过自己的努力而受到周围人的喜爱，而批评会像刺一样深深扎进她们的灵魂，动摇着她们自我价值感的基石，其强烈程度要远远超过那些男人。女性的心理防线和自尊是较敏感、脆弱的，可是她们却较男性易受到欺负。

职场上的女人常常需要忍气吞声才能保住工作，她们心理脆弱，却偏偏易受到这种考验。

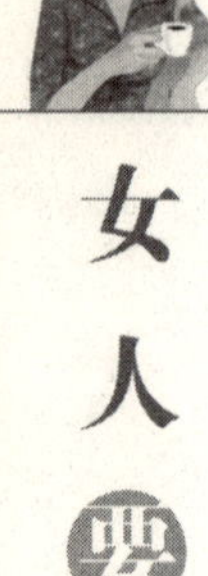

第五节 事业成功的艰辛

ShiYeChengGongDeJianXin

1. 性别是成功的最大障碍

女人自身劣势多

现代的女性已经向男人一样有着强烈的工作欲望,她们懂得珍惜妇女解放后才得来的工作机会,她们会在潜意识里不愿输给男人,所以女人工作起来,会比男人更投入、更卖力,职业妇女们常常和男人一样玩命地工作,她们要用自己的工作成绩证明给男人看:“女人在工作上并不比男人差”, 她们想通过自己的努力在社会上为自己争得一席之地,不再依赖男人而生存。

可是,在实际工作中,女人总是被自身特有的各种劣势所牵绊,困难要比男人多得多,得到的却要比男人少得多。可以说,女人与男人处在一个不公平的竞争环境里,整个社会对女性的要求总是比对男人更苛刻。

长期以来,女性一直被视为“次等性别”,受到男性的充分利用和剥削。直至今天,这种情况也没有发生多大的变化。联合国曾在全世界范围进行过一次调研,结果显示女性比男性所承担的工作多得多,而得到的报酬却比男性少 25%。就是说男性掌控着这个世界的命运,女人在工作中则被奴役着。

虽然自从女人参与到社会工作的那一刻起,“男女平等” 的呼声一浪高过一浪,渗透到了社会的各行各业,但是仍没有改变在工作中受到轻视的状况:同工不同酬、升迁的机率大大低于男人。纵使女人想施展自己的才华去干好每一件工作,纵使女人有突出的工作能力盖过男人,也难以得到上司的承认,更难以获得平等的晋升机会。

另外,女人还要担负生孩子、理家的重任,这就减弱了女人花费在工作上的精力。珍妮的工程师工作一直做得不错，在她即将被提升时，因休产假而错过，当她重新回到工作岗位时，她不得不重新开始奋斗了……

女人还有一个特有的劣势：那就是心理承受力弱。女人会经受不了微小的打击，她们的心灵较之于男人敏感得多、脆弱得多，这对工作竞争是十分不利的，直接会影响到工作的积极性和奋发的劲头。

常言道："女人是水做的"。爱哭几乎是女人的共性。当上司对你的工作表示不满意时，女人想哭；当工作繁重、压力太大时，女人想哭；遭到同事的排挤时，女人想哭……哭其实没有什么不妥，在生活中借助哭来发泄情感亦无可厚非。但工作环境里，却是一个不需要眼泪的地方，哭泣不但有损你的威严、有损你的事业形象，更会让你的竞争对手洋洋得意。

在受到领导批评时，男职员多会"皮糙肉厚"地不加理会，女职员则会觉得很失面子、很伤心，要花上一段时间来抚平情绪上的悲痛。然而，在职场这个没有硝烟的战场上，是最忌讳眼泪的。眼泪只能换来轻视，而无法博取同情。这就要求女人要把眼泪流到肚子里，学会面对竞争、学会适应男性的游戏规则，即使面对艰难险阻也不能后退。

性别歧视加上特有劣势的牵绊，使得女人在职场中难以与男人抗衡，创业比男人更艰难。

女人的创业之路同男人相比可谓是"难上加难"。

奋斗的路上阻力重重

"女强人"这个词是很时髦的，是很多女人奋斗的目标。哪个女人不愿意靠自己的本事开"宝马"、在职场上呼风唤雨呢！但又有谁知道，女人创业有几多艰难？

在职业女性中，无论是单身还是为人妻为人母，虽同男人站在同一起跑线上，可是，所受到的重视程度和待遇却往往不同。在人类的社会史上，向来是男尊女卑，"大任"向来由男人担，到了"男女平等"的现代社会也没有彻底改变这种倾向，这一历史现象可以说已经在人们心目中深深地扎根了，在"平等竞争"的职场中也不例外，男人担当大任被视为理所当然，而女人稍一出头便格外显眼，只因稀少。

女人的能力未必就比男人差，却多会被分配做琐碎而繁重的工作：办公室里的电话可能会响个不停，每天需要处理的信函也会很多，同时还要联系客户，构思工作计划，准备开会文件……忙得不可开交。老板可能不在意女人的辛勤劳动，却

对她们的丝毫失误大发雷霆，使之产生严重的逆反心理，对工作失去热情，对生活失去信心，疾病也乘虚而入。即使如此，女人们也无法暂时逃避一下，去理想中的风景区旅游，经常加班让她们连跳舞、唱歌、看书、听音乐都要以分秒来计算。到头来，可能“女强人”没做成，倒先成了“怨妇”。

另外，女人还易在职场里受到男性的欺负。上司对你的关心可能心存不良，男同事对你的爱护可能另有居心，你既不能轻易得罪谁，又不能让旁观者闲言碎语，既要做好工作，又要应付好令人烦心的“骚扰”。稍稍处理不慎，就可能影响前途或被诬陷。

就算你能突破重重阻力，取得出色的工作业绩，也别想轻轻松松地享受成果，别忘了，还有女同事的嫉妒。女人是最善嫉妒的，特别是看不得同性的“出头”。如果哪位男同事如何如何，女人多会羡慕，但如果女同事明显占了优势，则会颇为不服，嫉妒心做祟了，明里暗里的攻击随之而来。

因身居要职而成为孤家寡人的女人大有人在。这就需要女人既不耽误工作发展，又要能够平息女同事们的嫉妒之心，否则“空中阁楼”是长久不了的。

女人创业真的好艰难！

女人的创业之路较之男人而言可谓是阻力重重。

2. 女人成功的代价重

要事业就得有所牺牲

在我们的生活中，有许多优秀的现代女性在职场上勤勤恳恳、兢兢业业，为生活、为事业不停地奔忙，让我们亲眼目睹了“巾帼不让须眉”的风采，也看到了她们历经千辛万苦、饱尝酸甜苦辣之后终于取得事业上的成功。成功的女人们同男人一样在职场上叱咤风云，她们在男人主宰的世界里抢占了一席之地，耀眼、风光，抢走了男人的风头。她们用智慧和努力换取了成功，也为成功付出了惨重的代价。女人积极地工作并不都是为生活所迫，只是希望能够按照自己的意愿去生活而不用男人供养，她们非常向往像男人一样独立、自由，这样才活得有自尊。她们有追求事业的权力，而又不能完全没有家庭，在选择“成功女人之路”之前，女人都是要经过一番内心挣扎的，毕竟“男主外、女主内”的传统模式已经沿袭了几千年，所以说要事业还是要家庭，的确是摆在职业妇女面前的两难选择。

最终，一部分女人和男人一样走进了社交圈，她们用自己的行动证明了她们的存在，有的还胜过了男人，成为风口浪尖上的女强人。

女强人们也多有着姣好的面容，苗条的身材，以及女性所特有的温柔。不过，她们需要在温柔中带着刚毅、在羞怯中带着果敢，克服懦弱，使柔弱之躯蕴含着巨大的力量，才能在与男人的搏斗中取得成就。

不过，女人毕竟是女人，她们天性存在着一些弱点，比如惯于依赖、杂念多、易遇难而退并且易自满……这都是她们成功路上的羁绊。她可能常常在工作中想到丈夫是否吃上了热饭，孩子是否在哭闹，家里缺了什么少了什么……

为了事业的成功她必须努力去克制自己，锤炼出硬过男人的“钢铁心”，放下一切专心工作。

女人要成功，得经过炼狱般的磨难和磨练。

成为工作的“机器”

如今的女人们幸运多了，她们有了更多的机会和空间张扬自己、发展自己、实现自己，女人的生活状况有了前所未有的进步，而且有着路越走越宽的趋势。

真感谢最初勇敢地从家里走出来的前辈们，在她们的带动下，女人们前仆后继地来到社会上大大方方地追求和实现自己的梦想，她们的潜能得到了激发，她们的经济得到了独立，活得自由自在，体验着生活的美好，成了人类一道亮丽的风景线，也成为社会发展不可缺少的一股重要力量。

幸运的现代女人，不再遵从古训循规蹈矩地生活，她们成为开社会风气之先的领潮人，拎着漂亮的坤包，进出高档写字楼，时代的进步就体现在她们时尚的穿着和自信的面孔上。她们甚至比男人更多地体验到了现今时代生活的多彩，不需什么三寸金莲、不需在包办的婚姻下执行三从四德、不需专心做贤妻良母，更不需把人生的幸福全部寄托在丈夫的身上，甚至她们可以用自己的努力把男人比下去……

不过，这些都是表象的东西，她们真的解脱了吗？事实上没有，她们风光的背后可能是孤独。

工作着的女人是快乐的，但是为了工作忙得团团转、根本无暇去享受业余生活的女人是绝对快乐不起来的。为工作耗尽一切精力却是许多成功女人所逃不掉的，为了追求成功、维持成功，她们必须以工作为绝对的生活重心，就像工作的奴

隶一样，把整个身心都交给它。她们没时间交友、没时间看喜欢的电视剧、没时间享受本该多彩的人生……她们被工作榨干了每一滴血。她们在成功的光环中品尝着无人知晓的孤独。

甚至，连每个人都必然经历的恋爱都是成功女人们的奢侈品。在我们的身边，有不少优雅的成功女人，她们有智慧有风度，有思想又拥有美丽，但是，她们却难以像常人一样去同男人花前月下，只因没时间和精力恋爱。她们一旦成为事业上较出色的女人，便如踏上了一班快车，工作、应酬、充电，再工作、再应酬、再充电……节奏快得让人喘不过气来。对爱情的挂念，只能在下班途中瞥见一对恋人的背影时"灵光一闪"。但是如果想谈恋爱，那就认清现实，为了干事业还恨自己分身无术呢，恋爱一事就先靠边站吧。

因为，时代不同了，在某些争强好胜的女人眼中，拥有让人羡慕的成功事业可比拥有美好的爱情份量重多了。

新时代的女性，常常为了工作放弃了所有，心甘情愿地、也无可奈何地做着事业的奴隶、工作的机器。

想成功得"豁得出去"

女人为了成功、须付出比男人更多的努力！女人不仅要付出比男人更多的努力，还要承受诸多的心理压力。

男人当领导会被认为天经地仪，而女人当领导则会遭到众人的无情挑剔。女人在奋斗的路上，一半的努力是用来抵消男性的歧视、抵制不合作上。虽然女领导常受到下属的抵制与不合作，却不能像男领导一样动辙发脾气，否则会被人认为"小心眼儿"、"没气量"，不称职等；反之如果对下属很亲善，那么，会被人认为是软弱的表现，会令作为领导的威信大失。

总之，女领导是难做的，心理承受力这一关就必须能过，否则，"没有金刚钻，别揽瓷器活"。另外，女人的业绩需比同等职位的男人高出许多，否则就会令人不服气。

现如今有"女强人综合症"一词，意思是一个女人在试图完美地充当职员、志愿者、妻子、母亲、家庭主妇等复杂的多面角色过程中所造成的生理的、心理的和人际方面的紧张症状。其实，只是尽心尽力地扮演其中的一个角色并试图完美，便可能患上"女强人综合症"。"女强人综合症"可以出现在不同年龄、不同职位、不同经济收入的妇女身上，只是强度不同而已，它正是心理压力过大的结果。

“女强人综合症”的体现便是高度紧张,这已经是一个较时髦的话题,可见它的普及率和伤害性:心跳、呼吸和血压都在增加,肌肉开始收缩……

一位成就斐然的女强人这样说:“我无法和你说清我多么累,我常常感到浑身无力!我最想多休息一下,可是我却像上足了发条的时针,根本无法停下来。”

有一位女经理,工商管理硕士,年仅30多岁,一天突然晕倒在办公桌上。医护人员对这个似乎很健康的年轻女人的真实身体状况感到震惊,命令她至少要休息一个月。可是她醒来后只是稍稍休息一下,便重新投入到工作中了。

为了博取成功,女人常常要付出健康的代价。在冷酷无情的竞争中,女人要同各色对手作战,在“过五关斩六将”的过程中,整个人时时都像剑在弦上,超负荷地工作、不断地透支精力,直到精疲力竭、健康亮起红灯。若不是亲身体验,谁能想象得到出入高档写字楼、走在时代前端的女人是多么的累,“休息”竟成了她们最奢侈的东西。

女人常常要付出惨重的代价去换取事业上的成功,其中的艰辛是男人无法想象的。

3. 成功的女人苦恼多

成功反带来压力和烦恼

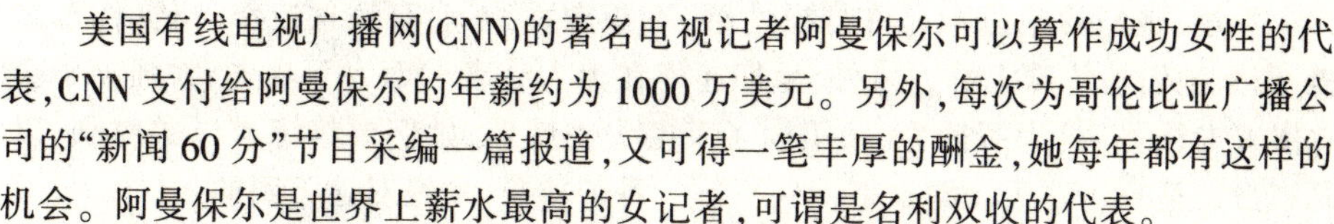

美国有线电视广播网(CNN)的著名电视记者阿曼保尔可以算作成功女性的代表,CNN支付给阿曼保尔的年薪约为1000万美元。另外,每次为哥伦比亚广播公司的“新闻60分”节目采编一篇报道,又可得一笔丰厚的酬金,她每年都有这样的机会。阿曼保尔是世界上薪水最高的女记者,可谓是名利双收的代表。

工作为广大妇女们打开了一扇通向外面世界的窗口,她们的生活不再只是围着锅台转,工作给了她们一个施展自己能力的舞台,对于绝大多数女性来说,工作本身就是快乐的,而取得成功是她们的最终目的:可以为家庭增加收入、可以为社会做出贡献、最重要的是可以实现自我人生价值。

成功的女人在取得成功之后,内心可能并不是坦然的,因为她们生活在仍受男性主导的社会里,她们这样标新立异、与众不同,就像一个叛逆的新时代女生,会招来周围人群异样的眼光以及过激的反应,在承受这一反应的同时,她们也会

有心灵上的扎挣。一方面她们愿意迎接成功，另一方面又不想成为人们眼中的"异类"，所以在面对成功时可能既兴奋又茫然无所适从，常常在这个"美丽的陷阱"中徘徊，久久找不到出口。

过去女性在家中做惯了贤妻良母，从未体验过功成名就的滋味，现在妇女可以像男人一样外出工作，挣钱养家，并在工作中获得成功。可是她们不能够像男人那样坦然地接受成功，忧虑与烦恼多多：

"我真的不知如何是好，我从没想到会交上这样的好运。"

"我不喜欢这样引人注目。"

"不知怎么的，我觉得这对我不合适，不像属于我们女人的东西。"

"我担心这些变化会打乱我正常的生活。"

"以往的平静生活是一去不复返了。"

"采访、邀请、旅游，简直应付不过来！"

"我不想承担成功带来的责任，人们对我的期望太高了。"

"我真的感到了孤单，我不再是同事们中的普通一员了。"

"我为我们夫妻之间的关系而担忧。"

……

事业有成是所有女性所向往的。可是一旦登上事业的顶峰，就会发现事实并没有想象得那样美好，在风光无限的同时，确实是苦恼缠身的。在高档写字楼里拥有宽敞漂亮办公室的女人们是一些女中豪杰，她们聪明、有胆识、刻苦耐劳、口齿伶俐、英明果断，办起事来大刀阔斧，颇有气魄，令男男女女们都钦佩。

可是，人们对她们也赋于了太高的期望值，硬性地认为她们该是人类的范本、学习的楷模，她们的一言一行都在众目睽睽之下，因此每走一步、每做一件事情都如履薄冰，生怕被人挑出毛病，成为众矢之的：她们不能随口开玩笑、不能随便穿衣、更不能讲粗话以及大笑，她们要注意随时保持女性美，还要有成功女性的端庄仪容。

不过，她们的地位不允许打扮性感，不能撒娇，不能有矫揉造作、忸怩作态之嫌，因为她们是特殊人群。另外，她们还得在为人处事上面大下功夫：太强硬了会被指责专横拔扈，为所欲为，太柔弱了又会失去威信，她们要修炼成以柔克刚、以弱制强乃至一巧破千均的本事——不下一番苦功夫，是绝对达不到的。

没错，忧虑、烦恼、孤单经常缠绕着成功的女人们，她们内心所需承担的要比常人多几倍。

婚姻专家点评

事业成功的女人不一定能够快乐，她们往往要承受着成功带来的种种烦恼和压力，这是常人所不能想象的。

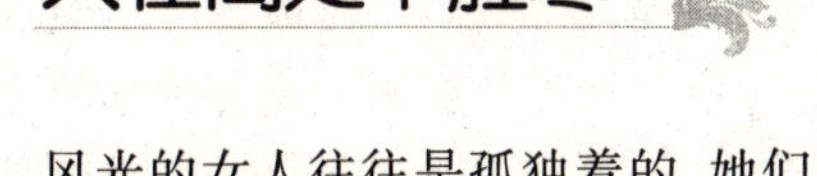

人在高处不胜寒

风光的女人往往是孤独着的，她们风光在人前，却孤独在人后。正可谓有得必有失，她们在得到事业的成功和生活的风光时，往往却以超常的忙碌和无法正常地恋爱、结婚作为代价交换。许多在职场上拼杀出一席之地的成功女人，在满足了事业心的同时，恋爱和婚姻问题却成了老大难，成为难以祛除的心病。

她们由于"曲高和寡"常会担心嫁不出去，即使她们一路搏杀顺利进入大学，然后经过考研，进而上博士，婚姻这一关却难过。此时，无论是年龄还是学历都让大部分男人望而生畏，知难而退。

没有婚姻的人生是不完整的人生，可目前一部分都市女白领群中却有一部分人持不婚的态度，这是她们认清事实后下定的决心。

有的不婚主义者是因为曲高和寡，某广告公司艺术总监孙女士，从大学毕业算起，苦苦奋斗了近20年，有了车子、房子和数十万元的存款。靠自己的能力，她可以过得很好。选择怎样的伴侣？和她经济基础差不多的男士多选择年轻女子，收入比她低的男人，她又觉得亏，所以就决心一个人过日子，宁愿孤独也不伤那份脑筋。

有的不婚主义者是因为工作太忙，一家外贸公司的女业务经理就是一个很好的代表，虽然她交际广泛、性格开朗、为人热诚，却做出不婚的决定。

她无奈地说："我经常在外东奔西跑本身就够累了，回到家又怎能去面对柴米油盐酱醋茶呢？况且经常在外与男客户打交道，没早没晚的，哪个男人受得了这样的老婆，只会使大家都累。不结婚会有更多的私人空间，即使回家再晚，也不用担心怎么向老公交代……"

即使活在鲜花和掌声中的女明星们也同样在这一问题上头痛，她们是美丽的女强人，她们是喜悦与悲伤同在、激情与寂寞并存的女人的代表，她们一个个光彩夺目、明艳动人、娇柔妩媚，女人味十足，却常常得不到真正的爱情与美满的家庭。

一方面，女明星的情绪变化太快，内心世界的感情太丰富，价值观又与一般人不同，所以激情产生与消失的速度极快，常人望尘莫及。另一方面，女明星有许多优越的物质条件，很容易让男人为之动心。有时候就是为了钱财，心怀叵测的男人便装成一副谦谦君子的样子走上前去灌迷魂汤，等骗取了女明星的感情，捞够了钱就走。

所以，女明星们虽是感情经历最丰富的人，也是受其伤害最多的人，男人们的逢场作戏常常成为她们内心永远痊愈不了的伤疤，时常隐隐作痛。

女人在成功的追逐中可能放弃过美好的爱情、错过了最合适的伴侣、牺牲了许许多多本该与丈夫、孩子共享乐趣的时光，这些都会不定时在她们的心里掀起涟漪并留下抹不去的遗憾，时时作痛。她们会觉得自己不是个完整的女人，没有体

验到一个女人该体验到的东西，为此而抱撼终生。不是亲身经历，就不知道女人成功的代价有多高，苦恼有多少。

很大一部分事业型女人都不将幸福寄托在婚姻上，她们认命地置一所只属于自己的房子，即使孤独着，也不至于无家可归。她们宁可放弃婚姻也要保住得之不易的事业，那可是生活的最基本保证，无论失去什么，只要有事业在，生活就不会陷入绝境。她们孤独着，潇洒着，品味着别样的人生。风花雪月的故事是别人的节目，婚约也是别人的牢笼，这些都与她们无关。

对于女强人来说，似乎没有什么很好的办法来帮助她们脱离孤苦，因为人们对女人，总脱离不了角色期待，他们期待女人的角色是家庭中的贤妻良母，是社会上的配角。

成功女人头顶上的光环就如沉重的十字架一样，让得到的女人又爱又恨，快乐着也苦恼着。

婚姻专家点评

事业成功的女人，往往面对着不成功的人生，她们取得了事业的辉煌，却可能在感情、婚姻方面一片空白。

“孤家寡人”的痛苦

有人说，事业成功的女人，婚姻家庭则注定要失败。这句话虽不是绝对的，但是却有一定的道理，家庭和事业是较难两全的。

一个成功的男人往往有一个幸福的家庭，而一个成功的女人则往往有一个破裂的家庭。婚姻、家庭常常是成功女人们的“痛处”，已婚的成功女士并不等于逃过劫数。

原因之一，男人对于妻子的成功往往抱着矛盾的心理，一方面他们可能感到光彩，另一方面也为女强男弱感到心理失衡。一旦男人遭遇什么事业上的失败或打击，则会在妻子面前非常地不自在，进而产生消极心理，夫妻间的默契随之产生变化，可能越来越糟。有句话说得好：女强男弱的婚姻关系，就像两个人捧着个易碎的蛋，稍不留意可能就失去了平衡，进而婚姻破碎。即使女方精心维护，可能也无法使得女强男弱造成的失衡得以缓解。

原因之二，已婚女人无法在家庭上花费太多的精力，使得家庭生活逐渐荒芜，没有生气没有温暖，丈夫抱怨、子女疏远。所以说，即使步入了婚姻的殿堂，也多会因无暇经营而以失败告终，落得与孤独相伴。

所以说，女强人多是无法扮演好妻子与好母亲的角色的。一个职业妇女，每天在外面和男人一样闯天下，回到家中可能就不再有精力扮演温柔贤慧妻子和慈爱母亲的角色，这往往会使家庭生活失去平衡，甚于产生裂痕。

而欲望多的女人则会烦恼多，回到家中免不了对配偶不耐烦和发脾气，而丈夫们又很少愿意长期承受这种消极行为，从而使问题更为复杂。他们迟早会怒气相向进行反击，这样就出现了恶性循环，接下来可能就是“夫妻大战”。另外，要强的女人既没时间教导孩子，又会对孩子期望值过高，而实际上往往大失所望，于是，与子女之间的冲突也在所难免了。

有的女人事业成功之日，正是她的家庭破灭之时。这也是女人成功的一大代价，这是令成功女士最痛心的了。因为不论事业如何成功，她们都还是个正常的女人，有着与其他女人同样的七情六欲，同样希望爱与被爱，同样希望有一个稳定幸福的家。一个没有事业、没有社会地位的女人得不到人们的尊重，而一个有事业的女性如果没能做一位好妻子、好母亲，则得不到社会的认可。

精明强干的女人不是家庭破裂就是嫁不出去，男人往往接受不了女人强过自己。一个班级里评选“最聪明的女孩子”，结果被评上的女同学说什么也不肯接受这个称号，她说如果她被评上，就不会有男孩子来找她约会。成功的男人会吸引一大群女人，而成功的女人却会吓走所有的男人，成为风口浪尖上的“孤家寡人”，可谓高处不胜寒，这都是成功女人要付出的惨重代价。

家庭是心灵栖息的港湾，没有家庭的温暖，女人就没有真正的幸福可言，事业的成功也难以掩饰眼中的孤寂。

人前风光人后孤独的女人是惹人怜的，她们输了婚姻赢得了事业；她们又是可敬的，她们彻底使男人改变了对女人的认识。女人们好不容易走到社会上，不能再因为些许牺牲就再回到家中。只是她们不该是孤独的。

婚姻专家点评

成功女人的事业和家庭常常难以两全，她们常常因为事业而牺牲了家庭，独自品尝着孤独。

第六节 女人较男人脆弱

NüRenJiaoNanRenCuiRuo

1. 女人多悲悯

女人最易感慨、悲伤

一位从事电影事业的人说:“除了真正笨拙的人以外,几乎所有的女演员在演出悲剧时,都无需借助眼药水。”这句话充分证明了女性的特点。当她们模仿悲伤情绪时,多能收放自如地表现出来,内心戏的发挥和眼泪的制造,可以说是女性的拿手本领。

为什么?因为女人最易感慨、悲伤,而且这种情绪说来就来,随叫随到。

这就是女人与男人的区别之一。而男性是不那么容易流泪的,即使遇到困难,也会不假思索地迎难而上,很少去想“我的命好苦呀”、“我怎么这么倒霉呀”!这也许正是“男儿有泪不轻弹”的原因所在。

哭泣是女人产生悲伤时的发泄方式,靠哭泣来排解心中的苦闷,哭过了,心中就好过多了。一般的男人,在走投无路之际,通常会静下心来冷静思考如何去面对现实,解决问题的症结。女人则不然,她们不必经过大脑的思考,“呜”地一下,眼泪就会流下来,把不如意用泪水表达出来。比如说工作上有过失,遭了上司的一顿臭骂,或者与男友闹意见,女人都会突然像山洪暴发,可以像水坝决堤似地哭得死去活来。

女人不仅遇事善哭,还能长期记住她哭泣的原因,所以她们很容易回想往事,心头一紧,眼泪自然而然地流了下来。这也是她们易陷入悲伤的一种体现。

能让女人产生悲伤情绪的事情很多,比如说,青春逝去、美貌不再等等,都足以能够挑起女人的悲伤。

有一部分女人曾把青春和美丽当作人生的一种资本，把美丽的面容、健美的身材和漂亮的时装当做最好的招牌，可一旦岁月流逝、年华老去、青春不再，这些就会渐渐离她远去了，吸引不起艳慕的眼光了、听不到称赞的话了，好心情就难以维持，并沉重起来、复杂起来，既有淡淡的悲哀和伤感，又有留恋过去、不服现实的好胜心理，这是一种自卑感在作祟，也是感慨、悲伤的体现。

婚姻专家点评

爱哭泣可以说是女人的专利。女人爱哭泣，是因为心中多感叹、遇事多悲伤。

岁月无情、青春易逝

女人生来便多愁善感，最令女人敏感的，怕是岁月无情、青春易逝了。

二十五岁，是最好的年龄，集成熟、青春、韵味、活力于一体，然而，可能还没来得及好好享受一下生命的恩惠，就向中年、老年滑去。二十五岁的女人，匆匆忙忙走进了家庭，开始了新的人生之旅。二十五岁的女人开始学会了承担，承担婚姻和家庭的责任。还有的女人在二十五岁的时候已经做了妈妈。二十五岁的女人，来不及展露风情便发现自己慢慢在变老，也越来越怕老。

于是，刚刚过了二十五岁的女人便开始用羡慕的眼神去看那些满颊红晕的女孩；有意无意柔声刺探丈夫有没有秘密；有意无意坐进柔和如梦的灯光里，翻看自己从前的照片，回味过去的美好回忆。

刚刚过了二十五岁，女人使迫不及待地懂得了感伤，开始把飞扬的长发挽成端庄的发髻，衣服的色彩不再是红的热烈、黄的明快、白的单纯，而是多了黑的凝重、蓝的宁静、灰的稳健、紫的娴雅……刚刚过了二十五岁的女人便不得不挥手向曾经美丽的岁月告别，无奈在脸上，感慨悲伤在心中。

年龄告诉她，过了二十五岁，就要克制浮漂与躁动，放弃空幻与痴想而面对现实，要学会爱护宝贝、护理家人、孝敬双亲，把二十五岁女人的温柔化为责任和爱心。

只是一晃间，三十岁便到了，三十岁的女人只剩下青春的尾巴，家庭琐事却繁重了。三十岁的女人心里满是委屈，偶然停下忙碌，竟发现生活全被家庭琐事给侵占了，自己被生活压榨得越来越憔悴，一时间压力、委屈齐聚心头，忍不住想大哭一场。但是，身边有丈夫，膝下有子女，只得把眼泪流在心里，脸上依然是微笑，是生活教会了她们如何流着眼泪去微笑。可怜三十岁的女人，就连哭的权利也被剥

夺了。

不知不觉中，女人的哭少了，甚至很少哭了，虽然她们常常感慨与悲伤，叹息自己被岁月夺走了青春，叹息自己被生活所累，但是她明白一点——眼泪已经不再是她的砝码了，她的眼泪除了丈夫不解的眼光外，什么也换不来了。所以，还是把眼泪流在心里才是明智的选择。

但是，有时她的眼泪还是忍不住流下来，上有老下有小，要职场拼杀，要操持家务。每天的日子总是在忙碌与辛劳中匆匆滑过，连同那些光荣与梦想，压力与委屈一起滑过女人单薄的肩膀，滑过女人纤细的指头。感慨和悲伤就积聚在心头，一触即发。

当视为知己和依靠的丈夫在你情绪低落时不经意说出一句不中听的话，女人的眼泪便如决堤的河水奔涌而出，势不可挡、一泻千里。要是"年轻"那会儿男人对自己哄还怕还不及，哪里会这样冷言冷语、不管不顾，都是年龄惹的祸！

三十岁的女人就这样少了别人的呵护，却多了自身的责任，没人照顾她是理应的，她照顾别人却是应该的。她得辅导孩子功课，料理丈夫的生活，孝敬父母、公婆……梳妆打扮被视为"做作"，责任担不好却有"失职"之嫌。

唉！三十岁的女人。

一旦跨入四十岁的门槛，就到了中年，即使风韵犹存，也是半老徐娘矣！她们的吸引力越来越少了，"蓝颜知己"越来越难求了。香港作家董桥说："中年最是尴尬、天没亮就睡不着的年龄。只会感慨不会感动的年龄。只有哀愁没有愤怒的年龄。"他虽是站在男人的角度上说的，但也同样适用于女人。

中年是女人的伤心年代，向往过，爱过，痛苦过，幸福过，但一切都已成为过去，如今听的是别人的故事，看的是别人的眼泪和欢笑。

被男人包围的事情只有在梦里和回忆里才会出现，一旦回到现实里，看到的只有眼袋和皱纹，男人们已在不知不觉中退却了，心中的沉重感和自怜却越来越清晰、加深了。

女人到了中年，意味着退出男人的世界，这个年龄已经没有足够的底气吸引男人的目光了，已把握不了男人了，偶有艳遇也改变不了大局。而且，到了这个年龄，经过岁月的打磨后，基本上已经刀枪不入，对偶尔来自男人的温柔目光和情意不再轻易相信。

所以，她们的生活单调乏味，相夫教子是唯一能够体现出她们重要性的事情。

女人就是这样被岁月给打败的，经历了种种的坎坷，冲破重重的阻隔，一路拼搏厮杀出一番天地后，蓦然回首，发现自己已是历尽沧桑，身心憔悴，人已日薄西度。即使生活富足、美誉环绕，却全然不抵内心那一声苍凉、沉重的呼唤来得现实，人被精神和心灵上的"自我怜惜"常常压迫得喘不过气来，放眼望去，只有落日余辉，无尽感伤不请自来。

十岁的女孩会在人前装老,二十五岁的女孩开始怕老,开始衰老的女人则时时被年轮所欺,感伤在心中积聚。女人的一生都和岁月搏斗,哭着喊着搏斗。在这一过程中,她们是多么地需要有人帮助、有人关怀、有人爱护、有人甘苦与共呀。只有男人能给她最大的帮助和最有力的抚慰。

对于年龄问题,女人比男人敏感得多,男人越老越自信,女人越老越不自信。

2. 女人最易陷入孤独无助

在工作、生活中女人常感无助

女人天生敏感、脆弱的特性注定了她们最陷入孤独无助。女人的孤独无助感来自方方面面,既可以是工作方面的,又可以是家庭方面的,还可以是个人感情方面的。

听听两个女人的聊天就知道了:

甲女是一个项目经理,薪水很高,乙女是一个有钱人的太太,她们在别人眼中是两个较幸福的女人,但她们却互相诉苦。甲说,她的老板是一个脾气暴躁的美国人,经常劈头盖脑把她骂一顿,把她气得忍无可忍。这还不算,那些可恶的客户,也经常把她气得七窍生烟。在工作中她感到非常孤立无助,担心自己会撑不下去。

有钱人的太太却表示羡慕女友的本事,起码可以不依靠丈夫生存,自己却不然,每花一个子儿都得从丈夫手中要,丈夫高兴的时候还好,不高兴的时候,不给不说还埋怨她是个白吃饭的。

结果,甲女说想找个人嫁了,好有个依靠,乙女则说想找份工作干,可以不再依靠男人生存。无一例外,她们都感到了孤独与无助,一个想要通过嫁人找到安全感与依赖,一个想要自食其力以免离开了丈夫生存不下去。

当女人丧失了相依为命的配偶后,也会陷入孤独无助之中。无论与她相伴的那个男人是多么的优秀或是多么的糟糕,都曾是她的整个世界,一旦丈夫去了另一个世界,那么她就会陷入绝望之中,倍受孤独无助的侵扰。于是,内心紧

闭，过着一种自怜自艾的生活。不经过相当一段时间的适应，是走不出失去亲人的阴影的。

有一位女人，丈夫已经去世六七年了，她仍沉浸在悲痛欲绝中，幸福再也没出现在她的生活中。最后不得不去求助心理医生："我该怎么办？我的生活中还会有幸福吗？"

医生说："你的悲伤是因为自己身处不幸的遭遇之中，但时间长了，那些因不幸而造成的伤痛便会慢慢减缓、消失，你也会开始新的生活。"可她却对医生的话充满了怀疑，认为自己已经没有希望了。

女人是最怕陷入孤独无助之中的，但孤独无助偏偏最易侵扰女人。

婚姻专家点评

孤独、无助感常常像挥不去的阴影，如影随形地搅扰着女人、欺凌着女人。

女人需要心理慰藉

女人需要心灵的寄托与依靠，一旦内心空虚，她们就会用各种办法来弥补空虚。寂寞的女人会在现实中寻求依托。心怡的男人不是容易遇到的，就用其他方式代替。

都知道有空闲的女人喜爱养宠物，但很少有人知道这是为什么。原因很简单，因为女人会因心理较脆弱而常常感到孤单，有宠物相伴，彼此惺惺相惜，精神就会有所寄托。

居住在城市里的人都不难发现，饲养小动物的多为独身女性。女人养宠物，不仅仅是为了体验一种与动物之间的亲和关系，也是为了体验一种归属感，以及一种归属之后的富足感和得到宠爱之后朦胧的幸福感、被拥有感。

当女人在现实中没有恋爱对象的时候，作为"代偿行为"的对象，宠物便理所当然受到女性的青睐，以宠物来代替丈夫或爱人。

女人这种潜意识里的"宠物心理"其实是一种现实的生活态度：她们在潜意识里觉得自己是男人的一种"宠物"，虽然现在是施爱者，但也同时享受着"被宠"的快乐，以此来寄托自己遭受冷落与忽视的情感。现在许多日本的单身职业女性，为了得到情感的依托，会在自己的公寓里养一些鸟、龟甚至是蛇。

可以说，饲养小动物近年来似乎已成了女性的专属特权。据说，某些女大学生就在宿舍里饲养了不少猫、狗之类的小动物，她们宁可自己省吃俭用，也要让这些

小动物吃好吃饱。这种现象正在引起社会学家们的重视。虽然有许多充满爱心的男性,也喜欢饲养各种小动物,但与女性的心理却截然不同。

女性一方面是出于本能的爱心,对弱者表现出怜惜之情。另一方面,这也是转移自己情感的一种方式。一般寡妇或者是超过了适当婚龄而尚未成婚的女性,常以饲养小动物来寄托自己遭受的冷落与被忽视的情感。

这无非是孤独情绪所致。心理学上将女性这种行为称之为“代偿行为”。女性将各种饲养的小动物,在潜意识中有可能看作自己的丈夫或情人,给以百般的关怀与爱护,以求得心灵上的满足与寄托。

女人比男人更喜欢呵护小动物,这是因为她们想得到同样的呵护。

女人最需得到男人的照应

女人为什么会迫不及待地走进婚姻呢?可以理解为想拥有一个心灵上的依托。即使经济独立,她们也会认为自己是不完整、不成形的,缺乏独立生存的心理,所以要找一个男人作看护、恩人、情人及偶像,即一个对她们来说“意味着一切”的人。

因此,当女人认为自己不完整时,为了寻找更强大的另一半,她们就要结婚,男人是她们完善自我的最佳选择。有些时候,恋情还没有得到充分的发展,女人就被男人的假相给蒙蔽了,迫不及待地嫁给了他。从此她会放弃自己的目标,以此帮助男人实现他的抱负,为他的利益、需求和目标而生存,而她只希望得到忠诚、尊重、关心与美满姻缘。

但是事情常常不尽如人意。尽管她尽其所能地做了贤妻良母,但是丈夫却往往无视她的存在和贡献,完全不能满足她“有一个依托”的心愿。人没有形单影只,而心却孤独依旧。这并不是她们当初想要的生活。

婚后的女人常扮演照顾他人的角色,而自身却缺少关爱。老的和小的都想得到她的付出,连男人也是一样,却几乎没有人想到去关照她,连男人也躲得远远的。

我们不得不承认这样一个事实:女人们(包括新潮女性)对于自己爱的需求从来都处于被动的、保守的地位。女人们需要爱的滋润与充实,但永远不敢公开宣布她们的这种强烈欲望。因此,她们在生活中常常得不到足够的关爱,心灵空虚,无所寄托。

海伦的母亲自小就教她如何去关心爱护他人，告诉她这是女人必需会的。哥哥却没有被母亲要求这样做，因为母亲知道他日后会有妻子照应。母亲一再告诉海伦，别指望别人会照顾你，你得自己照顾自己。虽然你以后会有一个丈夫，但是，别对他指望太多，你得照顾他，还得照顾自己。母亲是以“过来人”的经验来教导海伦的。

是的，现实中的男人常常让女人失望。国外尚如此，在传统礼教影响深重的中国，女人更是容易遭受到男人的忽视。

女性渴望在感情上得到依托不是因为软弱，而是一种内心的需求。当一个女人得不到足够的爱抚时，或者说没有感到真正有人在她的身边，她就不可能有自我安全感，就会迫不及待地去寻找某个人、或某种关系，能够使她感到安全并能够填补她的空白。异性伴侣在感情上相互结合的方式，从女人的眼光看好像是补救女人内心空虚的一剂良药，当丈夫并不能满足她这种需求时，她就会孤独、痛苦，深深地失望。

在这种长期的心理失衡下，缺乏关爱的女人就会变得偏执、疯狂，这是因为内心空虚所致。但是我们知道，许多女人对不满意的夫妻关系仍缠着不放，希望这种关系有所改变：期望着有一天会得到想要的一切；有一天丈夫会有所改变；有一天会真正被爱；有一天会……

女人最怕心灵无所依托，希望男人认识到这一点，并给她们足够的关爱，让她们的心灵有所依托。

婚姻专家点评

女人最渴求得到照顾和关爱，事实上她们常常得不到关爱，还要付出自己的关爱。

第二章

怎么宠女人

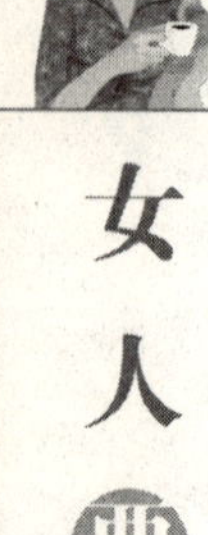

第一节 如何去“爱”女人

Ru He Qu Ai Nü Ren

1. 表达对女人的爱意

爱就说出来

爱情与经商的性质是一样的，需要当事者能够把握时机，该出手时就出手，才能赢得爱情。否则，错过了时机或者优柔寡断迟迟不敢透露心思，那么，即使是本该到手的爱情，也会因为错失良机而与其失之交臂。

作为男人，遇到喜爱的女人时“爱就要说出来”。虽然时代已经进步到了让人难以想象的地步，但女人仍然是女人，传统的保守思想对于她们的言行仍是起作用的，她们往往不敢首先主动明确地向自己所倾心的人表达自己的爱意，而等待着男方主动示爱，否则，也确实有失女人的风范。

而男人，一旦遇到喜爱的人，就要能够勇于说出来，如果双方都矜持着不肯捅破这层纸，那么除了擦肩而过不会有更好的结果。如果男方是一个较慎重的人，实在不能面对被拒绝的设想，那么就要注意观察女方的言行举止，通过此种方法往往是能够看出一些端倪的，就能避免贸然表白而遭遇被拒绝的尴尬。

一位男子与一个女人相互爱慕，但他们都是较内向的人，谁也不肯先向对方表达心意，担心会遭到拒绝下不来台。幸好男方是一个较有心机的人，他通过种种迹象认为女方也对自己有意，于是就前去试探。

他问女方：“像你这么温柔可人的女孩，追求你的人一定不少吧！”女方有些不好意思地摇摇头，说一直都是形单影只。

男的趁机问道：“你喜欢什么样的小伙子，我替你留意！”

女方就把心目中的理想伴侣的形象描述了一番。男子听后大喜：这不是与自己的各方面条件完全相符嘛！于是，男子当即表达了爱意，女方则痛痛快快地接受了。相信读者最初都替故事中的男女主人公捏了一把汗，担心他们真的就此错过。不过，结局是让人兴奋的，也告诉了读者一个真理：爱就要说出来。

无论男人还是女人都可能相信缘分。在他们看来，有缘分的人无论如何都会走到一起，而没有缘分，求也求不来。世间之事，既有它的必然，也有它的不然。即使上天安排好了某些事情，有一半的机会也把握在世人的手中，有些机会就是人为而成的。

世事纷扰，红尘滚滚，缘分的来与去，只在一念之间。有心，即有缘；无意，即无缘。不错，宝玉与黛玉的初次见面便觉有缘，宝玉见到黛玉的第一句话便是："好生面熟，这个妹妹我曾见过的。"而黛玉一见也是大吃一惊，心中想到："好生奇怪，倒像是在哪里见过。"

像这种灵犀相通、似曾相识的毕竟是稀少的，真正是可遇而不可求的。对于爱情，男人千万不要傻等什么缘分的到来，你争取到了便是有缘，你没有争取便是无缘。若单等缘分降临，那么可能会一直等到油尽灯枯。

用心把握适当的时机，以适当的方式向女方表达爱意，往往能够达到事半功倍的效果，也就是要求男方懂得"见好就收"。

在什么情况下需要见好就收呢？当你钟意的女人也向你发出了暗号的时候。未必她露骨地向你表示什么，但你通过她的肢体语言的细微变化是完全可以看出来的，女人天生是敏感易动的，当她见到她心仪的人的时候，她的身体、表情等各方面会起明显的变化——女人都是天生的表演家。

她可能忸怩作态，也可能自我表现，以期引起注意。如她正与一群女人叽叽喳喳地随意说着话，这时恰巧你出现了，于是情况可能马上就出现了变化，本来说说笑笑很正常、很轻松的她，当嗅到了你的气息，可能立刻就装模作样的"端"起来了，表露她矜持温柔又端庄大方的一面。或者立刻声音高了八度，将自己能说善辩的特性加倍地体现出来，以期成为众女人中的"注意中心"……这便是女人的信号。

女人的信号也可能是柔情似水的目光，或者可能是手指对发辫的一丝微妙的缠绕动作，或者是一丝稍纵即逝的灿烂的笑意，或者可能是一句若有若无的淡淡的话，其中却潜藏着许多弦外之音，她就是如此轻巧地丢给那男人去品味、去揣测她的真实意图……

这就是女人在不露痕迹地向你卖弄，以期引起你的关注。等发出了这许多极隐蔽的情感信号之后，女人可能就装得什么事情也没有发生过一样，剩下的一切便都是男人自己去好好把握的事情了……

如果遇到类似的情况，如果她也正是你喜欢的人，那么你完全可以不用怀疑地去向她表达心意了，因为女人每一种小动作都等于告诉男人：你可以来追求我的，如

果你来追求我,我多半不会拒绝你的,至少我不会给你难堪……在这种时候,两个人是最容易一拍即合的。一旦错过了相互爱慕的好时机,事情就难以预料了。

有一个真实的故事说明了表达爱意要把握时机的关键性。有个男孩,在学校的新生联欢会上认识了一个女孩。女孩笑如春花,聪明活泼,男孩对她几乎是一见钟情,却迟迟没有表达。他总是这样想:"再等等吧,以后会有时机成熟的那一天。"

直到一年后的一个夜晚,男孩终于鼓足勇气约女孩出来,向她表白了心中的爱意。平时伶俐的女孩竟结结巴巴地说:"我……我想不能接受……你了,一个星期以前我已经……接受了另一个……男孩……我真的……不知道你……会喜欢我……"

女孩说完就跑掉了,没有让男孩看到她湿润的眼。接下来,男孩就只能眼巴巴地看着女孩与另一个男孩出双入对了。再后来,男孩听到了女孩与相恋的男孩结婚的消息。男孩悔恨得不能自已。10多年后,他依然没有忘记那个女孩,常常陷在悔恨中。

如果他及时把握了示爱的时机,那么女孩就可能成为他的伴侣了。炒菜把握好火候很重要,表达爱情的时机同样很重要。如果能够把握好求爱的时机,那么你就已经成功了一半。

表达对女人的爱意,是男人赢得女人的必修课。把握时机、及时表白是赢得女人的关键。爱她,一定及时告诉她。

恋爱之初言行要"讨好"

能不能恋爱成功走向婚姻,在恋爱之初给女方一个美好的印象是至关重要的,这决定了今后是继续发展还是停止交往,所以说在恋爱之初,言行要讨好。

在一场恋爱中,双方的努力都是不可缺少的,但是相比之下,男方还是处于主动地位的。主动并不单指主动求爱、主动接近和纠缠不休,更重要的是通过自己的言行,争取得到姑娘的好感,给对方留下一个好印象,这对双方关系的发展有着很好的促进作用。

如何赢得你喜欢的姑娘呢?在恋爱之前,女方多在心理上已基本形成一个"理想的爱人模型",这个模型可能是很具体的,有时是以一个真实的人为模特,有时是把几个人身上的优点凑在一起,希望自己将来的爱人像此人那样既忠诚又有风度,像此人一样有才华又有好职业……有些文化修养高的姑娘,想法更抽象,无法用语言描述。

总之,姑娘的心里都有一把选择理想爱人的尺子,这把尺子虽因人而异,但是她们的共同点是希望男方是一个让自己在短时间内就能够喜欢上的人，起码也不要与理想相去甚远，否则，她们可能连再见一面也觉得没必要了。

如果你喜欢上一个姑娘，又有充分的条件去了解她心目中的理想爱人时，那么不妨先弄清她喜欢什么样的男人，如果你有符合条件之处，就在她面前充分显露出来，则能够吸引她。如有不足之处，也要努力弥补，以期靠近她心目中的标准。创造有利条件，使自己和意中人的性格、情趣、爱好、志向、理想沿着同一方向发展，这样才能够更容易地赢得她。

初次约会是很重要的一关，一定要想办法给女方留下一个好印象。那么如何在第一次约会时赢得对方好感呢?言行要注意以下几点：

1.切忌态度傲慢不真诚

初次约会首先应该准时赴约，这样才表现出你的诚意，万一遇到意外事件迟到，一定要说明原因并表达歉意。见面后，作为男方的你不要太拘束，应该落落大方。在与对方交谈时，切忌心不在焉，或者目不转睛地盯住对方打量。

2.切忌谈吐不雅

在初次约会时，男方应该主动引出话题，谈话的内容力求轻松：可以谈工作学习、兴趣爱好、生活琐事，不要使对方茫然不知而感到难堪，更不宜问一些使对方难以启齿的问题。如遇对方缄默无反应，必须迅速换个话题，要避免长时间的冷场。可以向对方作自我介绍，包括自己的家庭成员与个人爱好、特长等，但切忌自我吹嘘，会给对方不踏实的感觉。

3.切忌衣冠不整

“七分长相，三分打扮”，对于初次约会的男人，有必要穿的比平常好一些，这是重视约会、尊重对方的表示。不过也不能过分追求时髦，会给对方不稳重的感觉。

4.切忌没分寸

第一次约会时，说话要掌握分寸，即使你非常钟情对方，也不能过早地说不该说的话，如嘴无遮拦，那么结果可能会糟的。

约会是恋人在恋爱时必不可少的发展途径。如何创造完美的约会呢？如何在约会中顺利、速迅地发展恋情呢？在见面时，一定要保养好精神状态，避免睡眼惺松、无精打采，一个人只有在神采奕奕的时候，才能魅力尽显。也许在电话里，你言语机智幽默，但真正相见的时候，却木讷呆板，常常冷场，这是万万不可的。你可以事先打好腹稿，这样就可以有效避免冷场，并能够言语得体了。

在初步赢得她的好感后，你要表示自己有能力照顾她，愿意为她如何如何，这是女人最想听到的。即使你们的关系还没有发展到那种程度，她也愿意听到这类话。另外，你不要滔滔不绝地对她诉说自己如何如何，而是应该更多地听听她的意见，比如她的业余爱好、特长、工作职责、职业规划、对未来生活的计划等等，对她有更深入的了解，才能采用更正确的方式与她相处。

千万不要以自我为中心，表现出大男子主义，这是现代女孩最忌讳的。即使你比她高明、比她聪明，也不能明显地表露出来，而是要表现出欣赏她，这样一来，虽然她明知不如你，却不会觉得没面子。

对于恋情的发展，虽然男方占主动位置，也不能急于求成，而是遵循着正常发展的规律，一步一步地靠近，如果为了迅速发展恋情而说出不该说的话来，会让女方认为你鲁莽、没分寸、不稳重，可能会大大抵消你在她心目中的形象，因此疏远你、厌恶你，先前已产生的爱情也可能会化成泡影。

在恋爱交往中，应该本着互相尊重、相互平等的原则，并能够体贴对方。男女之间在性格、兴趣、爱好和志向方面总有着不同程度的差异。假如你在某些方面胜过女方，就应该用自己的渊博学识和敏锐的思考力去影响对方，凭自己的胸怀坦荡、豁达大度去启发对方。当双方的志趣在不知不觉地沿着同一方向发展的时候，那么女方不知不知就对你产生了好感，爱情也会在循序渐进中酝酿成熟了。

婚姻专家点评

进入恋爱状态了，并不等于你就赢得了她的心，此时才是刚刚开始。努力在恋爱之初给对方留下好的印象，是爱情稳步发展的有力保证。

打动女人心的方法

没有一个情窦初开的少女不期盼着白马王子的出现，对她像对待公主一般的好，王子对她情有独钟，为她勇于付出、甘于牺牲……她们常常沉湎在自己的幻想中，好多爱情的情节甚至在眼前浮现。

而女人也往往以有一位对她疼爱的男人为豪，恋爱中的幸福女人会忍不住对同伴炫耀："噢！你不知道，他是可以打 100 分的。你想不到他多么的英俊，想不到他多么有风度，想不到他的声音多么动听，多么有魅力……每天他都要给我送来一束红玫瑰，不管怎么忙，都坚持这样，我的屋子里永远飘荡着玫瑰花的香味儿，你什么时候去都可以嗅见的，简直令人陶醉呢……他还经常开着他的加长卡迪拉克带我去兜风，他开车的姿势那个帅气，叫我忍不住望着他就出神，他开车开得好快哟，都开到 160 迈了。吓得我一声接一声地喊叫，他可好，哈哈大笑个不停……太刺激了！太痛快了……"

恋爱中的女人是最幸福的女人，而给她幸福的就是她的"白马王子"。

爱做梦的女人都期盼着有一天能被"白马王子"征服，不过，即使你是她喜欢的人，也还是需要精心设计，针对女人的特性去通过种种方式步步为营地征服她。想赢得一个女人,需要这样一个过程;而对爱情抱有幻想的女人,也期盼着这样一个过程。

首先,你得学会去打动女人的心。先打动了她,才有希望发展成为恋人关系。如何打动女人心呢?不妨试试如下方法:

1.送玫瑰

女人都爱这一套,虽不实用却充满了浪漫情调。再附上几句赞美的话,效果就更好了。

2.情书攻势

把你没有机会与无法当面表达的话都写在情书之中,让她明白你的心意。

3.唱情歌

现代有一些情歌是很能打动人心的,其词句缠绵、曲调优美非常适合女人的心境。

4.打电话

在她的工作之余,打电话问候她是否开心,是否需要帮忙。

5.录情话

你可以为爱人制作一份“有声情书”,对着录音机说上10分钟的情话,然后将磁带精心包装好,寄给她。

6.抛媚眼

在相见的短暂时刻,及时向她抛媚眼。

7.寄卡片

逢年过节以及她过生日的时候,及时地送上祝福的卡片。

8.送惊喜

如果有条件的话,常常制造惊喜给她,是一种很好打动她的方式。

9.护着她

在一些人多的场合,要时时护着她,人越多的时候越是形影不离。

以上这些都是打动女人心最基本的有效方法。

婚姻专家点评

要想赢得女人心,你首先要学会打动女人心。有些方式是经久不衰的,你可以试一试。

利用“天时地利”表达爱意更有效

如果你能够用行动去打动你喜欢的女人,那么你们之间的关系可能就拉开了

帷幕。之后，你还要学会如何把握最佳时机以及利用地点更充分地表达你的爱意，以便你们的关系进一步发展。对此，可以参照以下办法：

1.在单独接触时

当女性单独与男性接触时，最容易显露真情；如果有第三者在场，她们通常会断然拒绝男性，以掩饰自己的真实感情。男人应该在单独接触时向她表示爱情。

2.在封闭空间内

当女性在封闭的空间内(如电梯、小房间)呆久以后，内心不平衡，易产生心理异常，滋生出爱的情感，男性可利用这一心理特点及时表示爱心。

3.约会完毕时

刚同男性约会完毕的女性，身心极不安定，还会长久停留在对约会情调的陶醉和期待中。男性可以在约会结束时多利用一下这段时间，打电话进一步表白爱意。

4.舒适环境里

当女性处于一个清洁舒适的环境时容易动情，这种环境没有令她感到不安的干扰，易使她全身心放松，从而感情活跃。

5.在她心情好时

在女人心情好的时候，也是最好的表达爱意的时机。

6.在陌生的环境中

在陌生的环境中，女人的情绪容易失控，对男人的依赖心理较重。

7.在显得强大时

当你在取得某一方面的成就而显得强大时，女人会本能地对你产生好感，此时你向她表达爱意，无疑是最能事半功倍的。

8.在她脆弱的时候

女人在脆弱的时候最盼望能得到温暖，这时你表达爱意可能是她最希望的。

9.当她产生依赖感时

当女人对你产生依赖感时，你所表达的所有感情，她会比较容易接受。

学会利用天时、地利表达爱意，对感情的进一步发展，会起到意想不到的促进作用。

表达爱意的时间和地点也有讲究，如果你懂得了其中的奥妙，有效地利用了“天时地利”，那么往往能够取得事半功倍的效果。

满足她对爱情的幻想

每个女人心目中都有一个王子，无论她有没有这个运气，谁都不能阻拦她的期待之心。每一个女孩子都是先看童话里的爱情，然后开始在爱情里编织童话。“如果能让我遇上一位王子，我宁愿现在天天削土豆皮”，许多女孩在看《水晶鞋与玫瑰花》时，并不同情厨房里的辛达瑞拉：她不就干了点家务活、受点冷眼吗？可老天给她的回报是多么的丰盛——一个真正的王子，而且是理查·张伯伦那样的王子耶！如果换我，受更多的苦也情愿。

有一位女作家说，她小时候看过的童话里，仙人总是让主人公许三个愿望。她就把自己的愿望左省右省省略到三个——第一肯定是美貌，第二是富有，第三她本来定的是聪明，后来觉得聪明没什么用，改成了美满的爱情。“美满的爱情”到底有多么的美好？谁也无法去预料，只有那个“他”在望眼欲穿终于出现后，才能揭开谜底。

女人最担心那个他出现后，不仅没有圆了她编织已久的梦，反而把她的美好希翼都无情地打碎。也许，本不是男人存心故意的，只是他不解风情，不懂得怜香惜玉，更不懂得如何去满足女人对爱情的幻想。

因为，他本来就不是什么王子，而是凡夫俗子一个，是忙忙碌碌众生中平凡得不能再平凡的一个，“王子”不过是女人给他加上的光环，要想真的称职，不让心爱的她伤心失望，还需好好下一番功夫，修炼好哄女人的本领，否则，到手的爱情可能会出现危机，煮熟的鸭子可能会飞了。

既然女人那么看重爱情，对男人赋予了那么美好的期待，作为男人的你何不花一番心思去满足她呢？于你于她都是好事一桩。让一个女人感受甜蜜的爱情，可能并不需要你花费太多的心思，也不一定要以多么坚实的金钱为基础，关键在于你有一颗诚挚的心，因为女人明白她真正想要的是什么——男人的一颗心。

安徒生的童话《老头子做事总是对的》说的是一对相亲相爱的农村老夫妻，丈夫出门一趟，把马换了牛，牛换了羊，羊换了鹅，鹅换了鸡，鸡换了一筐烂苹果。回家后，老婆非但没有责怪，还给了热吻，说：“老头子做事总是对的。”两个跟老头打赌他一定会受到老婆责骂的绅士，由此输了一堆金币。这个故事说明，男女之间能够相互深爱、相互信任是多么的有意义，男女之间贵在一颗心。

如果你想让你喜欢的女人死心塌地爱你，那么试着感动她是最好的途径：

1.生死相许

英雄救美而发展成为美好爱情的故事可谓经典，如果现实中真的有了这样的机会，你不妨“舍身”一回，性命搭不进去，倒可能赚了一个爱人。

2.非她不娶

这是女人最愿意听到的情话。如果真有一个男人非她不娶,那么她会陡然间觉得自己的价值不菲,心甘情愿地被这个男人所俘虏。

3.不顾一切

表示你对她可以不顾一切,可以在大雨中等待她两个小时,可以在众人面前大声对她喊“我爱你”……

4.不离不弃

当你爱的女人处在最低谷的时候,只是陪在她身旁是不够的,要用你的力量帮助她走出低谷,不仅要使用最笨拙最吃力的方式,还要加上你最深和最热的感情。

5.忘我精神

当她心情不好的时候想让你陪她,当她想吃某种食品的时候想让你送去,不管天刮着大风还是下着大雨,你都要能够勇往直前,为了她风雨无阻。

……

女人期待的爱情是热烈的、疯狂的,一个男人越是能够做出出格的举动,越是能够满足女人的心。有一部分女人最终嫁的,并非她想嫁的男人,也许她对这个男人根本就没感觉,甚至还有几分厌恶。让她下定决心的只是这个男人能够对她穷追不舍,能够为她义无反顾。她到哪里他就出现在哪里:她唱歌,就给她送一束鲜花;她想办什么事情还没有说出口,他就已替她将一切都办好了;她躲回家里,他的电话也追到了家里;她常常会在想不到的地方同他“不期而遇”……男人的爱情追逐犹如一只猎犬对猎物的追逐,追得那个女人躲没法躲、藏没法藏。

女人对爱情的态度是有别于其他事情的。如果那个紧紧追随她的男人一连打了好几个电话过来对她说:“我一定得见到你,今天我要是见不到你,我会死的。我有极要紧的事要告诉你,你一定得来,5分钟以后,我就得见到你!”男人的口气句句都是讨伐似的,带着强横的意味,甚至几乎是命令式的,可女人偏偏就爱吃这一套,在她心里看来他这才叫够“男子气”。哪怕那个男人是酒后的胡话,她也乐于接受。

女人对男人的强横,非但不会感到恼怒,反而有一种异样的满足感,她感到自己受到了重视,成了一个男人生活中的主角。结果,女人往往会别无选择地嫁给这样的男人。因为,这样的男人恰恰能够满足女人对爱情的内心需求。

都说女人天生爱做梦,对爱情更是浮想联翩,她们最希望男人以忘我的状态、不怕任何牺牲的心理来对待她。

不要吝啬付出

对于女人，千万别啬吝付出。女人都喜欢被男人追求，无论男人对她付出多少爱，只要她不讨厌这个人就不会嫌多。在追求女人的时候，不要急于求成，要拿出"磨"的功夫来才好，因为女人都有矜持的特点，即使你就是她心中暗暗喜欢的人，她可能也不会立刻就答应你，女人都喜欢被心爱的男人追着、哄着，小心翼翼地捧着。除了虚荣心作祟外，她可能还担心一旦你把她追到手，就不再那么哄着她、小心翼翼地捧着她。

对女人的进攻，越强势越容易成功，有人说："恋爱的诀窍在于强攻。"只要把握时机，果断地发动强劲攻势，对方多半会招架不住而向你臣服。心理学家海伦·德伊琪说："女人是天生的被虐待者。"

当然，这里所说的"被虐待"是指在追求方式上不择手段，你越是对她穷追不舍、越是能够证明你对她强烈的爱，也就越能满足她的虚荣心。哪怕她本来对你没好感，至少不是理想的人选，但是只要你肯去付出，那么她就有可能改变初衷，最终接受了你。因为在你用行动造成的巨浪般的冲击下，女性爱情力学上的平衡就会遭到破坏，致使她的心理动荡不稳，改变原有倾向。

也许，在你努力的过程中，她会产生逆反的表现，甚至她会歇斯底里地说："没皮没脸的，真叫人讨厌！"这时你不要被表面现象所蒙蔽，女人是天生的演员，说不定她的心里正暗暗高兴呢！女人常常是说反话的，只要她没冷着脸拒绝你，就证明希望是存在的。

所以，可能只需你再来上那么几句："没有了您，我将……"那一定更加激发起她的"自我崇拜欲"，满足她的虚荣，她可能就缴械投降了。

女人多是经不起男人的猛攻的。塞万提斯曾借堂吉诃德的口说过这样的话："露骨地求爱，在女人看来未必不是件愉快的事。并且，不论这个女人多么冷淡，即使嘴上说着讨厌得要死，也会在心底深处留下对爱她的人的疼惜。"

圣·西尔也说过："不顾一切向女人发动进攻的男子，只有在他没有付诸实施或半途而废的时候，才会被认为是没有价值的男子。"

对女人，也不要啬吝你的赞美之词。即使根本不符合实际，即使明知男人是在故意奉承、吹捧她，她也希望听到这样的话，因为起码她会明白，她在这个男人心目中是有位置的，同这个男人在一起，她有"公主"般高高在上的感觉，即使"我爱你"这三个字已经听到了麻木的程度，她还是愿意一直都能听到，否则，她会深深地失落的。

对于结为伴侣的恋人来说，步入婚姻殿堂是必经之路。而求婚，则是男人一个免不了的“关”。在这里提醒男人：即使对一个已经死心塌地跟定你的女人，也不要忽略了求婚过程，那可是她们最终决定将一生的幸福托付你的关键时刻。不要嫌女人啰嗦、麻烦，七十二柱香都烧了，还差这一啰嗦吗？女人最喜欢的求婚方式便是男方手握玫瑰花，单膝跪地向她求婚。

女人对男人发爱的需求，并不仅限于恋爱中，而是一生都在渴求。

步入婚姻殿堂后，不要以为“革命已经成功，无需再做努力”，有多少失败的婚姻，不都是因为男人不再对女人有耐心，不再对女人表示爱意吗？这不能不说有男人不可推卸的责任。如果男人能够持之以恒地对一个女人好，数十年如一日，那么，又有哪个女人不会感激涕零地与他相守一生呢？

婚姻专家点评

追求女人，千万不要贪图省事，不能计较付出。你做的越多，就越能满足她的心理需要，女人就越喜欢。

女人无法拒绝的“公主待遇”

女人是感性的，正因为感性，所以在看待问题时总是倾向于感情方面，所以女人对男人的评价，往往是只凭感觉而定的。她们需要一个能为自己挡风遮雨的王子，更希望能成为倍受对方关注、倍受对方呵护的公主。

女人喜欢男人处处娇惯她、宠爱她，处处以她的好恶为出发点，时时把她们放在第一位，让她享受“公主般的待遇”。如果想让她享受公主般的待遇，就要事事留心，时时注意。因为女人不喜欢事事都需要提醒你才明白该做什么。

女人需要男人给她带来关爱、尊重和自由，但不喜欢贬低她而抬高你自己；女人不喜欢你限制她的自由，反而喜欢限制你的自由。

女人希望男人把她放在第一位，不但要对她好，还要对她的家人和朋友好。

男人不在身边时，女人最容易胡思乱想，所以男人一旦出差在外，就要经常给她打个电话，随时告诉她你在外地做了什么，不要让她因接不到你的电话而胡思乱想，并嘱咐她“好好吃饭”、“好好照顾自己”。

虽然情人节是国外的节日，但是现在的女人对这个节日却很是看重，所以在情人节时，不但要给她送上一束漂亮的玫瑰花，还要尽量抽出时间陪伴她。

女人喜欢受到男人重视，所以无论是去逛街、唱歌或是吃饭，男人都要先征求一下她的意思。就算知道她不会同去，也要在出门前问她要不要陪自己同去，这是重视她的一种体现。

在花钱的问题上，只要不是乱花钱，男人就要尽量满足她的要求。如果想哄好女人，最好要把哄女人开心视为自己的职责，把赚钱给女人花视为自己的使命。

女人都希望在男人面前赢得喝彩，而不愿意在男人眼里毫无优点。这就需要男人善于在女人的身上挖掘优点，大声地赞美她的长处。女人都爱自欺，所以不管她的衣服多么不合你的眼光，新烫的发型在你看来多么像稻草，都要隐藏真心话，就算实在看不出美在哪里，也要对女人的变化表示欣赏。

女人明知自己不是什么公主，却愿意男人把她当成公主。如果男人能够让一个女人享受到公主般的待遇，那么何愁不能俘虏她呢？

女人们明知道自己不是公主，却一心渴望男人把她当成公主，这样一来，她就会感到自己真的成了公主。一旦遇到这样的男人，很少有女人不缴械投降的。

给她想要的浪漫

也许，男人并不知道，女人想要的是什么。

对于女人来说，一生的最大幸福就是同心爱的男人一起享受浪漫。在她们很小的时候，往往就开始在脑海里编织着浪漫的情境了，并随着年龄的增长，迫切地期待着。

所以，在同女人交往时，男人切不可忘记时常给她一个浪漫。恋爱中的女人犹如一朵娇艳的花朵，时时绽放美丽，但却需要男人不停的浇灌，才能使爱情之花长开不败。而女人最喜欢享受浪漫的情境，在浪漫的时光里，女人是美丽的，爱情之花也会尽情绽放。否则，女人就会在失望的等待里枯萎、凋谢。

女人喜欢男人反复说："我爱你……我爱你……我爱你。"那么男人就一遍遍地说："我爱你……我爱你……我爱你。"不就是耍嘴皮子吗？太容易不过了。举手之劳就能够让女人沉浸在幸福浪漫的情境里。

女人喜欢男人送花到办公室，好让她在同事面前光彩，那么男人就送去好了，反正送到家里是送，送到办公室也是送，为什么不花点心思让她更高兴呢？

浪漫是虚的，而效果却是实实在在的。有些表面看起来华而不实的事情，却恰恰满足了女人对浪漫的渴求：带她一起去电影院看电影，而不是和她一起看录像带；带她去吃吃不饱的法国菜，而不是去吃实惠的火锅；有时间就给她写上一封情书，把她渴望得到的甜言蜜语都送给她……

喜欢浪漫的女人，往往内心是单纯的，她所要的浪漫是那么的简单：她要的浪漫可能是花前月下的携手相拥，而不是舞厅的人声鼎沸；她要的浪漫可能是夜窗剪烛絮语、红袖中宵添香，而不是知名柜台的珠光宝气；她要的浪漫可能是春天细细的柳叶，秋日黄昏长长的思念，而不是握拳许下海誓山盟……她要的浪漫可以是在她的鬓上插一朵野地里的紫云花，也可以是在情人节里送上的999朵玫瑰。

漫浪是如此的简单，看起来有些“华而不实”，却是恋爱中不可缺少的，它是爱情最有效的加温剂。浪漫能够给女人带来惊喜，使她生出浓浓爱意，并感觉自己是世界上最幸福的女人。它不仅是两个人感情的调温计，更是两个人情感的纽带。而没有了浪漫，就缺少了恋爱的情境，爱情就不可避免地渐渐冷却，直到走到尽头。

喜欢小情调的女人，永远喜欢浪漫，需要浪漫。男人切不可忽略了浪漫的功效，要知道，无论是在恋爱中还是在婚姻中，女人对浪漫的渴求永远是一成不变的。浪漫可以使爱情之花常开不败，使婚姻幸福永远保鲜。所以说，男人有必要时常给她一个浪漫！

女人的小心眼儿很多，喜欢享受男人带来的种种浪漫，虽然有时浪漫是虚无的，但这对女人来说，比男人送给她名贵的钻戒更能让她感动和开心。

赢回变了心的女人

在与女人相恋相爱中，针对喜欢小情调的女人，多花一些心思、多一些花样，会得到意想不到的效果。哪怕是变了心的女人，只要男人肯花心思，不吝啬花样，那么就有可能重新赢回她。

女人是善变的，只要和女人相处过的男人都应该很清楚。热恋中的女人可以为爱死去活来，但一旦遭遇情变，她们也会翻脸无情、冷若冰霜，把男人当成路人而不予理睬。

男人不是把女人比喻成猫吗？她们常常真的像只猫一样，高兴了就安静的偎依在你的身旁。她们不高兴时，就会愤怒地扬起爪子向你的脸上抓一把。男人这时就要多用点心思来哄她、爱她、疼她，你要用一切的行动向她证明：她选择你是她一生最大的幸福。

女人的变心，只要在日常的交往中细致观察，就可以明明白白地感觉到她的变化，从而猜透她的心思而做出正确的处理方式，不能像傻瓜似的等着女人向自己提出分手，这样不但掉了自己的身份、丢了自己的脸，还显得很窝囊。

认清女人变心的特征尤为重要，女人的变心主要表现在以下几个方面：

女人在和男人相处时，反应很冷淡，因为大部分的女性是不习惯装腔作势的，她们如果不再喜欢一个人，会在她们的身体语言里很明显地表现出来。

对于男人平时惯用的语气和习惯，她一反常态的表示厌倦，对于男人所讲的东西她一点也提不起兴趣听，甚至有时她们还会用眼睛瞪你以示禁止。

男女在恋爱中，说笑话逗乐子是很自然平常的事情。一个热恋你的女性，不管你所讲的段子可笑不可笑、有趣不有趣，她们都会对你所讲的内容表现出极大的兴趣。热恋中，任何奇怪的话题，在任何时间、任何地点都会引来她的笑声。但是，当一个女人对你的笑话只是报以尴尬的笑容，甚至还表现出"不耐烦"的表情。那么，这就是女人情变的前奏，预示着你们的爱情亮起了红灯，女人已经对你没有了兴趣。

当女人不再和你打打闹闹，而表现出一本正经的样子，甚至还在你面前重新表现出以前的淑女样子，那么她是有心想和你拉开距离。这时的她已经把你归入了陌生人的范围。

对于你的电话，女人迟迟不愿接听，或者就算接听也是一句带过而挂掉电话，这也是女人变心的征兆。

当女人已经有了离开男人的打算，她们就会避免在男人的面前接听别人的电话，开始注意保护自己的隐私。她们不会像以前那样拉着男人数落自己的事情，她们开始在男人面前变得沉默不语。

女人不再注重迎合男方的喜好，以前的她，服饰常常会迎合男人的品味和喜爱。但现在她的发型和服装突然有了变化，但她却并不同你解释什么。

变心的女人不会像以前那么急切地盼望男人陪自己过节日，对于男人送的礼物，也表现得很平淡，甚至对于你买给她的鲜花，也会很随意的扔在大厅的桌子上。

对于女人的变心，男人要懂得如何去应对。首先在分清矛盾性质后再决定何去何从，在不理智的情况下可能会使事情变糟。男人要在女人不理智的时候，创造条件让她们看到自己对她们的良苦用心，女人是喜欢小情调的，多花费心思、多制造一些花样，对赢回变心的女人往往会有效果。

因为，女人往往也不愿轻易的放弃一段感情，面对一段感情的结束，有时她们会显得犹豫不决。如果这时男人能多费点心思、多一些花样来挽救一下即将失去的恋情，就存在着"妙手回春"的可能。

此时，你要试探性地和女人交流，如果能适度地表现一下自己弱男人形象，可能会诱发出女人本身的善良本质，而和你重归于好。要不就发挥一下自己的幽默本性，不气馁地讨好女人，直到看到她的笑容为止。

她不是不接电话吗？你就跑到她的楼下一直等候，但要记住千万不要喊叫，你只要用电话向她声明："我爱你，我会一直等你回心转意的。"面对如此有诚意的男

人，女人多是不忍心让男人一直等下去的。再者，如果你在下雨天坚持在她的楼下表达诚意，那么效果更佳。

或者，干脆放下她是你的女友这个念头，重新追求她，做她喜欢做的事，想她所关心的事，只要她不是坚决地想和你分手，多半是会感动的，你们的恋情也就柳暗花明又一村了。

赢回变心的女人，也许会让男人很累，但是不经历风雨怎么见彩虹。无论付出多少，花费多少心思，只要她还能够成为你的她，就什么都值了。

恋爱的过程如同一场战争，常常风云变幻。一旦女人变了心，出现想分手的征兆，而你又不想失去，那么就要采取一些手段赢回她。

“坏”一点更能赢得女人心

现在的社会崇尚的是新潮、个性，而对于选择男性朋友，新一代女性也一反过去的常态。她们不再一味地喜欢过去的那种老实、厚道男人，女人认为那样的男人是土冒的表现。她们喜欢风流倜傥、个性突出的“坏”男人，认为这样的男人是“酷”的表现。因为这样的男人知道怎么变着花样“宠”女人，他们也知道怎么“疼”女人。

当然这里所指的男人“坏”，不是那种真正的坏，而是那种让女人喜欢的“坏”，是会变着花样“宠”女人的那种坏，也不是过分多情、风流的男人。“坏”男人可以由以下的表现让女人又爱又恨：

“坏”男人最能哄女人，他们会毫不吝啬的给女人说着世界上最美的情话，来讨取女人的欢心。

“坏”男人会挖空心思的让女人享受到各种吹捧。

“坏”男人还能根据女人的心中所想尽力做好女人所想的事。

“坏”男人更会投其所好的给女人变换着各种花样而让女人高兴得发疯。

“坏”男人还会不时地吊起女人的味口，而让女人更在乎自己。

“坏”男人还知道怎么在女人面前调皮捣蛋以激起女人潜在的母爱。

最后的一点是，“坏”男人全身所发出的那种坏坏感觉，总让女人爱恨不得。

如此一个“坏”男人，怎么不能讨好女人呢？而又有哪个女人会拒绝一个这么会讨好自己的“坏”男人呢？

而以前所谓的好男人就不是这样了，他们习惯仗着自己的“好”，而对女人严格要求，遇到问题时立场坚定，毫不让步。所以，现在的女人宁可上“坏”男人的当，也不去喜欢一个天天想控制自己的好男人。

因为，好男人往往是乏味的男人，即使他们有才有貌，但是他们没有情趣，和他们过一天，可知一生的情形，这对天生爱做梦的女人来说，自然是不甘心的。以前的中国人常把“老实”当作一种道德评价加诸于男人身上，可是“老实”这两个字，在现代女人听起来简直等同于生理缺陷——不会说话、不会玩花样，跟他在一起天天像开会，就连他说的话，也是八股文，一成不变的措辞，真够闷的。

记得有人做过这样的调查，调查人员让现代的女性在唐僧师徒四人中投票选出一个最佳夫婿，而最后的结果却是非常的出人意料：一致认为是“好男人标准”的唐僧却一票没有，而那个好吃懒做，只知寻花问柳的猪八戒却得票很多，让人好不羡慕。

其实，这也不是什么稀奇，“坏”男孩的确有得到美女们青睐的实力：“坏”男孩不但先天具有幽默本领，而且他们还会死缠烂打，轻易不会被女人的冷漠所吓到；“坏”男孩行为举止新潮、潇洒，他们不会被某种旧有的流行道德规范所约束，敢想敢为；“坏”男孩表示爱坦率直露，他们那种带有力度和强迫色彩的吻，正是女人潜意识中渴求企盼的罗曼蒂克；“坏”男孩具有浪漫情怀和人情味，他们为了女生有时会“放血”；“坏”男孩善于标新立异，他们经常会出些“馊”主意，给女孩带来意想不到的快乐；“坏”男孩本能地有着“英雄爱美人”的特色，会不惜一切代价甚至牺牲生命以“侠义”壮举来保护女人，所以他可以充当女人高傲冷艳背后的保护者。

还有就是，和“坏”男人在一起，女人有一种猜不透、摸不着的感觉，心里没底，但还有丝丝希望。有着不安定、迫切、害怕还有一点点幻想的紧张气氛，这些都能够促使女性朋友在潜意识中小心着、提防着，心里时刻都处于一种“作战”状态，或许说总处在恋爱状态；而恋爱中的女人是最美丽的。

和好男人在一起，做事情总是循规蹈矩了无新意，女人会在他们规定的框框里透不过气来。他们只会从自身利益出发，处处要求你、限制你。换句话说，“好”男人只知道自爱，而“坏”男人却知道怎么爱你。

其实“坏”男人能获得女性好感的真正原因无非是他的行为破坏了女性或人类自己设置的某种虚伪的心。“坏”男孩更人性化，他们常能在无意间唤起女孩的母性和柔情，所以他们能得到女孩的青睐。

所以，女人就算知道和“坏”男人在一起会有一定的风险性，她们还是会一无反顾地靠近他。看到这些，那些所谓的好男人是不是也该想想，如何改变一下自己的策略，跳出以前的框框，而让你喜欢的女孩子也青睐于你？

现代的女人随着社会的快速发展而充当了多种社会角色。她们以多姿多彩的变化来适应这个社会，她们不会像以前那样只知道把自己围困在一个由传统道德所建筑的盒子里，而是一改常规地勇敢寻找属于自己的幸福。现代的女人是喜欢

挑战、喜欢新颖的，她们喜欢自己深爱的男人时刻给自己带来浪漫。而这时那些所谓好男人的表现就会显得力所不及而退为其次，而傲居首位的就是倍受女性朋友们青睐的“坏”男人，因为这些坏男人每次都会让女人心想事成，他们总是那么的知女人心。

可是好男人呢？他们只能以羡慕的眼神看着一个个的美女从自己身边飘过，然后悲哀的躲在自己建筑的小窝里暗自神伤。其实，大可不必这样，好男人要学会变通，社会需要什么样的人才，自己就向什么样的人才靠拢；女人需要什么样的男人，自己就向什么样的男人转型。天下那么大，女人那么多，好男人多经历几次风雨，总有一天会找到属于自己的彩虹。在此，奉劝天下所有的男人，为了得到自己所爱女人的心，你们一定要学会怎么把握女人的心，改变一下自己的策略来讨好女人，“坏”一点未尝不可。

女人是喜欢一点小情调的。不用心，男人是很难获得女人的芳心的，所以男人在不吝啬自己感情的同时，也不要吝啬自己的付出，因为女人就是喜欢“坏”一点的男人。

婚姻专家点评

时代不同了，女人的口味也大大地改变了，她们越来越喜欢“坏男人”了。女人所喜爱的“坏男人”，并不是真正的“坏”，而是让女人嘴里说讨厌，心里却喜欢的“坏”。

2. 日常生活中也要“怜香惜玉”

“在乎她”最重要

女人会以什么为标准选择男人呢？十年前，有个社会研究机构对中国的十个大城市的女性的择偶条件进行了调查，男人的身体相貌、经济实力、学历高低在所有条件的首位。而如今，时代的进步让女人的择偶观发生了根本的变化，女人在选择男人的时候观念已经大为改变，把男人的相貌、财力、学历放在首位的年代已经一去不复返，她们最看中的是“他是否在乎她”，只有在乎她的男人才能够当她是公主一样捧在手心里，耐心地哄、精心地呵护，让她包围在幸福和快乐中。

“他是否在乎她”，已经成为女人选择男人至高无上的标准。大部分的女人会说:“别的什么都不重要,只要他对我好就行了。”

是的,如今的女人聪明多了,她们懂得取舍、懂得什么样的男人才能给自己带来真正的幸福。俊男靓仔不一定能给女人幸福,俊男的俊是先天的,他的后天却有两大缺憾:第一,俊男的安全系数低,俊男往往是众多女人进攻的目标,他会有很多的选择,有很多脚踏两只甚至几只船的机会,尽管有一部分俊男会坐怀不乱,但是可坐的“怀”少些不是更可靠吗?第二,俊男多对女人的耐心不足,俊男靠他的外表就可以征服很多女人,无须通过奋斗才能赢得芳心,因而他往往对女人没有十足的耐心。

有钱的男人不一定能给女人幸福。虽然男人有钱未必一定就变坏,但有钱男人是“坏”的涉嫌作案者,女人做他的妻子会多一分担忧,优裕的生活往往是过不踏实的。有钱的老公只能让老婆舒适而不能让老婆舒心。再者,不少有钱男人大都会恃财傲妻、颐指气使,女人嫁给有钱男人可能只是他的附属品而没有自己的位置。

有文化的高学历男人不一定会让女人幸福。高学历男人可能因为书读多了满脑子的高深莫测、满肚子的不合时宜,令女人难以与他促膝对话,甚至会形同陌路。另外,高学历男人可能因为读书花去了太多的智慧而缺乏生活的能力,女人嫁给他会成为他不用花钱请的保姆,最后女人自己会索然无味。高学历男人高深而高傲,而女人则感性、单纯,这其中落差太大,这样的男人可能会让女人觉得“高处不胜寒”。

由此可见,男人再也不能仗着相貌、财力与学历就妄想轻而易举地获得女人的芳心了。无论你有何等优势,不一心一意对女人好,真正地在乎她,是无法再蒙混过关的。要知道,女人要求男人对她的“在乎”,可不是随随便便的应付便可完事大吉的,女人是要实实在在地感受到男人确实是爱着她、想着她、在乎她的。

做为男人,不要以为“我爱你”这三个字说过几十遍后,就无需再重复了。这种表白对于女人来说是非常重要的。假如男人不在她耳边重复说着“我爱你”,可能她就不能确认对方还在乎着她,她就会不安的。

所以,当女人郑重其事地要求你发誓绝不抛弃她时,你千万不要掉以轻心也不要不耐烦,这是女人的内心不踏实的表现,你一定要努力消除她的不安心理,让她知道你是在乎她的。

让女人知道你在乎她,不是一件多么难办的事情,并非表示在乎一个女人就要对她百般迁就惟命是从,或大包大揽“把所有问题都自己扛”,让女人衣来伸手饭来张口,这都是男人的心理误区。

女人要求男人的只是“在乎”她,即尊重她而已。女人绝不会不明事理地要求男人对她百般迁就,也不会寄生虫一样让男人全部大包大揽。时下的女人进步了,她们不仅美貌与智慧并重,也拥有了财富和文化,她们只需要男人用心对待她,真心在乎她,足矣!

金钱、相貌、学历都已经退居次位了，对于女人来说，男人一颗真诚“在乎她”的心，才是她最渴求的。

婚后的女人更需关怀

婚后，女人的生活往往是单调而乏味的，她们每天都要重复着相同的事情，就算有一次和朋友聚会的机会，时间也都浪费在无休止的攀比、炫耀中。女人与女人之间永远暗藏杀机，女人永远不会承认别的女人比自己强。所以在女人的生活中，不是无休止的争斗，就是天天的柴米油盐，她们没有更多的心思去尽情享受生活。

女人的生活不是洗衣就是做饭，她们永远都在不停的操劳中。生活所给她们的巨大压力，可能会让她们有一种喘不过气的感觉。而压抑太久的女人则想通过某种方式来发泄，这可能就是女人爱唠叨的原因吧。她们会通过唠叨埋怨男人不够关心她，在不开心的时候，她不但会给男人脸色看，还可能拿男人当出气筒。可是当她气消后，她还会一如既往的为男人洗衣做饭，忙里忙外。

这也怪不得女人，生活中长时间得不到男人温情的女人，往往就会作出此类反常行为。所以说，男人要懂得时常给女人一些温情、一些关怀，让她能够感受到来自男人的爱，男人的关爱不但是女人调节情绪的良药，还是积极生活的动力。

对于女人，男人是该多给她一些关爱的，因为她们对男人的付出往往多于所得。

中国的女性受传统思想的影响，多会以贤妻良母来衡量自己，并以此来制定行为标准，她们所做的一切多是以家庭和丈夫为出发点。为了达到贤妻良母的标准，她可以处处放弃自己，而把生命的光和热都奉献给家庭。她会毫不犹豫的把所有的时间和精力都用来照顾丈夫和儿女。她把家人的幸福视为自己的最大幸福。虽然现在的生活水平提高了，人们的生活方式改变了，但是女人相夫教子的态度始终是没有改变的。

女人对家庭、对丈夫如此尽心尽力，却在生活中很少能享受到他人的关爱，特别是来自丈夫的。男人的温情多是在恋爱时才有的，一旦结了婚，男人的温情往往就成了“奢侈品”，越来越难求了。

婚后的女人依然是女人，她们永远有着对男人温情的渴望，“家庭主妇”并不是只满足于全家围在一起吃热乎饭，她们同样是有情感需要的，甚至比恋爱时更多。男人对于女人的操劳和付出，是该回报以温情和关爱的。

在长期的精神空虚下，一部分女人已经产生了“走出厨房”的念头，现在有很多女性已经开始呼吁男人“多腾出些时间陪陪身边的女人”。想来也是，人生本来就够闷的，而女人要应付的琐事更多，她们把大部分时间都花费在老人、丈夫、孩子身上了，而自己享受生活的机会就少得可怜了。难道男人不该多给女人一些温情和关爱，抚慰她那颗需要安慰的心吗？

男人们该时常自问：没有女人的默默付出，你怎么能够毫无牵挂地同朋友在一起喝酒聊天呢；没有女人无微不至的照顾，你怎么能够衣来伸手、饭来张口呢；没有女人料理家务，你怎么能下了班就悠闲地看电视、读书看报呢……但是有没有想过，当时女人在做什么呢？她正在挽着袖子打扫卫生；她们正烟熏火燎地炒着菜；她们正在给家里的老人端水拿药；她正在……

正是她这种默默的贡献和付出，才使男人能够了无牵挂的在外面大吃大喝，才使男人不用为柴米油盐操心，才使男人可以放心的把孩子、父母留在家中。

男人是该关心女人的生活了，该想到她们会有疲惫的时候，她们会渴望得到男人关怀和温情，她们有权利享受到人生的乐趣……

长期没有个人生活的女人，难免会对生活不满而发牢骚，毕竟她们天天只能对着菜锅说话，好不容易看到男人回来，当她兴高采烈的跑过去想说话聊天的时候，可能丈夫却伸着懒腰、打着哈欠倒头便睡，或者打开电脑开始拼杀网络游戏，而根本不去关注女人的脸上已经褪去了兴高采烈而被伤心失望取代。长期如此，女人怎么不产生满腹的牢骚呢？

与所做的付出相比，女人的要求是简单的，她们只是希望男人多给自己一些关心和温情而已。女人可以任劳任怨，但是却需要男人在她的身上多花一点心思、多给一些温情，哪怕只是偶尔送上一朵鲜花，也能给她很大的安慰。

遗憾的是，很多男人并不懂得女人的心思，连这点简单的心愿也不能满足妻子。在这里提醒广大男士朋友，不要以为把女人娶回来放到一边就万事大吉了，这种想法是大错特错的。以前女性的必须遵从“三从四德”，那时把她娶回家大可不管不问。但是，现在时代不同了，女人不但有了自己的想法，更有了自己的法律，她们完全可以在自己不喜欢的情况下选择属于自己的幸福。

男人不要整天就知道拼命工作，不要以为能给妻子带来物质享受就可以了，再舒适的物质生活也没有精神快乐重要，女人往往看重的是精神方面的需求。如果可能，她甚至希望男人不要工作天天陪在她身边，因为婚后的女人通常在心理上十分依赖男人，男人就是她的天、她的世界。

所以说，男人在对待女人的问题上，要改掉以前的传统观，对她的付出给予应有的承认，并回报以温情，时常给她一点爱护、时常给她一份关怀，让她在婚后也能得到哪怕并不是名贵的鲜花和不需要任何成本的甜言蜜语。那么，即使她需承受再多的生活负担，也会虽苦犹甜。

是的，男人该懂得去体谅、关爱身边的女人，时常抽出时间来，多给女人一些

温情，多为她们创造一些享受美好生活的条件，这是男人应该做的。

别以为结了婚就万事大吉了，别以为殷勤和关爱只有在谈恋爱时才需要，婚后的女人更需要男人的关怀。

婚后主动增进感情

男女双方的感情走向，男人往往起到主导的作用。所以，男人要能够带动妻子一起重温过去的甜蜜，创造不断的温馨，使爱情之花在婚姻中长开不败：

1.经常回忆热恋

热恋是婚姻的前导，热恋中的男女，那种两情依依、片刻难离的情景，实在是双方都值得共同留念的。结婚以后，与妻子一起经常回忆婚前的热恋情景，就能唤起夫妻的感情共鸣，并在回忆中增加浪漫情感，更加向往未来，从而增进夫妻感情。

2.安排再度蜜月

结婚时的蜜月，是夫妻俩感情最浓的时期。那时，两人能够抛开一切纷扰，完全进入赛过蜜糖的爱情天地，享受“伊甸园”之乐。婚后，如果能够利用合适的时机，常常安排重度“蜜月”，再感受从前的甜蜜，燃起爱情之火，可使夫妻感情得到一次次的升温。

3.欢庆每一个纪念节日

平日里，双方都忙于工作，容易导致感情变淡。而有效利用结婚纪念日、对方生日、定情纪念日等等夫妻双方爱情史上的重要日子进行隆重的欢庆，定能唤起双方心底的爱意，使感情得到巩固。

4.常给对方惊喜

出乎意料地给对方惊喜，会起到感情“兴奋剂”的作用，对于增进夫妻双方感情很有好处：如瞒着对方，将她在远方的亲人接来见面，为对方买一样很想得到的物品，准备一个对方非常喜欢的活动等等，都可使意外惊喜油然而生。

5.常常取悦爱人

夫妻之间最忌婚前热火朝天，婚后冷若冰霜。有些夫妻，婚前总是想方设法取悦对方，但结婚以后便不再在意对方对自己的感受，这便是双方感情急剧下滑的关键所在。作为男人，要能够在婚后依然处处体贴、关爱妻子，像恋爱中一样时常取悦妻子，得到幸福的女人也会对你“投桃报李”的。

6.礼尚往来

夫妻生活中，不要错误地认为：自家人，客气什么！这种想法是不对的。时时送礼物给对方,就会使对方觉得你是个很重情的人,对你的爱便会倍增,并且也会同样对待你。

维护婚姻是一门学问,也是一门艺术,需要努力与付出,当然,也能从中体会到快乐,得到意想不到的收获,是已婚男人的必修课。

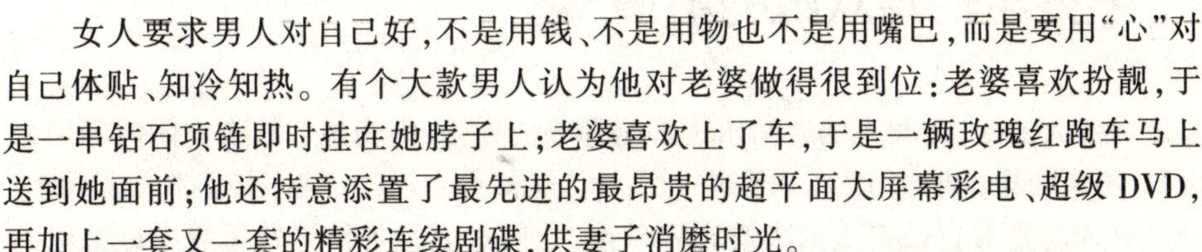

婚姻专家点评

婚后,男人该主动采用种种方式增进感情,这样才能使爱情在婚姻里得到延续,才能不让婚姻变成爱情的坟墓。

对女人要知冷知热

女人要求男人对自己好,不是用钱、不是用物也不是用嘴巴,而是要用“心”对自己体贴、知冷知热。有个大款男人认为他对老婆做得很到位:老婆喜欢扮靓,于是一串钻石项链即时挂在她脖子上;老婆喜欢上了车,于是一辆玫瑰红跑车马上送到她面前;他还特意添置了最先进的最昂贵的超平面大屏幕彩电、超级 DVD,再加上一套又一套的精彩连续剧碟,供妻子消磨时光。

不足之处就在于大款男人生意忙,为了应酬几乎天天不见人,大款男人以为他所做的一切足可以打发妻子的寂寞,谁知妻子还是要提出离婚,理由是她想嫁的是一个知疼知热的男人,而不是用金钱换来的钻石、汽车、电视!她几乎听不到男人对她说关怀的话,只有冷冰冰的一堆东西。她感受到的是男人对她的应付,而不是真正的体贴与关照。

其实,女人所要求男人对她的知冷知热,做起来并非有多么的难。女人并不是在苛求,而是要求男人用心去对她甚至只是重视她便行了,至于男人的这种知冷知热能否给女人带来什么实惠、什么效果她可以忽略不计,这就是女人的最可爱之处。

有个生意男人并非什么大款,也是因为生意天天往外地跑,把妻子冷落在家。但他无论到任何地方,每个周末都一定给妻子打一个温情电话,风雨不改雷打不动。出差在外碰到妻子的生日,他会打长途回来嘱咐花店以他的名义送一束鲜花给老婆。他甚至连岳父母的生日也牢记不忘。有次在外地,他及时打电话回家,让妻子代他送两条中华烟给她父亲,他岳父最爱抽中华,但平时却舍不得抽,他的举动令他妻子感动不已。

他说:“我多想每天陪着你,但我的事业不允许我这样做。我天天在外边跑吃的苦比在家里多得多,但我愿意这样做,我拼命多赚钱就是为了你能过好日子……”

虽然女人得天天守空房,也没有得到什么真正的实惠,但她感受到的温暖足

以能抵消她所承受的寂寞，她感受到了男人对她真真正正的体贴，她的心虽痛着也快乐着。

女人就是这种感性动物，她的感觉支配着她的心灵、指挥着她的生活轨道。生活中某些女人非常热衷于让男人发誓，恋爱中就不用说了，就是在结婚后，女人也爱问："你还爱我吗？"即使得到肯定的回答，她也未必能得到什么实惠，但可以让她的感觉处于愉快、良好的状态，这就是女人想要的。

婚姻专家点评

女人是感性、聪明的，她们能够分辨男人是真心对待还是虚伪的应付。真心让女人感动，虚伪让女人离开。

多参与她喜欢做的事情

在男人的眼中，女人的时间永远都是那么的充裕，因为她们总有空闲时间用来美容、用来购物、用来泡吧。对于这一切，女人也好像永远都不累，永远都乐此不疲。

女人总是对自己喜欢的事情充满激情，她们永远是各种消费领域中最忙碌的一员，她们每天都会沉醉在自己创造情趣里，心满意足地享受着生活的乐趣。

而男人往往对女人喜欢做的事情缺乏激情，总觉得自己已经很累，总觉得自己有忙不完的工作、睡不足的觉。如果女人把他从床上拉起来，要他陪她去做某某事情，那么男人可能就会显出不耐烦，觉得女人最会没事找事。比如家里明明有一个电饭煲，可她非要跑好长的路买一个什么电磁炉；家里化妆台上明明摆了很多的保养霜、营养蜜，她吵着闹着非要去买时下最流行的什么国际知名化妆品……

女人在做那些琐碎的事情时，往往喜欢拉着男人同往，如果男人不想去，女人就会使小性子，要不就几天不理他。而在男人眼中，这完全是没有必要的。她做什么，非要拉着他干吗？

男人这么想是不对的，这是很好的增进双方感情的机会，就像喝酒吃饭能增进感情一样，一起去做女人喜欢做的事情，绝对能够对双方的感情起到意想不到的促进作用。

其实女人喜欢做的事情，也不过反反复复的那么几样：美容化妆、购买时尚服装、布置屋子……在做这些事情的同时，女人也享受着。女人是多么的希望男人对她的喜好表示认可和支持，并参与进来。

女人爱漂亮，这一点不容质疑，那么男人就举双手支持，并尽一份力让女人更漂亮，想想自己无论走到哪里身边都有一个打扮得体的妻子陪着，绝对比穿任何一件名贵的西服都来得有面子。

女人喜欢把房间布置得温馨而富有情调，她们总是乐此不疲地装饰着房间，使之不停地变着花样。对此，男人不仅该时不时地对她的劳动成果大大赞誉一番，还要亲自参与，做她的帮手。

女人多注重厨艺，希望既展示了自己的能力，又能够讨好男人的胃。无论合不合口，男人都要首先对她的辛劳表示感谢，再者告诉她，自己很喜欢她烧的菜，或是提出小小的建议，并帮她去实施。男人给女人打下手，是对女人辛劳最好的承认。

随着社会的发展，女性的社会地位也有了一定的提高。在丰富多彩的现代生活中，女人们的追求也由以前的最低要求转为精益求精，女人开始寻找一种有品味的生活，这就需要男人的配合。男人对于这一变化要坦然面对，在自己力所能及的情况下，给她们创造条件，并多参与她们喜欢做的事情。

女人们的愿望并不都是奢望，有时候男人完全可以满足她们的要求。比如说，暂时放下身边的事情，参与到她喜欢做的事情中，无论男人能否起到什么重要作用，女人都会开心的，因为她们得到了男人的关注与尊重。

女人所拥有的幸福，并不都是以物质来衡量的，那些天天洋房住着、小车开着的女人不见得比卖包子的女人幸福。幸福对于女人来说是爱人对自己无微不至的呵护，是相爱的两个人彼此真心的给予，是全家开开心心、合合美美的生活。

女人的这点小小要求，是丝毫也不过分的。她们把大部分精力都奉献给了家庭，仅用一小部分时间来享受生活，难道男人不该参与进去，与之共享吗？所以说，即使男人再忙，再不情愿，也要耐心陪女人逛商场、进美容院，这是对女人最大的犒赏。

所以男人不要只顾埋头工作，以没时间为借口，忽视了自己的爱人。时常抽出时间来陪陪妻子，参与她喜欢做的事情，是绝对有必要的。

女人常常有自己的一些小心眼儿，喜欢以各种各样的方式考验男人到底还在不在乎自己。时而抽出时间来满足她的小小心愿，就是对女人最大的犒赏。

要懂得“投其所好”

你可知道在女人吵着自己老了的时候，为她送上一份精美的化妆品；在女人喊着自己不够漂亮时，为她献上一套时尚的服饰；在女人胃口不好时，带她到高档餐厅……能够对女人的喜欢表示有兴趣，并去帮她实现，是男人讨女人欢心时最聪明的选择。

女人的喜好常常让男人不懂，她们为什么要买那么多的小包包，甚至什么样的衣服还要讲究配上什么样的包包，如果不搭配她们可能就会一天不出门，在你们的眼里这时的女人太难懂了。其实，女人那么的注重小包包，是因为小小的坤包就是一个女人身份的象征，有着重大意义。

根据生活常识，我们知道要从外表上判断一个男人的身份，最好是看看他脚上穿的鞋子，"脚底没鞋穷半截"。但如果要从外表上判断出一个女人的身份，那就要看她身边一刻不离的那只精巧的坤包了。

是女人都会对自己的包包非常钟爱，不信你就到大街上走一走、看一看，各色各样的女人们手里都有一只随时不离身的包包，那小小坤包各色各样，一个比一个款式精巧奇特。虽然在许多粗心的男人看来，女人的手提包没有什么大不了的，似乎和公文包没什么两样，作用似乎也不是那样大，里面只不过是装口红、纸巾等东西而已。

其实不然，这么看问题就是大错特错了，至少是太表面了。对于女人来说包包的功效不只是装装东西而已，它不但是一个女人身份的象征，更是女人身份的一种形象化的延伸。可以毫不夸张地讲，一个手提包可以看出一个女人的缩影，她把全部的生活就统统装在这只手提包里了。她们总是喜欢把自己的包包塞得满满的，电影中不是总是出现这么一个镜头，女主人公急于找一件东西，而在包里苦苦翻不到，情急之下，就倒出包包里的所有东西，这时的观众都会为女主角的包包而感到惊奇，想不到如此小的一个坤包竟放下女人这么多的东西，包包的"容积"和"意义"，真是不得不让人佩服。

一个女人，对于她包包的溺爱程度完全不亚于自己的恋人，如果她们不慎丢失了自己手提包，那便是一种大不幸了。那不仅仅是丢了她的化妆品，丢了她的钱包，丢了她的通讯录和钥匙串儿那么简单，换句话说，那就是丢了她的魂儿一样，女人可以为自己包包的丢失而伤心很久，但是男人如果丢了他们的公文包，他们的反应就不会像女人那样悲伤了。所以了解了女人坤包功效的男人，就不会再对女人的"坤包"情结而疑惑了。

可以说，女人的包包就是她们苦心经营的小世界，"麻雀虽小，五脏俱全"，这句话用来形容女人的坤包一点也不过分，它包容了女人纷纭的内心世界。如果男人能够细心到关心女人的"坤包"情节，那么想必一定会使得女人开心的。

所以男人不要只知道为女人送上一套时尚的服装，才能表达你的心意，如果送上一个精致高档的坤包，同样能够讨得女人的欢心，可能她还会比得到服装更兴奋呢！这在女人看来不仅是男人细心的表现，同时也表示男人已开始了解女人的内心世界了。你们如此关注女人的喜好，对于女人来说，她们会感到特别的幸福，她们知道这是你对她的真心付出而不是虚假的应付。明白了你的立场，感性的女人就会放下她们的顾虑，全心全意对待为她真心付出的男人。

明白女人的喜好，能够投其所好，并不表明就做得很好了，还要避免犯了她的禁忌。对一件事物，女人往往是喜好与禁忌并存的。比如说坤包吧，那小小的坤包，在本质上带有几分女人“隐私”的意味。这隐私同女人的心中许多隐私一样，是她们心中的一个小秘密。

这种隐私是一种保护式的封闭，是完全出于一种安全的需要以及一种自尊心理的需要。她有不想为人知的一面，她们也有保护自己隐私的权利。即使明知道女人的包包里没有什么不方便示人的东西，在没有得到女人的允许下，最好不要去碰，以免使她们产生反感。所以说，你如果是一个聪明的男人，就一定知道不能轻易的去碰女人的包包，这是对女人最起码的尊重。

女人对于坤包的喜爱，只是表明了女人的兴趣之一，在生活中，类似的兴趣应该是很多的，这就需要男人有一颗细心，去观察、去发现，坦然地接受女人的兴趣，对于她们喜爱的事物，不要因为自己无所谓，就以怀疑的态度去面对，人各有所好，聪明的男人就该知道怎样根据女人的喜好去讨好她。

男人对于女人的呵护，不只局限于在横过马路时拉着她的手，不只是女人受伤时轻声细语的爱抚。男人对女人的真正的呵护，还要升华到女人心灵中的那只看不见的“坤包”，投其所好才是关爱女人的真心表现。

投其所好地讨好女人，保证事半功倍。

了解女人的心思，尊重女人的喜好，是赢得女人欢心的最好办法之一。

给她无伤大雅的虚荣

爱慕虚荣是女人的天性，多数女人都喜欢在同伴面前不停地炫耀自己，只要她们能看到同伴的羡慕眼光，她们的心里就得到了最大的安慰。但她们天性中最大的致命伤也是虚荣，每个女人可能为了在别人面前炫耀一番，就会不惜一切把自己夸得天花乱坠，而大多数时候她们完全是在打肿脸充胖子。

女人是虚荣心十足的，她总喜欢在别人面前摆谱儿，总是不甘寂寞，总是注重行为装饰，故作不俗、显出高雅，来标榜自己的不同凡响。其实，这不过是她们的一种自我安慰，她们所做的一切只是不想自己在别人面前太掉分，特别是自己最亲近的朋友面前，女人更不想让她们看到自己的不如人。每个人都是要面子的，女人是这样，男人也是这样，只是女人比男人更看重这些罢了。

女人对于虚荣的渴求是十分强烈的。许多女人可能都曾幻想过自己有一天会

成为“第一夫人”，她们希望自己能享受到高人一等的感觉。招待所有第一夫人、服务公司有第一夫人、粮油店有第一夫人、豆汁儿铺有第一夫人……无论有无真实的尊贵，这第一夫人的称谓，女人们都是乐于担当的。

“第一夫人”往往是有名无实的，她永远是男人的贤内助，她还要一如既往地为男人洗衣做饭；有所不同的是，女人在忙完家务的时候还要在工作上帮男人一把，谁让她是“第一夫人”呢。有些时候，这第一夫人在一定程度上还在公司充当了廉价劳动力，她们不在乎工资的多少，她们只在乎那种高高在上被人仰视的感觉，辛苦着也快乐着。

女人和女人之间永远是在攀比，不是有句话说：女人的天敌是女人，只有女人间才会存在斗争。女人倾听女人的痛苦，更多的时候是为了得到内心的慰藉，在温柔的泪水中潜伏着冷酷的因子；女人穿漂亮的衣服，是为了让别的女人羡慕、妒嫉和烦恼。就算是最好的女性朋友，在攀比的怂恿下她们也会一决高低。

女人的虚荣，只是不想自己太没面子，女人要是在朋友面前没有了面子，那她的朋友想的最多的不是女人没用，而是她身边的男人没用。所以说，女人的虚荣，在很大程度上与丈夫是息息相关的。她们会不经意的说起男人，虽说是不经意，但每一个女人心里都憋着一股劲。在不少女人看来，男人和时装一样是一种能够给自己带来面子、可以满足自己虚荣的东西。比如社会地位、功名成就、官职头衔等，都是可以进行比较的砝码。甚至身材高大、相貌英俊、风度潇洒，也可以是一种价值。

所以女人常把丈夫的某一长处拿出来炫耀，这可能为男人所不解，觉得女人无聊。但是反过来想想，女人的大多时间都是围着男人转，只有在此时才能很好的表现一下自己，让朋友知道自己过得很好，拥有一个如何出色的男人，这也没什么不妥。女人那么辛苦地持家，只求这点安慰，又有什么不可以呢！

女人有时在丈夫面前也需要虚荣，不要以为“一家人”就无需此举了。别小瞧了虚荣，它能给心理脆弱又敏感的女人带来极大的心理满足。比如说她辛辛苦苦忙了好一阵子，做出了一桌饭菜，她就希望得到称赞，一旦如愿，那么再多的辛苦她也都无所谓了。相反，如果丈夫皱着眉头挑剔，那么女人会做何感想呢？想必会委屈得要流出眼泪来，或者反唇相讥：“换了你，还不如我呢！”

再比如说，她穿上一件新买的衣服，丈夫明明看着不怎么样，也讨好地说很不错，正好能衬出她的好身材。相信她听了这“一语双关”的话，定会兴奋得好一阵子合不拢嘴，对丈夫的爱意倍增。

还有，如果她禁不住夸某女明星如何如何漂亮，身材如何如何好，而丈夫却拿她的优点同女明星的缺点相比较，使她占上风，那么明知有水分，女人也会喜滋滋地找不到北。

不管她是在外人面前还是在丈夫面前求虚荣，只要并无恶意，就无大碍。女人爱虚荣，有时本身没有错，她们只是想以此来掩饰自己那颗脆弱的心。她们有时会

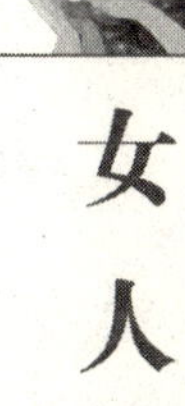

要强得不由自主地和别人一较高下，那也不过是为了取得一点点的心理安慰。

只要她要的虚荣不过分，只要无伤大雅，男人就不要吝啬赞美之词，给她无伤大雅的虚荣吧。一句赞美的话，可能会换来一张甜蜜幸福的笑脸；举手之劳的给予，可能会造就一个任劳任怨的“贤妻”！

婚姻专家点评

女人爱虚荣，往往不是错，男人迁就一些、宽容一些，再多称赞一些，那么就会造就皆大欢喜的结局。

对女人不要吝啬金钱

女人生下来好像就是为花钱的，每一个女人都承认自己永远是一个消费者而不是一个创造者。她们都享受过由花钱所带来的快感，这是女人在很小的时候就已经体验过了。她们有时根本不去计较自己的口袋里的钱多钱少，只要能把自己口袋里的钱花出去，哪怕是一分钱，她们也会高兴。所以，男人可以节制女人花钱的数目，但永远不要节制女人花钱的次数。

看看处于商品经济的现代社会，商家都毫不吝啬的把金钱投资于女人的喜好上，他们知道世界上最爱消费的就是女人。所以他们想尽办法挣女人的钱，只要是女人喜欢的东西，他们都会插上一脚。像开服装店、化妆品店、美容店、饰品店，这些都是女人的最爱，这些也是商家谋取利润的最佳方式。也难怪投资商有如此眼光，一个十岁的小女孩都知道用钱去买化妆品让自己漂亮起来，更何况世界上还有许许多多爱美的女人，她们对于美的追求绝对要比一个小女孩来得多、来得强烈。

女人喜爱花钱、喜爱享受生活，在这世上她们享受着各种各样的快乐，而金钱带来的那份快乐是最单纯最直接的，这种快乐可能男人永远也体验不到的。女人开心的时候会花钱，女人不开心的时候也会花钱。花钱对于女人来说：开心时是犒赏，不开心时是安慰。不管当时开不开心，花钱买完东西之后都会变得更开心。

女人喜欢花钱，但不一定就是乱花钱。多数女人都是会持家的，她们对于金钱是很会算计的，所以在一般情况下，男人不要担心女人会乱花钱。

女人注重金钱，但一般并不是视财如命，因为世上绝大多数的女人是不会只贪恋一大堆冰冷的数字的。她们知道如何利用钱财，她们懂得如何正确地用金钱装扮自己的人生、点缀自己的生活，使自己的生活变得更丰富、更美妙。

在花钱的问题上，女人是较理性的，每一分钱都能够花到点子上，不同于男人只痴迷于一些所谓的名牌，为了一个很知名的品牌可以完全不计价格。

女人在花钱时，往往讲究物有所值，她们可以花大钱去高档的时装店，她们也会贪便宜流连于街边小摊小贩。她们会花大钱去请最好的美容师、买最好的化妆品，也会图省钱买一些价格低廉的物品……

金钱与女人的关系是如此的亲密与深奥，那么男人在讨好女人时，完全可以通过金钱来证实自己对她的关爱程度。在与男人交往时，女人往往也十分看重男人是否舍得为她花钱，这通常是女人衡量男人的一种砝码。

男人同女人一起上街时，千万不要时时地算计自己口袋里减少了多少钱，永远不要捂着自己的口袋出门，这样不但会招来女人的反感，更会遭到女人的冷嘲热讽。对女人吝啬金钱的男人，是被女人所看不起的。

在与男人交往时，女人看重的往往不是金钱本身，她们看重的可能只是一个过程，她们会通过男人为她掏钱包的速度，来判断出男人对她的喜爱程度，至于为她花了多少钱，倒是其次。甚至当一个女人完全相信一个男人时，她可以用自己辛辛苦苦挣来的钱为男人慷慨解囊，没有半点犹豫与不舍。所以，在男女关系上，你不能说女人是“拜金主义者”。

多数女人是聪明的，她们懂得钱只是身外之物，不会去做它的奴隶。她们只会支配金钱，而不会受金钱的支配。如果她重视男人所付出的金钱，也不过是以此来衡量一个男人对自己的忠心程度而已，有时候，金钱是男人对女人表达体贴、关爱的一种方式。

如果男人对女人吝啬金钱，她就会把男人的吝啬视为对自己不喜爱的体现，并凭此判断出自己在对方心目中没有位置，从而不能相信这个男人，无法与这个男人交心。如果一个女人对男人的金钱付出不满意，那么就侧面反映出女人对这段感情不自信。

女人有时很在乎钱，但是对于男人的钱，她们的“在乎”是另有意义的。钱本身是次要的，其中的意义才是重要的。如果拿月薪两千元肯为她付出一千元的男人和月薪万元而肯为她付出两千元的男人相比较，她当然是更钟情于前者。也就是说，如果拿钱同男人的爱来相比较，她宁愿选择钱少而爱更多的男人。绝大多数的女人看中的是在男人力所能及的范围内，肯为女人付出的多少。

女人看重的不是男人的钱，而是男人是否舍得为女人花钱。她们看中的不是钱的数量，而是从中体现出的男人的心意。懂得了这一点，相信但凡聪明的男人，就不会再对女人吝啬金钱的。

爱女人，就不要对女人吝啬钱。

婚姻专家点评

女人爱钱，有时会见钱眼开。但是，女人爱钱也懂得取之有道。她们看重金钱，更看重金钱所代表的意义。

第二节
男人对女人该具备的风范

NanRenDuiNüRenGaiJuBeiDeFengFan

1. 对女人需有呵护之心

女人的幸福来自男人的爱护

爱情能够赋予一个女人激情和美丽，驱走她的阴冷和枯竭，使其变得温暖和丰富。拥有爱情的女人就像盛开的花朵，鲜艳而芬芳。女人是需要男人的滋润的，有男人爱的女人容光焕发，有一种难以言表却早已溢出身外的动人美丽。

某广告上曾刊有肤色白的姑娘和肤色黑的姑娘的漫画，黑姑娘问白姑娘："你最近肤色变白了呀，是什么原因？"白姑娘答道："我恋爱了嘛！"

因为恋爱，脸色变白了，整个人的精神都变了。这就是爱情的神奇力量。

女人一谈恋爱，感情必然发生波动，身体的内分泌必然改善，目光也变得炯炯有神，血液循环也畅快起来，所以就变得肤色晶盈、艳丽多彩起来了。甚至在与丈夫、恋人久别重逢的时候，女人会变得别样的温柔美丽，其变化之大，简直令人怀疑她是否与原先那个毫无动人之处的女人是同一人。

有爱的女人如同鲜花，是美丽动人的，也是娇柔易谢的，需要男人的小心呵护。在生活中，女人常寄希望于男人，不仅仅是在物质方面，更重要的是在精神方面。女人习惯将自己的幸不幸福取决于男人，通过男人的种种来决定自己是否是幸福的。

比如说，如果丈夫事业上成功了，那么妻子会感到特别的自豪和幸福。如果丈夫是一个不求上进、无所作为的人，那么妻子就觉得自己的人生是失败的。一个女大学生只能嫁给一个与自己同等学历或者高于自己的男性，很难嫁给学历不如自己的男性，而一个男大学生却可以同比自己学历低许多的女人结婚。从这一点就可以体现出女人对男人的依附心理。

女性之所以具有这种心理，是因为女性在某些方面相对于男人是处于被动地位的，一个男人的出现完全可以改变她的命运，无论是幸福还是不幸。所以说身边有着怎样的一个男人，对于一个女人来说是至关重要的。女人常常把命运寄托在男人身上，期望自己能找到一个爱护自己的好男人，带给自己想要的幸福。

女人的幸福来自男人的呵护，爱情是女人快乐的源泉；男人的呵护则是女人幸福的保证。

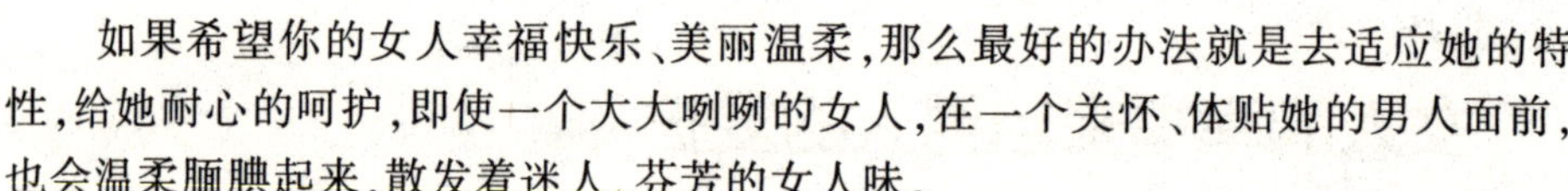

不同类型女人如何去呵护

如果希望你的女人幸福快乐、美丽温柔，那么最好的办法就是去适应她的特性，给她耐心的呵护，即使一个大大咧咧的女人，在一个关怀、体贴她的男人面前，也会温柔腼腆起来，散发着迷人、芬芳的女人味。

女人可以是美丽的，却不可能是完美的。一个爱她的男人需要有十足的耐心去适应她、呵护她，让她在爱情的滋润下展开美丽，抛弃缺撼，帮助她趋向于完善。

有的女人是因为可爱而美丽，是傻的可爱、单纯的可爱。这样的女人常常流露出一副纯真无邪的娇憨样儿，有着一股“天真无知、不谙世故”的清澈，常常不明白人生大道理，说话做事欠思考，认准了一个理10头牛拉不回来，一旦错了会诚恳地认错。

对于这类女人，你不能轻易指责她的天真无知，那样会伤到她。你要像大哥哥一样，边哄着她边教导她，冷不防她冒出一句“为什么”，你一定要耐心地解释、耐心地回答。当女人在你的耐心呵护下一天天地成熟起来，她会愈加美丽、幸福，你得到了欣慰也收获了爱情。

有的女人却因为迟钝而可气，是天生的不灵敏，不缺乏美丽却缺乏自信、显得木讷。一件本不费解的事情，你一遍遍地解释，她却仍听不明白，就连花前月下的恋爱中，她也缺乏女人该有的聪慧。

不过要知道，这样的女人也有可爱之处，她不会今天这样明天那样地给你出难题，简简单单地就能应付得过去。即使你要点小聪明，她也不知所以然，依然对你信赖有加。遇到这样的女人也未尝不是件好事，不用你费太多的心思，就能够把她打发得高高兴兴。时间久了，你就能真正体会到这类女人的好了，唯一的一点就是需要你多照应她一些，因为此类女人往往不善动脑，不能很好地安排自己的生活。当看到你呵护的女人过得幸福快乐，你会拥有成就感的。

有的女人因为“一根筋”而让男人哭笑不得。这类女人中不乏具有高智商的女性，她们受过高等教育，有着体面的工作，具备丰富的专业知识，“才华横溢”用在她们身上绝不过分。但你别奢望她们是完美的，她会因为过分自信而常自以为是，听不进别人的话，遇事脑筋也不转弯，常常让男人没办法。不是亲身体验，绝对想不到，一个如此聪慧的女人，怎么有时会这样的愚蠢？

针对这类女人，也不必太伤脑筋，一旦双方发生争执时，你就依着她好了，全当你对她的恩宠，让事情的结果告诉她，她的做法是对还是错，经过几次这样的情况后，你就能够很容易让她改掉坏毛病，并且对你越来越信服。瞧瞧，征服女人有时就这样容易。

有一类顽固不化的女人会让男人恨得咬牙切齿却无可奈何，要么放手任由自便，要么与之争吵不休。这样的女人往往胸无点墨但刚愎自用，你会吃惊地发现她竟有那么多“该死的主见”而无视你的存在，还会不断地强辞夺理与你狡辩，她过分地相信自己的洞察力和判断力，另外还有装腔作势、语言刻薄的劣性，而绝不反省和改过。相信这类女人是最让男人头痛的了。没有几套本事，是不敢碰她的。

其实，这类女人也并非不可救药，她固然有可恨之处，却完全能够甘心被一个真诚相待的男人“招安”，她们有这样那样的缺点，但却知道男人对她的好，她们并非铁石心肠，只要你能够拿出“铁杵能够磨成针”的耐心来对待她、关怀她、感动她，她就会溶成一团水化在你的手里的。

女人的类型有千千万，好与坏各有不同，但只要她是你爱的人，就要去适应她，全心呵护她，因为你是男人，有责任给你的女人一个坚实的肩膀。

婚姻专家点评

女人可能是可爱的，也可能是可恨的。只要男人能够根据女人的不同类型采取不同的方式去对待她，那么可恨的也能变成可爱的。

2. 接纳她、包容她

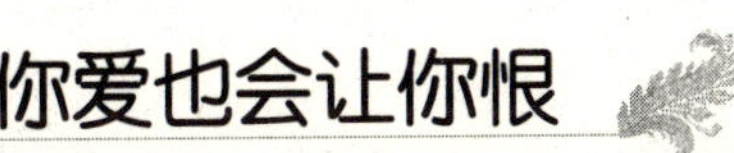

让你爱也会让你恨

爱上一个女人，首先就要能够接纳她的习惯。女人的习惯千千万，不同的女人各有不同。唯一相同的是，女人的习惯与男人的习惯大多相悖，她们既有让男人疼爱之处，也有令男人头痛之处。作为一个男人，就要有一颗包容的心，既能欣然接

受她给你带来的欢乐，也要能够妥善处理她给你带来的麻烦。

你知道恋人或夫妻和睦相处的秘诀吗？你知道"男粗女细"的反差如何达成默契吗？既然是"大男人"、"小女人"，当然是男人要迁就女人了，男人保持一颗包容的心，是双方达成默契的重要前提。

"小女人"敏感又感性，她们在乎男人对自己的一丝一点的反应。她们无一不希望男人能够事事依着她（当然，这里的"事事"不过是一些鸡毛蒜皮的小事，真的遇到了什么大事，女人还是会主动让权的）。这样她才会感觉到受到了男方的重视与宠爱，她才会感到幸福。

有个故事是这样的：有一位小伙子，想要买下一座森林，但是森林的主人不肯收钱，只给他出了一道谜语，猜中了就把整座森林送给他，但是猜不中就会要他的命，谜语是"女人最想要什么"？

小伙子百思不得其解，只好四处寻访，寻找答案。有人说要美貌，有人说要爱情，也有人说要金钱，小伙子知道那都不是确切的答案。

终于有一天，小伙子遇到了一个丑女，丑女对他说："我可以告诉你答案，但你要娶我为妻。"无奈，小伙子只好答应了她。

丑女说："女人最想要的，就是事事要依着她"。丑女的答案使得小伙子得到了整座森林，而他也兑现承诺，娶丑女为妻了。

原来，那丑女正是森林主人的妹妹，所以知道答案。在新婚之夜，丑女求丈夫一吻，可小伙子却万般不情愿，想她有恩于自己，就违心地吻了她。谁知一吻之后，丑女摇身变成了绝色美女。不过，小伙子还面临着一个问题，就是妻子在一天之中只有一半的时间是美女，另一半的时间则依然是丑女。

以上这个故事说明了两个道理：1.如果能够事事依着你的女人，你则会得到意想不到的惊喜与收获；2.再美丽的女人也有另一面，接受她美好的一面，就要能够包容她坏的一面。

人无完人，再美丽、可爱的女人，也会有让男人头痛的时候，让男人又爱又恨。但你一定要明白，这就是女人。

爱她就接受她的全部

男人与女人的天性中最大的区别就是"男粗女细"，而能够鲜明地体现出来的就是对上街购物的态度。女人都有"以购物为乐"的毛病，甚至为此上瘾，这是多数

男人所不解的。逛街购物是女人的天性、逛街购物是女人的癖好、逛街购物又是女人的通病。而最叫男人头痛的是什么?女人购物!他们实在不明白,为什么女人肯花那么多的精力和时间浪费在购物上。

都市女性几乎都喜欢休闲时逛商厦。无论在平时或是节假日,商厦几乎成了女性的世界。为什么女人都特别喜爱逛商厦呢?有的女人喜欢逛商厦,仅仅是为了从中产生一种心理满足感,即使没有购买行为,也会获得一种快乐的体验。在商厦经常见到这样一种现象:有些女性在时装柜台前,仔细地询问一番价钱以及质量以后,却根本不购买,而通过了解商品的质地、价格产生满足的心理;另外,女人还可以从中得到心灵的释放与解脱,漂亮的时装以及商厦内温馨的装饰,都能够使女性赏心悦目。

在购物时,为了价廉物美,她们不辞辛劳地跑千家、比万家,仔细地挑选,不厌其烦地讨价还价。哪里有削价打折哪里就有女人。挡不住的购买欲使得女人们提着抱着,兴高采烈地回家欣赏"战绩"。在此过程中,虽然劳心费神,但女人们却乐得如此。

男人越是难以认同女人的购物行为,女人反而越是喜欢拽着男人一起去购物。在她们看来这是一种享受,而在男人看来,这实在是一种受罪。

我们经常可以在电影或小说中看到这样的场景:丈夫肩上挂着、背上背着、胸前抱着大包小包的东西,神情沮丧、无可奈何地跟在妻子后面。而妻子呢,潇潇洒洒在人群中穿梭,眼光还随时浏览着橱窗内的精品,这便是典型的男人被妻子硬拽着逛街的情景——女人享受,男人受罪。

无论是打折、拍卖、讨价还价,还是衣服的色彩、质地、样式,女人皆有兴趣,皆能从中体会到乐趣。可是,却每一样都令男人头大,感觉快要窒息、腿肚子直转筋。

像女人的上街购物一样,女人的爱哭同样令男人头痛。女人是感性动物,而眼泪是感情的产物,所以女人的眼泪说来就来,时而如溪水潺潺,时而如波涛汹涌,无论哪种情况,无一例外的是让男人深感不安、束手无策。女人高兴了会流泪,悲痛了会流泪,感动了会流泪,气愤了还是会流泪……

女人的哭法之多,种类之全,是男人怎么也难以掌握的。但是有一样,只要女人一见泪,男人就得哄。如遇上娇滴滴的女子,那么男人就得有十足的耐心了,说不定什么时候,她的眼泪就下来,你根本搞不清她是高兴了还是难过了,你得像个罪人一样,毫无原则地认错、赔不是,好像都是自己的错。好在这招还真灵,一番好说歹说后,女人就会破涕为笑的。

男人和女人的天性在某些方面是如此的不同,她们让男人感觉到是如此地啰嗦、麻烦,而女人偏偏最常在男人面前表现出这些特性来。另外,女人的小性子以及撒娇等等,都是需要男人潜心修练、从容面对的,这是保持恋人感情、家庭和睦所必修的基本功。

身边有个女人,男人是幸福的;身边有个女人,男人也是头疼的。不过,无论是幸福还是头疼,男人身边还真离不了女人。既然如此,你就得拥有一颗包容的心,

接纳女人的习惯,无论是好的还是坏的,即使你已经快要窒息,即使你已经腿肚子转筋,你也得忍着、赔着笑脸,谁让你是大男人呢。这样才能够保证你的女人眉开眼笑,才能保证你们的爱情甜美、婚姻默契。

婚姻专家点评

爱着一个女人,是一件幸福的事情;爱着一个女人,也是一件麻烦的事情。为了你的幸福,就必须能忍受麻烦。

女人性情如猫般善变

恋爱中的女人就像一只乖俏的猫,高兴时会对着男人缠绵、撒娇,让男人疼爱。但猫也有闹情绪或者搞恶作剧的时候,身为一个恋爱中的男人,既然你喜欢她的可爱之处,就要能够接受她的顽皮,容忍她要要性子,对她有一颗宽容的心。

猫是可爱的,在通常情况下,猫总是气定神闲,安安静静。你写字的时候乖乖地伏在桌边,看电视时便甜甜地团在你的腿上。它那和善的神情,温暖的茸毛,叫人顿生怜爱之心。猫咪会时时追随着主人,安静地听你说话,温柔地陪你安睡。看书的时候,也会悄悄地跑到桌上伏在你手边。有时看着它美丽的一只蓝一只绿的大眼睛,深情地朝你凝望,心里不禁会有阵阵暖流。猫又是可恨的,它四体不勤,五谷不分,想吃就吃,想睡就睡。招人喜爱却喜怒无常,有时候还嘴馋、要小性子。正如女人一样,让男人既爱又恨。

恋爱中的女人可爱的时候,会显出女人特有的柔情万种,变各种花样去赢得男人的喜爱。她不惜花大量的时间打扮自己,只求爱人能够看着赏心悦目,她会撒娇、施展魅力,只为得到爱人深情的一个吻,让铮铮铁骨的男人也柔情似水起来。女人可爱的时候就是这样,能让男人陷在温柔乡里,尝尽幸福与缠绵,与之一日不见如隔三秋。

可是有的时候,女人会常常撒娇加要赖地对男人要小性子,能让男人恨得牙根直痒痒。

恋爱中的女孩子,说要性子就要性子,让男人防不及防,又无可奈何。譬如,男孩一句善意的玩笑,往往会惹得女孩子紧握玉拳在男孩背上轻轻捣上两下,伴随着一句音韵悠长的“讨——厌”;又如,谈情说爱的男孩俯在女孩耳边,悄悄说了句只有对方才能听懂的话,女孩便玉兔般跳跃到男孩身边,轻轻拍打着或偷偷拧上一下,连声说:“坏死了,坏死了!”你看,就连欢快的撒娇也伴随着要性子,让男人切切实实感受到,什么是“打是亲,骂是爱”。

恋爱中的女人是最爱要小性子的,特别是初恋时分的少女,更是三天两头地上演一番。常常是刚才还谈笑风生的，突然就不说话了，嘴巴也渐渐地撅起来，你越是着急询问，她越是一百个不搭理，你仿佛坠在云里雾中。她的眼里倒有委屈的泪珠子沁出来。如在室外，她也许会猛然掉头回家了，把你撂在街头不知所以然。

女人耍小性时，常常是小题大做，因为在爱她的男人面前，她有这个资本。男人只是稍稍说错了话或做错了一件事，女人便习惯不依不饶，其实她往往是没有恶意的，一般来说有四种情况：一是报复性地反击对方一下，让对方说话做事有所“检点”；二是试探对方对她的情感深度，看对方是否非常介意她的一举一动；三是一种另类的撒娇方式，可称之为“冷撒娇”；四是尝试着操纵对方，以期对方打起白旗围着她旋转……当然，有的女人使小性儿的时候，心里并未怀有明确的目的，只是把这当成恋爱中的一种调味剂。

有的女人在耍小性捉弄男人的时候，手段高超得让男人哭着还得陪笑脸。一个咖啡厅里就发生了一起这样的故事。

咖啡厅里的男孩不停的看着表，不时着急地向门口张望，很明显，他在等女友赴约，左等右等等不来，十分无奈。终于，女孩出现了，她的眼中闪着一丝狡猾，却装出一脸的歉意来说：“对不起，我来迟了。”女孩的一句道歉，将男孩所有的不快情绪都打消了，他显得很大度：“没关系，我的时间很充足。”

可女孩坐下不久，咖啡都没喝完一杯，就急匆匆地说：“真是对不起，我不能陪你喝咖啡了，我还有急事要处理。”女孩无奈的神情使得男孩一点脾气也没有，满脸堆笑地送走了女孩，随即整个人像泄了气的皮球一样，沮丧极了。

男孩不傻，一定是他在什么地方得罪了她，而她利用这次机会来报复他。这就是女孩子，让男人有脾气也发不得。

不过，话又说回来，想爱一个女人就要有一颗包容的心，如果这么一点点小挫折都承受不了，就不配做男人了。

婚姻专家点评

恋爱的男人都知道，女人的性情如猫般善变，让男人摸不着头脑，让男人不知所措。不过，即使她频频耍性子，男人也要有十足的耐心和包容心。

爱她就包容她

女人耍小性子，有时在“可恨”中包含着“可爱”。这常使男方感到莫明其妙，束手无策，但风波过后，又会对女方更加喜爱，且使得情爱的河流因为涟漪频频而味

厚韵浓，意趣深长。而女人所特有的聪明与可爱在耍小性子的过程中会淋漓尽致地显现出来，让男方大开眼界。

女人还可能通过撒谎来耍性子。女人撒谎不需要理由，她们想撒就撒，想怎样撒就怎样撒。她们在撒谎中自我陶醉，更感觉泰然自若。撒谎可以减压，撒谎更能逃避烦恼。女人对恋人撒谎，常常并无恶意，只是她们耍性子的一种方式。

有位作家说，向女人提问题，她的第一个回答大约是正史，第二个回答就是小说了。正史是事实；小说则是添枝加叶了的，是编造与虚构的。女人是天生的小说家。

如果说，女人与女人有区别的话，就是有的女人擅编短篇小说，有的女人擅编长篇小说，而有的女人则相当厉害，能脸不红心不跳地编出长篇电视连续剧。女人们擅于把这种本事用在恋爱中来欺骗男人，让男人们一次次上当，给她们换来一次次得逞后的开心。

女人却永远改不掉撒娇、耍性子的习惯，在男人一次次地妥协后，可能会得寸进尺，甚至到了满头白发的时候，女人还是动辄对男人耍性子。而婚后的男人却易越来越对女人的小性子失去耐心，甚至会没有风度地以牙还牙，使爱情的温度急转直下。

生活中很多时候都需要我们多一个心眼儿，虽只需动一个小脑筋，事情却往往会有很大的改观。虽然男人常被女人的小性子所累，最好还是要容忍的，男人是需要有气量的，这样的男人在女人眼中才是真正的男人，如果连这点胸襟都没有，又怎么能担得起一个女人的一生呢？

婚姻专家点评

爱耍小性子和爱说假话都是女人最易上演的情节，这对男人来说，往往是一种长期性的考验。如果没有一颗包容的心，那么将产生不愉快的后果。

3. 要靠得住

女人渴望爱情，又怀疑爱情

女人天生爱做梦，特别是对爱情，女人自小便对未知的爱情充满了憧憬与期待，她们常把自己想象成童话里的公主，在心里尽情描绘着白马王子的英姿，渴望着王子给自己带来世界上最甜美的爱。

女人是爱做梦的,她有时甚至会梦到心中的白马王子,有时梦到自己成为童话中的睡美人,王子对她百般爱恋、百般呵护,从来没有人对她这么好过,她幸福极了……当一觉醒来后,她会十分懊恼,为什么要醒来呢,如果永远都在甜蜜的梦里,那该有多好!

这就是女人,把现实与梦想相联,她们渴望梦里的爱情成为现实,也相信有一天会遇到梦中的王子,对她如梦里一般的好。

在女人的一生中,对甜蜜爱情的期待可能是时时刻刻的。在她还是懵懂的女孩的时候,就已经开始了对未来美好爱情的幻想与寻觅。那时,她期待的是能够有一个青梅竹马的男孩出现,他们在人生之初便开始相互喜欢,两小无猜;长大了便情投意合,两心相知;成为眷属后举案齐眉,相敬如宾。到了两人发如银丝时,依然是相知相契,相依相伴……

在现实生活中,女人渴望有一个人来爱自己,有一片无风无雨的天空,有一个忠实可靠的宽大肩膀,这个男人不再是童话中的王子,是一个有血有肉的、活生生的大男人,前提是疼她、爱她、懂得浪漫,给她平静的生活掀起朵朵浪花。她会设想彼此邂逅在春日暖暖的午后,她看到他眼中闪烁的激情;或者在某个月夜聆听他激情的表白,火烫的言语点亮爱情之路;或者他突然从角落跳出,献上一束鲜艳欲滴的玫瑰……

每个女人都对不可预期的爱情充满了期待。虽然大多数人的人生是平凡的,但爱情是每个人都有权利期待和得到的。一场轰轰烈烈的爱情会给人的生活增添不一样的色彩,甚至点亮一个人的灵魂。这就是女人们向往爱情的原因所在吧。不论一个女人多么成功、坚强和独立,她都希望能够找到一个她尊敬、仰仗的男人,自己成为电影、小说中的幸福女主人公:他带着她去高级餐厅、去迷人的海滨,他对她有说不完的情话,他欣赏她身上的每一种特点,连缺点他都欣赏……

为了满足幻想,在网上寻觅爱情的纯情女生不在少数,为了加大遇到爱情的机率,她们会花大量的时间泡在网上,借助鼠标和键盘碰运气。因为网上的"他"往往比现实中遇到的"他"更能说善辩,当面说不出来的话,在网上都可以说,"美女"、"宝贝"等等肉麻的、让女生心跳的话,在网上可以毫无顾忌地乱叫,虽然虚幻,也能让女生脸红心跳,满足虚荣心。

另外,网上的爱情,可以任由自己把网络另一端的"他"想象成英雄人物、白马王子等等,只要不见面,幻想就不会破灭。如果你是相貌平平却文才甚佳、电脑技术高超的男士,不妨采用这种方法取悦对方,因为适龄的女孩往往在恋爱问题上以貌取人,而如你的相貌恰恰不占优势,那么你可以先用网络先让对方了解自己美好的内心世界以及内在的才华,再进一步接触、发展就容易多了。

一个嘴上功夫厉害的男人,绝对能够让一个单纯的网妹乖乖出去见面,如见了面觉得对心情,那么再趁热打铁,就有希望了。在现实生活中,还真有一些通过网络结识而成为伴侣的男女。不过,话又说回来,网络只是一个途径,能不能修成正果，还得下番真功夫。女人都有天真的一面不假，但哪个女人也不傻，并非仅凭两三句话就能搞定的，当发现你不对劲后，她们会立刻扭头离开的。

女人虽对爱情充满美好幻想，但女人最怕幻想破灭，有时，因为担心会破灭，她们宁可永远停留在虚幻的境界里，如一旦幻想破灭，对她们来说，会是一种难以承受的打击。因为女人都懂得，可靠的现实比美好的幻想重要多了。

有一个曾在现实中受到爱情破灭打击的女人，常在虚幻的网络中寻找安慰，碰巧在网上“认识”了一个比她大六岁的优秀男子，两个人在网上开始了一段不同凡俗的交往，他们每天都要互通一封甚至两封邮件，后来发展到偶尔通一次午夜电话。她嗅到了爱情的气息，她预感到接下来将要发生什么。

自然而然，双方都提出要与对方见面，却因为一次又一次突如其来的意外，导致每次见面都宣告失败。她和他都渴望能够见到对方，让虚拟的美好变成现实。他们又一次约好了相见。等到见面之约时机成熟的那一天，她却在约会到来的前一刻，思虑再三终于还是主动放弃了，她不愿粉碎这个自编自演的现代版“成人童话”，她选择了从网上消失的方式来结束这个网络爱情故事。

因为，她想在记忆里永远珍藏一个“美好”，她担心这个“美好”会因为见面而破灭，那对她来说将是残忍的，她已经投入了很多感情在里面，她宁可把它留在记忆里，也不愿受到伤害。于是，她又回到了现实中。在她的心底，却永远隐藏着一个不为人知的故事。

女人渴望爱情是因为爱情是甜蜜美好的，女人逃避爱情是因为爱情是易碎的。每个女人都希望成为爱人精心呵护的公主，可不是每一个女人都能够真的被“他”当成公主。在这里，奉劝所有想爱的男人们，如果你爱她，就做她的王子吧，把她当成公主一样去爱，去呵护！

想要去爱一个女人，首先要明白她想要什么样的爱情。如果你能把她对爱情的幻想变成现实，那么你就会成为她的王子了。

事事需要“安全感”

女人需要安全感，比如说事业，她们宁愿不取得多么大的成功，也不愿意去冒险。在同样的岗位上，女人多会踏踏实实地干上一辈子，而男人当发现不会有大的发展时，则可能产生跳槽、下海等想法或者干脆付诸实践。现实社会中，有些男性执意要辞去自己的职业，想去独创一番事业时，多会受到母亲、妻子与女儿的反对，可见女人们的心态是多么的注重“安全感”。

女人天生是有很强的依赖性的，即使是特别崇尚自由与流浪的女人，也不会有所不同。生性外向、奔放的女人往往喜欢陌生的环境，比如说去旅游，她们觉得那会满足一种难耐的欲望。但是，她绝不会一个人去的，至少要找一个女伴，或者报一个旅游团。她对那个陌生的地方抱有很强的向往心理，但这对她来说，无疑也是一种挑战与冒险。因为旅途中可能存在着不安全的因素，与她们注重的“安全感”有冲突，所以她们不愿意一个人去面对，而喜欢结伴同行，这样能够增加防御能力与安全系数。而一般的男子则喜欢单独出游，报旅游团的反而是少数。

女人都希望有所依附，一旦出现什么问题，希望有人替自己挡着，而自己可以不用忧心，可以丝毫无损。无论什么事情，只要能求得别人给予帮助的，往往不愿意独自去面对。不论走到哪里或做任何事情，若没有他人在场，就不知该如何才好。即使一个人单独行动，但心中所想的还是不外乎依赖别人，她们认为自己不懂的事只要问别人就行了，在遭遇困难的时候，首先想到的不是如何解决问题，而只是想会不会有人来帮助自己。

而在有些时候，男人也恰恰喜欢帮助女人。当一当女人的依靠，他会觉得自己是有价值和分量的，当一个女人向他投来感谢以及崇拜的目光时，他会觉得光彩极了，自己就像个英雄。

所以说，即使对一个与自己毫不相干的陌生女人，比如说有女人问路时，他们会很亲切、很具体、很耐心地告诉对方；看到女人单身外出旅游时，他们会“乘虚而入”地显示自己的能力，博得她们的好感——是男人们一次又一次地让女人们尝到了有所依附的甜头，从而进一步增长了女人们的这种心态。再加上传统观念的影响，女人依赖男人似乎在人们心目中已经成了天经地义的事。

在恋爱与婚姻中，女人更是非常注重安全感的。比如说，有相当一部分女人，在选择恋人的时候，宁可选择大学毕业而生活安定的男子，而慎选文化较低，但有可能开创出一番大事业的男士。因为，后者只是有可能会很大程度地超越前者，而非绝对。相比之下，多数女人当然愿意选择前者，因为有保障，即使不可能大富大贵，但也会比上不足，比下有余——这就是女人们最常选择的“安全路线”。

在选择恋人时，在不太发达的城市，大多数女人仍认为，与其选择在中小企业服务的高收入的男性，还不如选择不可能倒闭的、在大企业服务的中等收入的男性。无论社会发展到何种地步，女人们永远都是向往安全感的。

婚姻专家点评

女人需要安全感，在对待每一件事情的态度上都能体现得出来。女人的这一特性在针对男人时更显突出，她们在选择爱人时，首先以有“安全感”为重。

对男人有很强的依赖心理

对于女人来说，要想长久地解决“有所依附”这个问题，最好的办法莫过于找一个能给她安全感的男人。所以，女人在选择恋人的时候，往往以安全感为重。在绝大多数的情侣和夫妻中，男的比女的大几岁的占多数，甚至有的倾向于与她父亲年龄相当的有妇之夫。为什么？因为这类男人成熟、稳重、有风度、社会经验丰富、处世老练，能够给年轻的女子绝对的“安全感”。

德国精神分析学家霍尼曾将逃避、防备与保护自己等不安心理综合地称为“基本不安”心理。他说：“在以男性为中心的社会里，女性的不安成分比男人多。”他列举了四种用以清除“基本不安”心理的方法，其中之一就是“获得某人的爱情”。这是因为，男人多不会去伤害自己所爱的人，而只会很好地去保护她。女人都希望恋人能够带给自己“安全感”，因为她们的内心深处总怀有这样或那样的“基本不安”的心理。而那些以中年男人为目标的女人，未必是真正的爱他，只是想从他们身上求取自己所渴望的安定感。

在现代女人都成为职业女性的时代，除了工作以外，找一个依靠、组建一个温暖的家庭仍是女人们的首要大事。在工作之余，女人们谈论最多的，就是谁谁的男友如何，谁谁的丈夫如何。而穿衣、化妆不过都是为找到一个更好的依靠做铺垫。

一个工作能力平平的女人如果有一个志同道合的丈夫和安定温暖的家庭，那么她就是幸福的；而一个工作出类拔萃的女人有一个别别扭扭的丈夫和矛盾重重的家庭，那么她就是不幸的。可见，身边的男人是否“靠得住”，是对一个女人影响至深的。

男人结婚通常是因为日常生活没人料理，女人结婚则往往是因为一个人生活没有安全感。所以说，女人对男人的期望中，最现实的一点莫过于“可靠”。无论这个男人是身份地位颇高还是再平凡不过，对于女人来说，“可靠”才是最实在的。否则，再多荣华富贵、再多甜言蜜语都是空的，都是过眼云烟。女人是要依靠着一个男人踏踏实实过一辈子的。

在性情和心理上，女人永远是藤，男人永远是树，除了少数极特殊情况，女人都是渴望能够找到一个可以缠绕一生的“大树”的。有一项关于婚姻与家庭的调查显示，虽然都市女性更加自强自立，撑起了半边天，但还有不少知识女性难以摆脱传统的对男人和家庭的依赖意识。

比如说，女人讨厌虫子，当看到一只蜘蛛或黄蜂时，即使意志力很强的女人也需要一个男人在其身旁。男人生来就比女人有魄力、有胆量，所以在一些比较重要的事情上，男人比女人更能果断地下决定，这也是女人对男人产生依赖心理的原因。特别是在遇到困难的时候，有个身强力壮、意志力坚强的男人在身边，女人对

困难的惧怕心理立刻就减轻了一半。

除了独身主义者外，女人们往往都比男人更着急地寻找着另一半。对于她们而言，结婚的意义不仅在于有了爱人，更重要的是，她从此身心都有了依靠。可以说，女性在种种的社会欲求之中，尤其希望被人爱，被人赞赏，被男性注目，被异性求婚的欲求尤为强烈。所以女性会刻意地化妆，追求流行的时尚和奇装异服。这种想要被异性所爱的心情，无疑表达了她们在“寻找依靠”的信息。

当然，也有这样的情况，有的比较好强的女孩子在进入社会就业时，会在心中如此发誓——我要好好地工作，一定要干出个样子来！为了不影响工作，起码在4年之中绝不谈论婚事。不过，当她们见到和自己年龄相仿的女孩们接连一个个的交男朋友、结婚，有了幸福的家庭生活，便有些羡慕不已，当初立下的坚定誓言，此刻也摇摇欲坠了。由于女性的心中产生了嫉妒心和羡慕心，所以对于自己立下的坚定誓言也会随之动摇。于是，在预定期限未满之时，也开始迫不及待地寻找目标了。

女人对于结婚的向往，无非是从此拥有了一个可以依靠终身的男人，拥有了充实的爱情与幸福温暖的家庭。女人就是这样期待着一个男人的出现来改变自己的生活。男人到处都有，但她有时搞不清哪一个才最适合作自己的老公，能给自己长久的依靠。女人就是这样非常卖力地去寻求这种幸福，以求得到内心的满足。

如果你爱一个女人，就首先让她知道你“靠得住”。

婚姻专家点评

女人寻找男人，往往是在寻找一种安全感，好让自己有所依附。要嫁给哪个男人，往往要看这个男人是否“靠得住”。

男人是女人一生的“赌注”

我们都能看到，现在的都市女性在经济上都能够独立了，然而，她们的心理却是不可能独立的，她们仍然需要男人的保护与关怀，她们仍然理直气壮地对自己、对朋友、对全世界的人承认她需要男人。女人越能独立自主，越渴望从男人的关爱、友谊及陪伴中得到慰藉，这不是女伴能够给她的。

对于感情一事，女人真是耗尽心机，不仅会忍不住玩“扑克牌算命”的游戏，还会相信别人为她们看手相。这种小伎俩，在男人眼中是不屑一顾的，但女人则不，任何对她们的感情问题有帮助与提示的东西，她们都非常地热衷，因为那可是她们的“人生大事”。

于是用扑克牌给自己算命。一圈儿，“开”不了，两圈儿也“开”不了，她们心里

就犯了嘀咕；等接连三圈儿还是“开”不了，她们的心里就发毛了。如果一算就“开”，而且牌面的组合预兆着在情感方面将会有比较好的苗头和进展，她们在心里就念阿弥陀佛谢天谢地。

在日常生活里，我们随处都可以看到女人们请别人为她们看手相，来预测自己的感情与婚姻运势：“你说我会碰到一个白马王子?”“究竟什么时候能碰到?”“在情感方面我会遇到什么灾难吗?”“你看看我喜欢的那个人，他心里究竟有我没我啊?”“你可要说实话呀……”

如果被测出来爱情顺利，婚姻幸福，那么她会高兴地跳起来，比测到能够活到八十岁都高兴。其实，她们也不是完全相信，但是这样做了以后，心里会踏实一些。她们就是这样对生命中的男人充满了期待，也充满了怀疑。

是的，女人多数信算命，把能否遇到好男人当成赌注一般。为了取得较大的赌赢系数，女人完全可能做出荒唐的事情来。

比如说，有的女人会爱上已婚的中年男人。在现实生活中，我们会看到年轻女人去当第三者破坏他人的家庭，她看上了别人的丈夫，无非是觉得那个男人看起来成熟、稳重，符合她心目中“可靠男人”的基本形象，可见，一个可靠的男人对于一个女人来说是多么的重要，就连背上第三者的恶名、陷入人生的“沼泽地”也在所不惜。

一个女孩向往富裕的生活，发誓一定要嫁个阔佬，就不顾一切地嫁了。在旁人眼中，她是个崇拜金钱的“势力女孩”，不让人欣赏。其实，只能说是这个女孩对男人依附的一种方式与表现，她侧重于在金钱上依附于男人，渴求男人能够满足她对金钱的需求；那些不问家世嫁给有情人的女孩，是侧重于感情上的依附。她们虽各有所求、表现不同，相同的一点却是对男人的依附，女人所嫁的可能既不是物也不是义，而是一个能够满足她“依附条件”的男人。所以，只须问那个男人是否可以依附?

这也怪不得女人，社会对女人总是不公，要实现任何愿望都显得困难重重，这就需要借助男人的力量了。于是，女人将一切希望寄托于男人、寄托于婚姻，贫穷的想富足，低贱的想高贵，柔弱的想有依靠，多情的却希望有个侠骨柔肠、先知先觉的丈夫……

婚姻是给女人一次改变自身力量的机会，所以她必须把握机会努力寻找能够让自己依附的男人。

遇到什么样的男人以及最终嫁给什么样的男人对于女人来说，是那么的重要！所以，她们常常为此患得患失，把自己看做是爱情与婚姻的赌徒，嫁对了，就是赌赢了；嫁错了，就是赌输了。她们把人生的成功与失败完全押在男人的身上，而对于能不能遇到，则怀着“碰运气”的心理。

男人是女人的赌注、是女人的筹码，是女人后半生幸福与否的关键，她们无一不想通过男人改变命运。

可靠与否非常关键

在爱的追逐之中，男人的态度往往比女人要坚决、主动得多，虽然明知结局吉凶难料，却有着飞蛾扑火的精神，勇往直前，让被爱的女人感动不已。于是，女人可能就渐渐对这个男人有了感觉，爱上了他，接受了他……

其实，做为一个男人而言，并不是能够做得到这一点就完全能够得到一个女人的心，可以坐享其成了。女人就像一根藤，是需要一棵大树让她依附的。一个合格的爱人，不仅要能够在追求的路上奋勇直前，还要努力去做让女人缠绕的大树，让爱做梦、爱胡思乱想又敏感易动的女人有一个心灵的栖息地，可以放心地靠着。

对女人，你得舍得花费心思，否则，即使你把心爱的女人追到了手，煮熟的鸭子还是会飞的。

女人天生就是一根藤，总是期盼着一个男人出现后，自己就能够有所依附，安安心心、快快乐乐地过下半生，并把这当成人生的头等大事，女人就是这样期待通过男人改变生活的。

有的女孩可能常夸耀曾有多少男人向她示爱求婚，她都不屑一顾，这样的女孩不能说是过分的骄傲，可能她还没遇到过一个真正能够让她放心地去依附的男人。你想，男人为了得到你时，可以天天说爱你想你，也可以费时费力费钱以博女人一笑，但是，能否真正让她安安心心地依附一生，就难说了。

毕竟婚姻是一件非同寻常的事情，不到死心塌地的地步，一个女人是难以下决心嫁给谁的。婚姻不能是一时的激情，而是需要男人整个生命的承诺与抵押，需要能够将一个女人视做自己的生命、自己的世界。作为男人，你可曾想过这一点？

想成为合格的男友或丈夫，就要努力做女人的“藤缠树”，请不要怀疑女人的依附心理，她们不是矫情，是本能的需要。男人为女人开车门，并不是因为女人不会自己开车门，懂得如此做的男人是对女人表示重视与呵护，是绅士风度的表现；男人为女人遮风挡雨，并不是女人离开男人就不能生存，这表现了男人的气概与风范，能够让女人信服与崇拜。

当女人一而再、再而三地受到男人无微不至的关照时，女人就会感到快乐和满足。因为她内心的渴望与需求实现了。能够依附着一个男人坚强的肩膀，她的人

生也就充满了阳光与温暖。即使男人在付出的时候，只是举手之劳，根本没花费多大的心思，但是能够让她安心地依附着，那么她也是满足的。

记住，女人永远需要有人关心她；女人需要有人爱慕她，渴望她；女人需要有人注意她、对她献殷勤；女人需要有人了解她的喜好，为她制定计划，使她不必自己花脑筋；女人需要偶尔能够不管其他人的需要，有人能为她设想心中的愿望；女人需要在她的生命中有人扶持，使得她不必自己打理一切；女人需要有人关心她的幸福，了解她的遭遇，包容她的情绪；女人需要有值得依赖并可以倾诉心事的人……

这些，对于女人来说是至关重要的。

男人对于女人来说，并不是有"可靠感"就可以了，也不是把女人娶到手中就完成任务了。一个真正合格的男人，要真真正正、实实在在地可靠，让女人能够安心地依靠着。

爱她就给她永久的依靠

当你爱上一个女人时，一定要着重向她表示——愿意成为她坚固的依靠，这甚至会比说无数遍"我爱你"更能让她受用。一个女人对男人的要求，不是在恋爱中可以依靠，也不仅仅是在新婚时可以依靠，而是一辈子都可以依靠。

一般来说，在新婚时期，男女双方对婚姻生活都非常投入，因为是初次尝试一种新的生活方式，所以，他们相互之间会自然而然地恩爱。当时光飞快地流逝，双方的感情就容易渐渐疏远，婚姻也易产生裂痕，原因何在？无非是男人对女人的态度发生了变化，而现代的女人又较独立，不甘心受到男人的轻视，古代男尊女卑的那一套，现代社会已经不适用了。

而男人虽在恋爱中和新婚时非常有耐心地甘为心爱的女人当牛做马，可是随着两个人在一起生活的时间越来越长，新鲜感就渐渐消退了，耐心也越来越不足，非但不再为女人当牛做马，就连起码的爱护也越来越难得了。这是男人致命的弱点，也常常是婚姻失败的导火索。

有时，男人不是存心故意的，他们认为自己给女人提供了富裕的经济基础，即使没有充足的时间陪伴她，也会让她心满意足，婚姻生活也会稳定不变。其实不然，女人要求陪伴自己一生的是一个有血有肉、疼她爱她的男人，再多的钞票也弥补不了这种缺欠。

对于已婚多年的女人来说，丈夫的"我爱你"哪怕是应付差事的，女人听了心里也会觉得倍加温暖。一句关心的话、一个温情的眼神,都能令女人感动不已。丈夫没有为她做什么,也没有真正付出什么,只是随口的一两句话,也能够令感性的女人满足、幸福,只要能够让她感觉到,你依然爱着她,依然是她的依靠。

在女人眼里,一个可以依靠的男人是那么的重要。即使是她不爱的人,如能给她最好的依靠,她就可能会心甘情愿地嫁给他,只为有一个坚固的依靠。不同年龄女人眼里,依靠的形式和意义是不同的。在20岁女孩的眼中,一个可以依靠的男人是带给她浪漫的、包容她撒娇任性的;在30岁女人的眼中,一个可以依靠的男人是与她齐肩并进、相互搀扶的;在40岁女人的眼中,一个可以依靠的男人是对她持之以恒的爱惜与呵护的……当一个女人年龄愈大时,心理越是敏感与脆弱,越是在意男人对自己的态度。

女人对男人的依靠是长久的、无期限的。如果一个男人爱一个女人,就一定要给她最好的依靠,从相识相恋到白头偕老。

爱一个女人,就做能够让她缠绕、依附的大树。当你进入一个女人的生命,对她表示关怀时,她对你所提供的帮助和心意是会心存感激的,并愿意"滴水恩涌泉相报"。即使她加倍地回报了你,她也还是幸福快乐地认为:在这个世界上,她不再是孤单一人了。如此一来,男人既能保住爱情,往往也会得到加倍的收获。

女人需要男人可靠,并不仅仅在某一刻或某一年龄段,而是时时都需要,不同年龄又有着不同的可靠标准。男人能否做得好,是婚姻是否平稳、幸福的关键。

4. 努力做女人眼中的好男人

要有良好的外在形象

一个女人眼中的好男人,首先要有一个良好的外在形象:

1.拥有成熟的自信

成熟的自信会增加一个男人在女人眼中的分量。

2.具有厚重力量感

具有厚重力量感的男人才像个真正的男子汉,否则较难得到女人的青睐。

3.风趣而幽默

风趣幽默而不是油腔滑调耍贫嘴,这是男人的一种良好风范。

4.儒雅绅士

儒雅绅士的男人对女人是最具有“杀伤力”的,这种“软”可比勇猛大汉的“硬”让女人喜欢多了。

5.忠厚细腻

一个又忠厚又不失细腻的男人,必能使女人安心又舒心。

6.常面带微笑

常面带微笑的男人会让女人觉得有亲切感,并不失稳重。

7.大大方方

男人一定要大大方方,方有男子汉气概。

8.身姿挺拔

身姿挺拔方显自信与风度。

9.留一点整齐的胡子

整齐有型的胡子会给男人增加成熟感与厚重感。

10.文质彬彬的举止

文质彬彬的举止能显示出男人的修养和高贵的气质。

婚姻专家点评

努力营造一个良好的外在形象,给女人留下良好的印象,是宠女人的有效方式之一,这能促使她乐于接近你。

要有良好的资质修养

除了要拥有良好的外在形象,好男人还应该有良好的资质修养:

▲对自己的外表充满信心,并且无论在人前人后都注意自身形象。

▲言谈幽默机智而不会令人觉得沉闷。

▲衣着干净整洁而不做过分的修饰。

▲要显得有神采。

▲言谈有分寸,不造作、不含糊,不卖弄自己。

▲拥有活力。

▲对弱小者有爱心。

▲尊重妇女,表现出优雅的绅士风度。

▲诚实守信用。

▲有礼有节，对人有礼貌。

▲能料理个人基本生活。

▲懂生活常识，能够整理家务。

▲懂得欣赏艺术。

▲会讲笑话。

▲会唱流行歌曲。

▲对女士不吝啬。

▲工作认真，凡事有责任心。

男人塑造自身良好的资质修养，是对女人的一种尊重，让女人乐于接受你。

要有良好的品行

好男人还应该具备一定的品行：

1.懂得呵护女人

在女人生气或者遇到挫折时，好男人肯定会别出心裁地利用语言和行动让她破涕为笑，并想办法帮她渡过难关。

2.对女人宽容大度

要能够不计较得失地包容女人的过失，体现出男人该有的大度。

3.顾家爱生活

对家庭生活有兴趣并偶尔下厨房为女人服务。

4.少说话多做事

女人最讨厌什么事也做不好还乱吹嘘的男人，好男人则在不声不响间就做好了一堆事。

5.能够踏踏实实干工作

一个男人的魄力以及能力都全然体现在工作上，踏踏实实、不断进取的男人，是女人最欣赏的。

6.能够忠贞不渝

在当今商品时代，欺骗和背叛的事情越来越多，忠诚就越发稀少与重要了。具有忠贞不渝品质的男人，是女人最需要的。

7.处事有条不紊

即使在危急关头,也能镇定自若的男人,最具有男子汉风范。

8.富贵不轻狂

一个男人求富贵不是最难的,最难的是富贵不轻狂,这样的男人才真正有品格。

良好的品行能得到女人的欣赏,使女人从心里喜欢你。

要有良好的能力与性情

好男人还应该具有让女人欣赏的能力与性情:

1.做人得体让人敬

一个人人称道的男人,会让她的女人脸上无限光彩。

2.会哄女人,让女人开心

会哄女人、逗女人开心的男人才能赢得女人心。

3.体贴入微,有一颗包容的心

女人是柔弱的、容易闹情绪的。体贴入微地关怀女人,并能够包容女人发脾气、任性等缺点。

4.生活技能不含糊

一个男人决不能光有油头粉面的外表,还要懂得各种生活技能。如果家庭生活中样样都靠女人,那男人不是严重的失职吗?

5.拥有男人的气概

她在工作、生活中不顺心的事情可以向你倾诉,但是你却不能,如果做了的话,就会有失男人的气概。

6.凡事对女人有交待

女人比较关心男人,也比较多疑,所以,账目要公开,时间安排也要公开。比如今天上班路上用了多久,下班为什么晚了20分钟,都要说清楚。

7.博学多才也要装傻

即使你比女人的学识高一大截,也不要在女人面前卖弄,女人不傻,她知道你的表现是谦虚还是卖弄。适时的装傻,会让女人觉得你可爱。

8.对女人有责任心

把女人要当成"宠物"一样地去关心,把她的喜、怒、哀、乐都放在心上,体现出一个男人的责任心。

除了修炼自身外，还是懂得与女人相处的规则：

1.不要提起前女友

不要在现任女友面前提前女友，无论是褒是贬，都对你自己不利。你称赞前女友，会引发她的醋意；你批判前女友，她会认为你口德不佳。

2.玩笑适度别过火

与女性在一起，不同于哥们之间，有些玩笑是开不得的。如果不讲究分寸，难免会引起什么误会或让对方觉得你没修养。

3.把握住感情的热度

不要时而对女方热情似火，时而对她又冷若冰霜。这种不稳重的表现会让女人觉得你不可靠，没安全感。

4.要以诚相待

真诚的态度才能让女方觉得你真实，否则，她会连你的感情都怀疑。

5.谨遵男女平等原则

千万不能轻视女性，如果妄想把她当成保姆，要求她为你端茶送水服务周到，那么你不仅目的达不到，还会失去爱情。

6.守时

如果你常常约会迟到，让对方等你半天，那么无论你的理由多么的冠冕堂皇，你在她心目中的形象也会大打折扣。

良好的性情和能力会使男人经得起时间的考验，事事、处处都能够得到女人的肯定和欣赏。

做一个合格的丈夫

好男人还必须是一个合格的丈夫：

1.挑起家中的经济大梁

男人要努力挑起家中的经济大梁，不一定要让妻子住豪宅、开名车，但至少要能跟老婆同心协力支撑起一个家，挣的不可以比老婆少，不要把大部分的经济压力放在妻子身上。

2.关心爱护不打折

不要只在恋爱时对女人呵护有加，妻子为家庭操劳更有功劳，这时应更多地献出你的关心爱护。

3.眼里只有妻子美

不要犯“老婆是别人的好”的错误，再好也成不了你的，所以还是多在意妻子的美好之处吧！妻子瘦了要赞美她苗条了；妻子胖了要告诉她胖一点没关系，身体健康最重要；妻子哀叹自己开始长皱纹的时候要告诉她有点皱纹她更添了一份成熟美。

4.及时肯定多表扬

女人理家是不容易的，要学会赞美妻子对家庭的贡献，比如“老婆，你真能干，我们家每天都这么干净舒服，我真像是生活在天堂里”，或者“老婆做的菜真好吃”，让她能够开开心心地过每一天。

5.主动帮忙家务活

家务活并不是女人的专利，不要总是习惯坐享其成，要时常主动地帮妻子做家务，这样既减轻了妻子的负担，也增进了夫妻间的感情。

6.夫妻吵架先道歉

无论何时为了何事跟妻子吵架，吵完以后都要当第一个开口道歉的人。

7.一起上街莫乱瞧

跟妻子一起上街，偷偷看美女的时候如果被妻子发现，要能够随机应变，真诚地对妻子说：“亲爱的，我发现哪个女人都没你漂亮。”或者：“亲爱的，我发现你跟所有的美女都有点像”。

努力做一个女人眼中的好男人，你会从中体会到乐趣，并得到意想不到的收获。

婚姻专家点评

拥有一个合格又称职的丈夫，是无数女人的最大梦想。如果你想让妻子幸福，那么就一定要尝试着去做一个合格的丈夫。

第三节
宠女人要顺应女人心

ChongNüRenYaoShunYingNüRenXin

1. 承认她

女人事事需要他人的承认

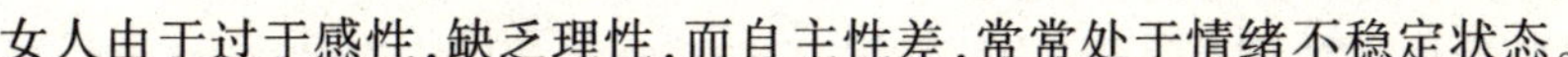

女人由于过于感性,缺乏理性,而自主性差,常常处于情绪不稳定状态。

比如易后悔,就能较有代表性的说明这一点。在日常生活中,女人常常后悔,哪怕为一件小事,也会后悔好一阵子。比如说买一件衣服,买的时候高高兴兴,如获至宝。可是还没等回到家中,就后悔了,心里开始犯嘀咕:“这件衣服真的很好吗?到底是不是很适合我呢?另一件的颜色、质地也都相当不错,如果换成它,比这件更好一些也说不定!”

女人就是这样,刚才还左看右看都喜欢得不行,转眼间想法就动摇了。等她回到家里,穿到身上一照镜子,怎么看怎么不顺眼,越想越后悔,于是马不停蹄地赶回去,跟导购小姐说尽好话,换了那一件,眉开眼笑地离开了。

等她把换回来的衣服穿到身上后,竟遭到周围亲友的一致恶评!于是,她对这件衣服的喜爱之情也开始动摇了。并且越来越觉得他们说的有道理,对这件衣服,她开始越看越不顺眼了,甚至索性把它揉作一团扔到一个见不到人的角落里。随即,又后悔换衣服的行为了:如果不换的话,说不定那一件能得到亲朋们的夸奖呢!

这就体现出了女人情绪不稳定、自主性差的性格特点。

女人的心常被小事所牵动,在做一件事情的时候,往往依赖于他人的承认来确定自己的对错。比如,一位女士单恋上一位男士,而那个男人却不爱她,于是,她就陷入了深深的痛苦和不自信中;或是一位女士拼命地工作,却得不到上司的夸

奖，于是，就开始怀疑自己的工作能力，并怪自己为什么不出色。

女人在好多时候，都依赖于他人的承认，而不能理性、正确地对自己进行评估。一旦不能如愿地得到他人的承认，那么，她的心理可能就会失衡，甚至发生严重的情绪紊乱。男人虽然也会有期望得到他人承认的念头，但远没有女人这般强烈，对其的影响也没有女人这般沉重。

女人的情绪缺少自主性，极易受他人的诱导与牵制，并受其摆布。比如说，受邪教欺骗的多半是女性，她们可以把自己的一切都献给邪教教主，并把这当成是天大的荣耀。

布朗宁的诗中有这样一首，意思是有个姑娘，在神父的诱导和盘问之下，把自己的心上人——正被作为政治犯追捕的爱国人士的行踪告诉了神父。当她看到自己的心上人被押赴刑场时，不禁悲痛万分，感到十分的后悔。

女人之所以会受他人的诱导与牵制，并受其摆布，往往是因为过于在乎在他人眼中的形象，并希望得到承认。以上故事中的女主人公即是如此。她为了在神父面前建立起“虔诚”的好形象，不惜将自己的爱人出卖，只为求得神父对她的承认。

因为太在意在他人眼中的形象，女人有时会放弃很多，甚至是生命。曾发生过这样一件事：某个住宅楼发生了大火，有一位妇女就在二层楼，如果跳下楼求生存，是很容易的事情。但她当时几乎没穿什么衣服，因羞于赤身裸体地出现于众人面前而放弃了跳下去的机会，最后送了性命。

女人就是这样在意在他人眼中的形象，只有求得他人的承认，她才会安心、才会自信。

比如说：在购物的时候，如果女人听到导购小姐说：“您真有眼光，这是公认的不久将要流行的款式，像您这身段儿，真是再合适不过了！”仅凭这几句话，女人就可能立刻落入对方的圈套，痛痛快快地掏钱。只因为她得到了对方的承认，一高兴就失去了理智，在对方的诱导与牵制下受其摆布了。

在日常生活中，女人几乎做每一件事情，都期望能够得到他人的承认。如果她缺少这种承认，那么，就会想办法去索取，否则就不能安心。

比如说：有一部分女人好像天生一副热心肠，附近谁家有婚丧嫁娶，她都会主动凑过去帮忙，并且非常地尽心尽力。其实，她们往往是想通过自己的举动引起他人的好感，并得到承认。好多的女人爱管闲事，除了好心肠之外，可能也是想成为他人眼中的“重要人物”，体现出自己的存在价值，博取别人的赞美。

一旦女人被受到帮助的人感谢、赞美，就等于她存在的价值被确认了，她就会感到无比的高兴，并自信陡增。

在恋爱中或者夫妻生活中，女人更需要得到承认。她愿意无数次地听到男人说“我爱你”，哪怕耳朵磨出茧子，也乐此不疲。在家庭生活中，如果丈夫对妻子所料理的温馨舒适的家不表示任何感谢或承认，那么，妻子是不会没有怨言的。当她做了一个新发型或穿了一件新衣服，她也是首先希望得到丈夫的喜爱。

在一次社会调查中，研究人员就发现了相同的问题：有些提出离婚的女性处于这样一种状况：丈夫有经济实力，衣、食、住、行都没有问题，但是她们却对婚姻充满了失望，她们这样说：“他从来不说：‘因为你的帮忙，让我能够全身心地投入工作，我很感谢你为我所做的一切。’我的丈夫不重视我，我所付出的努力得不到他的承认。”

这就是很多离婚女性唯一的理由。男人内心纵然有满满的感谢，但女人们若听不见、看不见，心理上就难以平衡，对丈夫就会失去柔情，对婚姻就会感觉不满。

由此可见，能不能得到丈夫的承认，对于女人、对于婚姻都是何等的重要呀！如果你爱她，不想失去她，就要记着去承认她。

女人心思细密，女人犹豫不决，她们最需得到他人的承认。哪怕一些无足轻重的小事，只要得到承认，她们也会欢喜得像中了大奖。

女人期待来自他人的赞赏

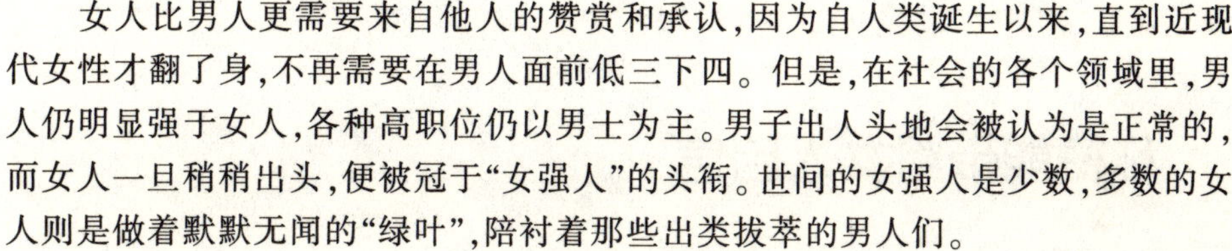

女人比男人更需要来自他人的赞赏和承认，因为自人类诞生以来，直到近现代女性才翻了身，不再需要在男人面前低三下四。但是，在社会的各个领域里，男人仍明显强于女人，各种高职位仍以男士为主。男子出人头地会被认为是正常的，而女人一旦稍稍出头，便被冠于“女强人”的头衔。世间的女强人是少数，多数的女人则是做着默默无闻的“绿叶”，陪衬着那些出类拔萃的男人们。

在某种程度上说，女性是较之男性弱的性别，男性自小就比女性更能“承重”，比如说在体力上，总比同龄女性要强，意志也要坚强。而女性就会自然而然地处在一种“需要被人怜惜”的位置上，什么“怜香惜玉”、“英雄救美”，都是体现了男人的阳刚之“强”和女人的阴柔之“弱”，至少在心理上是这样的。

女人在生理上的弱，就期盼着能通过某种方式来弥补，期待能得到他人的承认。男孩自小就爱显示自己是“强者”，比如通过与同龄男孩的“搏斗”来表现自己体力上的本事，这就是男孩为什么爱打架的原因；而女性则自小就注重外表，喜欢把自己打扮得漂漂亮亮，来得到他人的承认和赞赏，作为一种心理上的弥补。

女人对于他人的承认和赞赏是颇为渴求的。比如说：她们宁愿放弃所有的其他东西像自己的事业，成全丈夫的事业，只为赢得一个“贤妻良母”的称号；她们能花费大量的时间和金钱，以求保持一个美好的形象，只为使人赏心悦目，从而获得赞赏。

得不到他人赞赏和承认的女人是感伤和失落的，外表形象的不足是许多女性终身的痛苦和遗憾。皮肤粗糙，她们会烦恼；身材不匀称，她们会烦恼；眼睛太小或

者靠得太近，她们会烦恼；她们还会哀叹自己的头发没有自然的卷曲波浪或者是头发的颜色不中自己的意……因这些缺憾都影响到她获得他人的赞赏。

所以，诸多的美容院便应运而生。为了弥补不足，她们进出于美容院，通过各种手段改善自己，通过美化自己来取悦他人，以期得到承认和赞赏。

曾有一位日本学者在一篇文章中指出：女性平均每人一生中所要使用的基本化妆品、化妆水为980升；营养雪花膏为25公斤(其他的雪花膏共计725公斤)；营养乳液25升(其他的乳液共计100升)；口红为400克左右。这组数字证实了女人对于自己外表的重视程度。

我们都能明白，为了得到他人的赞赏是女性化妆的目的，这个不容否认。但只有女人参加的集会场合，她们也要装扮得漂漂亮亮的，由此可知，女性的化妆不只是为了给异性看，也有获得同性赞赏的欲求。他人的赞赏是她们获得自我价值感最有效的方式。

女人渴望受到人们的重视，她们非常需要赞赏。为了得到一句赞赏的话，她们会做许许多多的努力。

称赞能带给女人自信

女人的自信往往不是先天的，而是别人给的。而称赞恰恰是女人获取自信的最佳方式。在没有别人承认的时候，她通常就会缺乏自信，只有称赞能够最有力地为她打气、鼓劲，让她因自信而散发女人的光彩和魅力。

没有他人的承认，女人往往不自信。女人会不惜花费大量的时间来装扮自己，为的是给人一个好印象，得到别人的称赞。女人尤其看重男人的承认和称赞，男人一句赞美的话，可能比得到一个价值连城的钻戒更能令她们开心，更会有意义。

越是容貌不突出的女人，往往越是需要男人的承认，看重男人的称赞；喜欢男人称赞她漂亮的女性，大多是一个长相中等的女人。因为真正的美人，即使没人称赞她美丽，她也不会失落，不会对自己的容貌产生怀疑，也不会因此而丧失自信。

不过，世界上天生丽质的美女只是极少数，绝大多数的女人还是需要得到他人的承认和称赞的，特别是相貌平平的大众女性，最需男人投其所好，哪怕只是稍加赞许，她也会高高兴兴、自信十足了。

除了公认的美女外，一般的女人都难以自我下结论：自己是属于漂亮的一类，还是属于平庸的一类？她们期待着别人的答案。

如果男人称赞一个女人容貌的可人之处，那么就等于比较欣赏、喜欢她，至少也不讨厌她。恋爱中的男人多数是嘴甜的，面对相貌一般的女友，也大夸漂亮。很有自知之明的女孩同样会很高兴，“情人眼里出西施”嘛，再没有容貌的女性，也都希望在男友眼中是美好的。

为了变得美丽，为了赢得他人的承认和称赞，女人往往不惜付出很多努力，不惜花费大量时间和精力进行后天补救。不是有句话说女人“三分长相七分打扮”吗？所以她们就不遗余力地打扮自己——为了得到美貌，女人可以忍受药水的侵蚀、可以忍受刀子的折磨——因为，没有什么比能得到他人的承认和称赞更让女人觉得拥有自信了。

女人就是这样为了得到他人的称赞而不惜一切代价。即使称赞的话已经听过千遍万遍，她们也乐此不疲，来者不拒，每一次都觉得富有新意，从来不去想是否言过其实。

对于女人的称赞，是不仅限于容貌的。因为女人的长处并不仅限于容貌，长相丑陋的女人，却可能有着其他的闪光点。所以说，男人在称赞女人的时候，要懂得因人而异，如果夸一个公认的丑女人漂亮，那么不遭白眼才怪呢！夸她人品好、有能力、有风度等等，同样能够带给她快乐，使她自信，也同样会让她对你抱友好、感谢的态度。

缺乏称赞的女人往往有些自卑，因为长久得不到他人的肯定，她们就会产生很多的自我怀疑，并易感觉自惭形秽。她们可能因为自己的能力、学识、品质和容貌等自身条件不如别人，就觉得自己处处不如人、没有别人优秀，而忽略自己所具有的优势。此时的称赞，对于她们来说，无异于救命稻草。

对女人的称赞，就是对她的一种肯定，这种肯定是女人增加自信的良药。生活中没有完美的人，人们只是在不断追求完美，每一个女人都有她们自身的发光点，但这个发光体是需要男人去发现并不时地为它充电的，而称赞就是男人手中最好的电源。

如果你想带给一个女人快乐，哄得她开心并给她自信，那么就请称赞她吧！她身上的一切闪光点都可以去称赞。区区的一句赞语，可以防止女人的哀怨，增加女人的自信。哪怕是善意的谎言，只要能够取得好的效果，就有必要。

所以，请多多地称赞你身边的女人吧，让那充满爱意的赞美，把女人的自信发掘出来，让女人的魅力展示出来吧！

婚姻专家点评

女人往往需要自信，而又缺乏自信，称赞是女人增加自信的一剂良药，多给她一些称赞吧！

女人要宠

赞美是取悦女人的绝好办法

懂得赞美的上司，在女性职员之间的人缘一定很好，他们不仅能与女性下属相处甚好，还可以赢得她们的尊敬。在与女性的交往技巧中，“赞美”算是最“物美价廉”的了；另外，“赞美”不仅限于用语言来表现，比如说一件不值多少钱的小礼物，也能够表达你的心里想着她。

女性多半缺乏自信，惯于依赖别人来证明自己，没有别人的赞赏，总是无法安心。女性比男性更喜欢被人赞美、奉承，这不只是心情愉快的问题，主要是女性能从别人的赞美、奉承中，确认自己的价值与存在感，从而满足自己的自尊。而男性的自尊多由自己来决定，即使没有别人的赞赏，只要自己认为“做得好”，便觉得心满意足。

所以请记住：要想取悦一个女人，给她恰当的赞美绝对是一个好办法。赞美女人的题材很广泛，有些时候，赞美并非就现成的题材去发挥，即使不是十分相关的事物，有时候也可以找出可赞美之处。

比如说：商场里的导购小姐对一个犹豫不决的女顾客说：“只有您才能穿出这件衣服的特色来。”那么，仅凭这一句话，就可打动女顾客的心。“只有您”这种正好搔到痒处的言辞正好可以满足她们有别于他人的优越感。“我很少向别人推荐这种商品，但是您跟一般人不同……”这番说词便可使女人痛痛快快地掏腰包。

在职场中，恰当的赞美同样是一种变相的鼓励，如果说“这点小事都做不好”，会惹得对方哭起来，或者干脆辞职不干了。如果说“这次发挥不利，但我相信你，下次一定能做好”，虽没承认对方的成绩，却表示了认可，对方一定会尽心尽力做好“下一次”的。

“你美的与众不同” 是女人们爱听的话。在女性的潜意识里隐藏着希望被诱惑、想听甜言蜜语的渴望，若能触及这一块经过层层伪装的“密地”，即使作风再强悍的女性也会变得柔情似水。

这就是赞美之词对于女人起到的强大效应，因为她们期待着来自他人的赞赏，这是她们远离自艾自怨的最佳方式之一。

称赞女人并不难，轻轻松松一句话，就能够产生强大的效应让女人笑逐颜开。

可怜天下女人心

前几年,国外的女权运动中有人企图掀起“女性不化妆”的浪潮,呼吁女人不要为了异性化妆,也就是说不仅在经济上、政治上要和男人平等,在心理上也要平等。但是,不化妆就不能有利于得到他人的赞赏,所以全世界的女性还是照“化”不误。

女人是服装的“奴隶”,因为这同样是美化自己的一个有效方式。女人爱服装,是毫无道理可讲的天经地义的真理,她们从刚刚懂事的小女孩起便希望天天穿漂亮衣服。有了经济自主权的女性更是喜欢流连于大商场,喜欢到人多的地方“比美”。

“人比人得死,货比货得扔”这句话对于女人来说,最恰当不过了。她喜欢攀比,又善于自怜。一旦见别人比自己强出很多很多,就会产生严重的心理落差,为求心理平衡,只好去弥补。没有天生丽质的就后天修补,没有好身材的也要穿得漂漂亮亮,先天不如人,后天再不努力,相比之下还不得惭愧得跳河?

女人是擅长于自欺的。无论是化妆还是用衣服来美化,人还是那个人,脸还是那张脸,身材也还是那个身材,变了的只是给人的感觉。哪怕人们看到的只是一种假相,但只要能够赢得他人的承认和赞赏,她们的心理就满足了。明知是假相带来的满足,她们也会心安理得地接受。

说女人自欺,并不是贬低女人,自欺是女人的心理需要。她幻想着自己是完美的,并努力这样去做,然后小心翼翼地维护着这层梦的色彩,自欺的女人就这样为了让自己陷入美面的梦幻而自欺着。幸好,自欺比自艾自怨要好。自欺的女人是积极向上的,而自艾自怨的女人则是消沉颓丧的。

为了博得男人的好感赢得男人心,女人常常想尽办法。“士为知己者死,女为悦己者容”,女人在梳妆台、试衣镜前逗留的时间就足以证明这一点了。她们每天的头等大事就是梳妆打扮,装满粉、脂、霜、膏的瓶子排列得和化学实验室里的试瓶一样多,五颜六色的衣服足可以开一家时装店,少吃短喝还可以减肥,只是千万不能辜负这张脸。

她们这么折磨自己为的是什么?无非为了博得男人的好感,赢得男人心。得到男人的赏识与夸奖,她就如进了天堂一般快活;得不到男人的赏识与夸奖,她就如同被打入地狱一样难过、失落。

女人就是这样注重自己在他人眼中的形象,以及他人赋予自己的评价,可以说活在他人的眼中、为他人的评价而活。为了使自己能够得到他人的承认,不惜对自己的身体部位大动干戈,假发、隆胸等等频繁出现。

她们费尽心机收拾自己,就是希望能够成为他人眼中一道亮丽的风景,比如说,她在涂脂抹粉、试穿一套套衣裙时,可能脑海里幻想着这样一幅画面:她婀娜

多姿地走进办公室，办公室立刻熠熠生辉，男士欣赏，女士羡慕；她妩媚地走在大街上，街面上立刻生机勃勃，气韵生动，回头率百分百……

真是可怜天下女人心！为了成全女人的自欺，维护她的好心情，请不要吝啬你的赞美。对于女人的赞美很简单，几句话就能够成全一颗敏感易动的心，得到意想不到的效果。

女人活在他人的眼中，女人为了他人而活。无论是欺骗还是谎言，只要是赞美的话，她们都乐于接受。

必要时使用善意的谎言

有的女人深知年轻小伙子们喜欢巩俐、林青霞、赵薇什么的，就戴上酷似这些偶像的假发，还不厌其烦地一天一个样地勤换勤戴，“你看，我这头发像不像赵薇？”

女人是那么注重来自他人的评价和承认，易被美言所诱惑。比如说，有人称她高雅、优美、纯洁等等，即使她的身上没有这种特质也会欣然接受，并为此兴奋。如果男人对她说：“我为你倾倒”、“在我心中，你最美！”那么，她多会对你回报以灿烂的笑脸，哪怕她明知有水分，也乐于听到此类肯定的话。

女人乐意让人哄，她会感觉自己像个公主，这是逃脱自艾自怨情绪捆绑的最好办法之一。

如今流行一种说法，叫“女人好哄”，我们经常能够听到一个女人对自己的恋人这样说：“你就不能哄哄我吗？”看，明知道是假话，女人也乐意听，只要顺其意，她就会高兴的。就像大人哄孩子，在孩子哭泣的时候，许诺如果他停止哭泣，就会给他什么什么好东西，即使没有看到结果，孩子也会听话地不哭了。

因而聪明的男人知道女人的这一弱点，也知道“女人好哄”的道理，往往用他的一张嘴就能够把女人打发得高高兴兴。女人就是这样，有着小孩子的一面，永远需要男人言不由衷的恭维，永远需要男人乖巧的美言，永远需要男人夸大其辞但并不过分的赞赏。

如果用心去观察，你就会发现，凡是日子过得挺自在的男人，在家里活得悠哉的男人，一般都是善哄女人的，能够见风使舵，投其所好，哄得女人三秒钟之内可以破涕为笑。不闹情绪的女人，往往是很乖的，她可以高高兴兴地做家务，让男人悠闲自在地看报纸。对于男人来说，这远比因疏忽女人的感受而承受女人哭闹强得多了——女人一旦自艾自怨起来，就会行为反常得让男人头疼！

看来，懂得用善意的谎言来抚慰女人那颗易自艾自怨的心，是多么绝妙的好办法！无论在恋爱中，还是在婚姻中，男人都可以用此方法来抵消女人的自怜情绪。而爱情中的女人往往就会变得愚蠢，轻而易举地上男人的当。

爱情中的女人常常问一些愚蠢的问题，从而来确定在男人心目中的位置，决定自己是幸福快乐还是悲伤自怜。面对女人的问题，男人在必要时就要引用善意的谎言了：

1.你在想什么

男人即使在想完全与女人无关的事情，也要这么说："对不起，亲爱的，沉思使我冷落了你。不过我在想，遇见你是多么幸运，你那么温柔、漂亮、聪明。"显然这种表白同实际所想的风马牛不相及，不过却能博得爱人一笑，所以说是一种高明的方式。如果如实告诉女人，我在想什么想什么，唯独没想你，那么，不遭女人的白眼才怪呢。

2.你爱我吗

即使这个问题被女人每天无数遍地问，即使你已经烦得恨不得跳楼，也要高声说"当然爱你！这是我最想说的话！"如果你说"我不是说过爱你了吗"，那么无疑告诉了女人，你已经不耐烦了。

3.我看起来胖吗

女人问这个问题是想确定男人对她是否还满意，男人最好回答："很好啊，没发现有什么不足！"如果说胖一点或不算太胖，那么无疑会让女人对自己的身材不自信起来。

4.你认为她比我漂亮吗

这里的"她"可能是你从前的女朋友，你的同事或者你的异性朋友，无论什么场合无论对谁，最好的反应是："不！你比她漂亮多了。"即使这话是虚伪的，也一定要这么说，因为这才能让女人相信她在你心目中的地位，否则她就会多心起来。

所以说，在必要时引用善意的谎言，是有效阻止女人陷入自艾自怨、感伤的好办法。如果你不想看见眼前的女人因心绪差而哭闹、撒泼，那么不妨试试此办法，说不定能起到"未雨绸缪"的预防作用，她是哭是笑，可能就取决于你的一念之间。

婚姻专家点评

女人甘愿成为"赞美"之话的奴隶，所以请你一定要学会对女人说善意的谎言，只要她听得高兴了，就万事大吉了。

2. 让她有“优越感”

怕对男人失去“吸引力”

女人最怕在男人面前没有优越感,她会认为这是对男人已经失去吸引力造成的。哪怕男人对她根本没有变心,女人的敏感与多疑也会在心底作祟。

现代社会,虽然知识女性已占了社会的主导地位,在经济上能够完全独立,但她们在心底对男人的那种渴求和依赖仍然是存在的,可以说丝毫也没有减少,她们非常重视自己在男人心目中的地位。如果工作没做好,她可能不会感到痛心;但如果她所爱的男人不在乎她,在他面前找不到一点优越感,那么她可能会痛不欲生的。

男人都喜欢美丽的女人,女人也深深明白这一点:最能吸引男人的,可能就是女人的美丽容颜。为了吸引男人的眼球,为了得到男人的重视,女人往往在容貌上大做文章,以期受到心上人的重视,在所喜爱的男人面前拥有一种优越感。

为此,女人们对自己的容貌非常在意,“女为悦己者容”嘛。她们会不惜耗费大量的精力在容貌上做手脚:她们渐渐学会了怎样使自己的前额看上去宽阔些,鼻子窄些、高些,眼睛大些、明亮些、更有神些,脸颊瘦些、更完美些,胸部显得大些、坚挺些……她会以男人的眼光来审视着自己,只要觉得自己有一点不能让男人满意,就会想尽办法来加以完善。她会通过种种办法来折腾自己,以求能取悦男人。

对于女人的这般折腾,可能男人不仅会不领情,还很反感:“她是完全不用这么做的,一般来说,我们只是把一个女人的脸看作是她最重要的形象特征。哪个女人不是两只眼睛,一个鼻子,外加一张嘴呀。怎么折腾,你还不是你吗?”

可怜女人的一片苦心,就这么让男人给忽视了!女人这般努力,还不都是为了讨好男人吗?如果男人每天都不曾对自己的妻子正眼看一下,但却不时地在网上淘出美女照片来欣赏,那么妻子会做何感想呢?又怎么不会去试图改善自己的容貌呢?

女人最怕对男人失去吸引力,最担心在男人面前没有优越感。那样,女人就严重地不自信，对爱情或婚姻也产生危机感。

女人是多愁善感的，她们最担心在男人面前失去吸引力。为了取悦男人，女人往往煞费苦心。

“优越感”效用大

看来，男人应主动避免女人的胡思乱想，并且要注意给她一种优越感，这样她就不会再去乱折腾了：

在生活中给她足够的重视，让她感到自己是一个非常重要的人物，她就会自然而然地有一种优越感。

夸大她的长处，显露自己的短处，就会给她造成“她强你弱”的错觉，使她感觉自己占了上风，也就产生了优越感，而不再瞎猜疑。

男人通过努力使女人拥有一种优越感，就是有效避免女人胡思乱想、胡乱折腾的最有效方式之一。一旦拥有了优越感，她就不会再觉得自己哪里配不上你，更不会在你面前感到自卑了。而且，她不会计较男人对她的忠心程度，也不会乱使小性子、动辄吵闹，还能有效地避免她乱吃醋、动辄嫉妒等。

让她有一种优越感并不难，在两相处时，时时抬高她、降低自己，让她感觉像尊贵的公主，你就像是卑微而忠心的随从，从而使她拥有自信、自尊和重要感。另外，对她的付出要表示非常地看重和需要。

比如说，你可以夸她的厨艺好，表示一旦吃不到她做的饭菜时，即使面对山珍海味也没有食欲。如此一来，即使她要天天油熏火燎地下厨房，也不会把自己想象成没有地位的“厨子”，而是“尊贵的奉献者”。

让她有一种优越感，她就会在心理上独立，在精神上愉快，在行为上乐于奉献，在感情上更加依赖你。

让她拥有一种优越感，就等于给她吃了一颗定心丸。男人只需要耍耍嘴皮子功夫，就能让女人乐得合不拢嘴了。

女人喜欢夸她年轻

女人怕老，一旦青春不再，那么，她就不能不感叹岁月无情、年华老去，有一种无可奈何花落去的悲凉在心中，无限自怜。所以，女人喜欢别人夸她长得年轻。如果你留心观察会发现，人们见面打招呼时，特别是对于女人，最常说的话变成："你越来越年轻了"、"你越来越漂亮了"、"你变瘦了"！

年轻、貌美、体态轻盈等等，是女人们的普遍追求。

然而，谁都逃不掉岁月的腐蚀，年轻美丽的女人会随着时光的流逝而渐渐老去，而女人们则努力地"从事反时钟赛跑"，用尽各种方法努力使自己看起来比实际年龄年轻。所以说，关于年龄，女人最不愿提起，她们害怕有一天有人说：你老了。

女人的一生最看重的是青春，为了青春的永驻，女人们苦苦与时光争夺。在年龄与容颜的问题上，女人死死扭着青春不放，苦苦与时光做着拔河的游戏，这是她们最乐意去做的一件事情，也是她们终生的必修课。但是，女人与时光的拔河赛，从一开始就注定了失败者的位置。

女人视为奇耻大辱的，往往不是声名、地位和财富的失落，最令女人坐卧不宁的，可能是一丝丝的皱纹。女人每天清晨起床的第一件事就是对着镜子，翻来覆去查找，看有没有生出一根白发。

可以说，作为女人没有不希望青春永驻的，但是每个人都必须接受的现实是：无论她有多大的雄心壮志，最终不免也要老去。青春只是人生的匆匆过客，来不及缱绻情长，便倏然离去。

女人怕老，所以爱自欺，小心翼翼地维护着这层梦的色彩，即使破了，在她们心中也还是完美的。自欺的女人为了让自己陷入美丽的幻想而自欺着，青春不再，至少还有梦。

一个女人的心理年龄很重要，当她认为自己依然年轻时，她就真的年轻了。有一位旅美女作家回国后，极其鲜明的一个感觉就是国内中年女性与美国的同龄女人在外貌相差非常大。可能是国外的年龄问题不像国内那么尖锐，在美国，中年女性的穿衣打扮与青春少女的差别并不是很大，中年女性和年轻小伙子谈恋爱的事司空见惯，大概就是人家没有那么敏感的年龄意识，而拥有自信；可是国内，中年女性的脸上早已布满了祖母般的慈祥了。

可见，心理年龄对一个人的影响是多么的大。一个年华老去的女人，如果能够拥有一颗年轻的心，即使容颜被岁月腐蚀了，但虽败犹荣。

所幸，有的女人还有精神，还有一颗不老的心。但令人遗憾的是，现实生活中有许多女人，一到中年便"万事皆休"，只知道工作和家务，连最起码的打扮也不注意了。任皮肤发黄,任头发乱成一团糟,任着装永远过时,任大腹永远便便,甚至任嗓子粗哑,任举止粗俗,任精神荒芜……

这种心灵上的皱纹比脸上的皱纹更可怕、更让人痛心,好像随着青春的逝去,她的女人味也随之抹去了。这是很可悲的。青春无法把握,失去了无须惭愧,但女人味却是一种精神,把它丢失了则生命也没了意义。

失去女人味的女人就像鲜花失去了香味一样可怜可悲。如果说青春少女是一首浪漫的诗歌,节奏明快,旋律生辉,恰似春光明媚;那么,中年女性则应该是一篇抒情散文,情愫悠悠,蕴涵深邃。如果自甘放弃、自甘坠落,那么余下的生命将写满了悲哀。

幸好,如今时代发展了,帮助女人们"驻颜有术"的方法越来越多了,只要肯花费精力,比实际年龄看起来小上五六岁不是难事。当看到身边的女人那样耗时、耗神、耗资地收拾自己时,请不要产生讥讽的心理,这比她们自艾自怨自怜强多了。

一位上了点年龄的名演员说,许多人看了她的旧照片,都说她没有现在美;另一位名模说她少年时代很胖,完全不是她现在这种窈窕淑女的形象。看来气质、韵味、美丽等等,并不完全是年龄所能决定的,心境也十分的重要。

关于年龄这件事,如果你相信自己已经年纪大了、无可救要了,只能混吃等死的话,那么人生的后半段一定过得灰心丧气、黯淡失色。

实际证明,20世纪的人,平均寿命增加了35岁。过去,40岁的人可能已经白发苍苍了,而如今40岁的人是正当壮年时,所以说人的心理年龄至少该减去15岁。那么,人老心不老就没有什么不妥了。能看到一群神采奕奕的中年女人比看到一群怨妇般自艾自怜的中年女人强多了。

有一位女人,为了嫁给心爱的男人,狠下心将自己的年龄少说了十岁之多。此前,她已有婚史,并育有一子。按她所虚报的年龄,她只能给儿子当"姐姐",为了使年龄保密,她苦心地保守着这个秘密,只求与丈夫的关系不受年龄的影响。

就是这样,对于年龄问题,女人不仅自欺,也会欺人。但是,她们往往并无恶意,只为生命之花延期凋谢,所以无需指责。

女人常为年龄问题而自怜,即使风韵不减当年,也禁不住常常一阵感伤。如果你想哄女人高兴,就按照她的意图夸她年轻吧!

婚姻专家点评

青春是女人最大的资本,年华的逝去是女人最大的无奈。年龄问题永远是女人最最敏感的,上了点年龄的女人总是希望有人夸她年轻。

3. 重视她

女人常努力引起他人的重视

有的女人刻意做出一些惊世骇俗之举，比如说奇装异服、吸烟，特别是在男人面前，更是来劲，为什么？因为想引起男人的注意，让对方看到她的存在。

女人在意自己的形象是为获得重要感。有的女人不论干什么均穿戴整齐，如浇花、倒垃圾、听电话、读书、取邮件等等，而多数男人只在婚礼和葬礼上盛装。在打扮自己时所花费的时间上，女人公认每天花40分钟化妆是应该的。全球女性平均每天花费20分钟在保养肌肤及化妆上。而她们认为还不够，欧洲、拉丁美洲的妇女希望最理想的保养时间约55分钟，这样才能拥有更好的效果。有了美的形象，才有助于得到更充足的重要感。

女人是风情万种的，她们还会刻意时时去体现。为了达到美好的效果，她们往往有意给自己框定这样和那样的戒律，努力要求自己坐有坐相、站有站相、走有走相、吃有吃相、穿有穿相、玩有玩相，就连累倒了，生病了，或者你一句来我一句往地与人争吵了，也要时时地在心里告诫自己千万不要有失风度——如此辛苦，只是为了得到他人的重视和欣赏。

对于在他人心目中的形象，女人们可谓是煞费苦心。比如说，第一次见面的准备工作，可能丝毫不亚于出嫁之前。她会在穿衣打扮上花费大量的时间：小心翼翼地打上淡妆，抹上略露血色的口红、穿上适合场面的衣裙、肩挎的那个真皮小包不是为了装东西用，而是用之于协调自己的手部运动……这必是经过了千挑万选才组合而成的，只为求一个结果。

女人时时有对重要感的需要，一些女人戴珠宝首饰，无非是想得到他人的重视，而满足她的重要感。一位珠宝店的老板说："我家的旁边，住着一些因土地涨价而发了财的农民。有一天，一个主妇来拜访我，她说因为她们以前是平民老百姓，当她去参加儿子学校举办的聚会时，面对周围的薪水阶层的人就会自卑，感到没有面子。我劝她去买一个大的钻戒。两个礼拜以后，她跑来向我道谢，因为自从她带了戒指以后，周围的人就对她另眼相看了，她自己也觉得很有面子，很有自信心了。"

能够得到重要感的女人就拥有了自信，而得不到重要感、受到他人的轻视则会自卑，进而自怜。就像珠宝店老板娘说的，乡下女人以及对自己的容貌没有自信的女人，从事社会评价不高的职业的女人或对自己感到自卑无能的女人，都有想用高贵装饰品来提高自己身价的倾向。心理学上称之为“补偿行为”，她想借此来弥补自己内心产生不安的自卑感和自怜。

还有的女人显得格外热心，她会拼命地帮助别人，以表现她自己的存在价值，显示出自己的重要性，而获得被看重的安慰。当邻居有红白喜庆时，她围上一条围裙，热情地帮助别人，甚至于连厨房中琐碎的工作也愿意帮忙做，连别人家里的桌椅板凳都擦拭得非常干净，甚至于连插花等小事情也都想得很周到——这是因为她的内心深处多少有些被忽视的心理存在，为了驱走冷落感，所以想通过这种行为得到人们的认可和重视，从而满足重要感，增加自信心。

婚姻专家点评

女人因为不自信，还常常希望受到他人的重视。哪怕是作很多的努力，只要能够受到重视、得到认可，她们就是满足的。

女人更需要男人的重视

在与男人具体的交往中，女人往往更是费尽心思，小心加小心：第一次握手时只伸出四个手指头让你握，为了能显露出一个淑女的清高；你第一次请女人吃饭时，她会一推再推，推至实在找不到托词了才勉强同意，只为显出矜持，但无论如何她是不肯沾一滴酒的，即使她酒量不小；第一次约会的男人，别想轻易从她的嘴中套出关于她的秘密，因为她会刻意保持在他心目中的神秘感……

与男人只求说话掷地有声，办事雷厉风行，走路昂首挺胸，穿戴自然得体……女人们对自己所花费的心思实在是太多了。她们如此经营自己，只为求得一个好形象，受到对方的重视和尊重。

如果面对如此花费心思的女人，男人随随便便、哼哼哈哈、大模大样，根本无视女人的用心，则会使女人倍感尴尬，认为受到了轻视，也没得到应有的尊重。

另外，对女人还不能太粗心，她们心思细腻、感情丰富，你要注意从她的举手投足间“读懂”她的肢体语言所体现出来的心思。比如说女人的笑，就有很多种，体现出来的含义也大大地不同，可能隐藏着某种暗示。

女人的会心一笑，表明了她对你的理解、支持以及认同，虽不及莞尔一笑所筑起的风景线美丽，但是含义却是深刻的，可能就是对某一件重要事情所做出的决断。所以说男人一定要懂得，女人的会心一笑在为人处世中所发挥的作用、所存在的价值。

女人的回眸一笑，是专门献给她所钟情的男人的。女人的回眸一笑百媚生，是送给爱慕之人的最好礼物，单是那双含情脉脉的双眼，就足以令男人为之心动了。

……

别忘了对方是女人，“女人需要受到男人的重视”，每个男人在与女人交往时都应该谨记这一点，这对采用正确的方式对待对方以及使事态向着好的方向发展有着关键的作用。

婚姻专家点评

女人重视与男人的交往，是想受到男人的重视。女人需要受到重视，更看重来自于男人的重视。

是否“受到重视”至关重要

有一部分女人并非嫁给了她最爱的男人，而是嫁给了最重视她的男人，因为她的重要感能得到充分的满足，所以愿意接受最重视她的男人。

男人追女人，最有力的法宝就是“胆大心细脸皮厚”，也就是对一个女人死缠烂打。在追女人时不屈不挠的男人，足以能证明这个女人对他的重要。所以，遇到这类男人，即使她本来对他一点好感也没有，但在对方一再强攻之下，她就会想：这家伙还真有点儿毅力，真拿他没办法，也许是真的爱我爱得很深！

于是，心就软了。如果男人再来上几句：“如果没有你，我就活不下去了！”那么，一定更加激发起她的“自我崇拜欲”，满足她的重要感，她怎么能不举手投降呢？

只要男人能够坚持给女人重要感，那么在不断地磨合中，女人就能渐渐地适应了那男人，对那男人的感觉渐渐地也就变了，变得不但可以接受，而且变得可爱了。最终，女人会义无反顾地嫁给他，从此以后也就死心塌地地对那男人好，他就成了她的唯一。她会去爱他，并且不再爱别人。她会为他操持家务，为他生儿育女。

是的，她们古怪得简直叫人不可捉摸，一个女人是这样的情形，两个女人是这样的情形，三个女人还是这样的情形。可见，重要感对于女人来说是多么的重要！反之，一旦被轻视而产生深深的失落，对于女人来说就是非常可怕的事情了。

一旦女人不受重视，那么就会因产生负面情绪而受到伤害。

一直以来，丈夫总是那么理直气壮地要求黑尔佳如何如何穿着，一旦有违他的意思就对黑尔佳大加讥讽。经过仔细的思考，黑尔佳向丈夫暗示，她不想再为了迎合他的爱好而穿暗色衣服了。她按照女友的建议买下一条大红色的裙子，她们一致认为非常适合她，整个人都显得精神了。

回家后,她非常骄傲地向丈夫展示了自己的新装,然而他却挖苦道:“你看起来简直就像一只圆鼓鼓的西红柿! 你都到了这把年纪还适合穿这个吗?”

黑尔佳听了丈夫攻击性的言辞,感觉非常受伤害。她心里清楚,自己仅仅是没有按照他的意旨去穿衣而已,根本没有他说得那么夸张。她认识到,自己一直没有自信心,一直对自己充满怀疑,完全是丈夫没有给她重要感所致,丈夫经常挑剔她、讥讽她,致使她陷在了自怜中,深感受伤。

于是,她决定自卫,让丈夫对他那粗鲁的行为表示歉意,不要一味地对她的品味产生怀疑。她再也不会为了和平而忍气吞声,因为她受够了,否则她宁可离开他。

黑尔佳的反抗使丈夫意识到了事情的严重性,他其实是爱她的,无论如何也不愿失去她。而那些挑剔和讥讽,他自认为是关心的表示。

从那以后,丈夫则处处都尊重黑尔佳的意思,给了她足够的重要感,他们的婚姻牢固了。

在男人面前,女人的“重要感”是那么的强烈和重要。热恋中的女人为什么最能感受到幸福呢?因为此时的男人有耐心给女人十足的重要感,送鲜花,说情话,都能让女人感到自己的重要,“自怜感”也就没有立足之地了。

结婚后的女性也喜欢问丈夫:“你爱我吗?”刚开始时丈夫当然会很耐心地回答她,但日子久了,“爱”可能就不再挂在嘴上。当她越来越少听到“我爱你”时,重要感就渐渐消散了,疑心就渐渐加重了,她担心自己遭到了男人的轻视,自怜也会趁虚而入。

让她感觉自己很重要,是让一个女人保持自尊和自信的有效办法。

婚姻专家点评

女人需要“重要感”,在男人面前尤其如此。在一个男人面前能否拥有“重要感”,往往对双方的关系起到决定性的作用。

要重视有关女人的日子

天下的男人有几个是心思细腻的?又有几个男人能够记住有关女人的重要日子?

作为男人,实在是有必要知道,“记住有关女人的重要日子”是多么的关键和重要。这是同女人联络感情、发展感情、维护感情的好时机,也是女人考验男人是否对她有足够的关心、重视的重要时机。

记住有关女人的重要日子并不难,女人重要的日子,一年到头也不过就那么几个:生日、情人节以及结婚纪念日。

重要日子的意义在于,她往往能够收到礼物、收到祝福,特别是她爱的男人给予的,更显重要。千万不要错误地认为,女人是想借着某个日子"要礼物",她们最看重的,还是你的一片心意,哪怕只是一支廉价的玫瑰花,也能使她心满意足,效果可能并不比价值不菲的钻戒差多少。

女人永远都希望在重要的日子收到礼物和得到祝福。那样她才等于真正地过了那一天。即使她口口声声地宣称:"什么都不要送,我不会在乎的,千万不要浪费。"她一定是口是心非的。再或者,她是在有意提示你:过几天就是什么日子了,千万别忘了,更别忘了礼物!

在重要的日子里,没有礼物和祝福,女人一样可以过。但是绝不会过得舒服。她可能会脸色铁青、咬牙切齿地在心里暗自发狠:"想什么呢?把这么重要的日子都忘记了!是不是连姓什么叫什么都忘了吧?"

当然,也有对礼物和祝福没有渴望的女人,但那不是对婚姻死心就是对生活死心了。这才是可怕的。

但凡对生活充满热情的女人,都会注重与自己有关的每一个重要日子,并努力使其成为开心而难忘的一天。对此,女人往往是对男人寄托了很大希望的,她们希望男人能够成全她的这一愿望。

但遗憾的是,天性粗心的男人往往最易遗忘、疏忽有关女人的重要日子。在恋爱时,可能还硬着头皮哄女人高兴。一旦走进了婚姻的殿堂,男人往往就对此不再有耐心和细心了。他可能认为,那是小女孩才该感兴趣的事情,而"家庭妇女"该一门心思过日子才对,再对这些乱七八糟的事情感兴趣,就是"矫情"的。所以,哪怕男人明明记得那一天,还是毫无表示,让女人空盼一场,希望变成失望。

在男女关系上,男人最大的错误就是容易以自己的意志为转移,总是习惯把自己的意念强加到女人的头上,让她顺应自己的想法和看法,这是不对的。男女的性情、习惯本来就不同,何况人与人之间都是有差距的,喜恶都各不同,你所讨厌的事情,可能正是别人所喜欢的事情呢。

所以,要想使女人高兴,千万不要忽视了她所注重的事情,相反,要给予足够的关注,做出应有的表示。否则,女人就会感到深深地失落,认为你根本就没把她放在心上,从而多心起来。

你知道女人是多么的重视那些与她有关的重要日子吗?她盼着、念着,日子一天一天地近了,她满是欣喜和激动,不知她所爱男人会给她怎样的惊喜,奉上什么样的礼物,送给她什么样的祝福……

眼看日子临近了,她克制自己不去提醒你,哪怕第二天就到了,她也不愿提示你,因为不到最后的时刻,她是不会轻易打破"他没有忘记"这个幻想和希冀的。一旦她的盼望落了空,那么对她来说将是一件很残忍的事情。

比如说,在重要日子的当天,她约你到高档餐厅吃饭,并穿上你以前送给她的衣服，脸上堆满笑容，如果男人粗心地没有一点表示，就只顾自己大吃大喝，或者一头雾水地问："今天是什么日子，这么隆重？"那么，女人不气得脸色铁青才怪，实在是太扫兴了！

对于这一天，她可能已经期盼很久、准备很久了，她特意提前订好了位置，准备好烛光晚餐等着你，她幻想着你一进门就会奉上她喜爱的红玫瑰，送上她喜欢的礼物，然后两个人一起回忆过去、享受现在、畅谈未来，使这个特殊的日子充满着温情和快乐。

但是，很多粗心的男人却多会让女人的期盼落空，不仅忘记了今天是什么日子，就连女人特意换上了漂亮的裙子、梳起了美丽的发髻，也不曾留意。他的眼睛可能始终不离盘子里的牛排。或者，吃饭时心不在焉，不时地看表，不停地接电话、发短信，完全置对方的情绪于不顾……

蜡烛越来越短，蜡体上淌满了眼泪。女人越来越失望，越来越伤心，越来越不能自持……但是，她可能还会忍着，盼望着奇迹会现出——晚餐结束后，男人会突然给她一个惊喜，告诉她，刚才的表现，不过是在逗她。他不仅一直念着这个日子，还早早就为她准备了礼物！

可是，饭后，他油嘴一抹，就声称有事要办，然后头也不回地走掉了。留下失望透顶、伤心不已的她，守着一桌的杯盘狼藉……

她精心策划的温馨时刻，就这样被一个不懂风情的粗鲁男人给破坏得支离破碎！

女人是感性的，情绪是很容易大起大落的，一件小事就可以让她高兴得手舞足蹈，也可以让她难过得痛不欲生。女人永远有孩子性的一面。所以说，男人是不可以这样忽视她的感受的。

如果一个女人被男人长久地忽视着，那么从她习以为常的那一刻起，她就成了"行尸走肉"，对生活不再充满热情和积极性，而是变得冷漠、麻木。

想想女人所为你做的付出吧，如果连这点简单的回报都不愿意给，那么就太绝情了、太不应该了，婚姻可能很快就会走到尽头的。

婚姻是需要两个人共同经营的，光靠一只巴掌是拍不响的。光靠一头热，也是维持不长久的，男人更有责任去主动维护、主动付出。所以说，男人绝对有必要记住有关女人的重要日子，因为这对女人很重要，对两个人之间的感情也很重要。

对于女人来说，需要男人记住有关她的重要日子，不在乎礼物的贵贱与多寡，只要男人惦记着她、关爱着她，足矣！

4. 要有分寸

对女人的“好”也要适度

女人与男人的天性不同,在双方的交往中,男人如果不加注意,不把握该有的分寸,就会造成不愉快的后果。

男人多有喜欢征战沙场的天性,乐于冒险,喜欢刺激;而女人则多向往和平、喜欢安全。这就表明,男女的天性是有区别的。男人是进攻型,女人是守卫型。

以观看拳击比赛为例:

在用栏杆圈起来的拳击台上,两个健壮男人兜着圈子做较量。他们眼睛瞪着眼睛,都在寻找一拳头打过去就可将对方打倒在地,并进入休克、置于死地的机会。他们就像是两只好斗的公鸡,又像是同时放进一只罐子里的两只蟋蟀,即使已经摇摇晃晃地站立不稳了,还在寻找机会,朝对方打出那致命的一击……

观看比赛的男人可能会比在台上相互击打的两个拳击手更加兴奋,不由自主地大声助威,二目充血,仿佛心已经跳到了拳击台上……对于观看拳击比赛,男人们可以欣赏得如痴如狂,看到一个拳击手将另外一个拳击手打得满脸是血,或者是打倒在地的时候,他这个局外人会特别地兴奋,觉得非常过瘾。

这就是男人,时常就显露出特有的野性和进攻性,甚至在人际交往中也常常有意无意地显露出来。

而女人则相反,女人自古就反对战争,甚至对相对残忍的拳击比赛也皱眉头,摇晃着脑袋,异口同声地这么回答你:“噢,简直太野蛮了,太残酷了!太不人道了!真是不可思议!文明的人类居然至今还保留这种残酷的运动项目,真是不可思议!”

为什么?因为女人的神经系统以及心理承受力往往受不了这样强烈的刺激。拳击比赛似乎让她们看到了战争,看到了流血。

男人的快乐体验竟是女人无法承受的强烈刺激!可见,女人比男人的承受力差得多。所以说,男人在与女人交往时一定要注意这一点,无论何时何地都不能由着男人的性子来,那样就等于失去了分寸,会无意中侵犯了女人的心理防线。

女人较弱的承受力以及多疑的本性,会对一个过度关心她的男人产生怀疑甚至逆反心理,可能会觉得对方怀有别的企图和不良意识。如果一个女孩和一个男人交往,刚刚接触几次之后,这个男人就对这个女孩又是送衣服又是送手表,那么女孩可能立刻就产生了很重的防范心理，这种过分的行为会促使她不会想到是自身的魅力吸引了这个男人，而会设想一定是这个男人对自己有什么不良企图，否则怎么这般不符常理？

这也是女人自我保卫心理的一种体现，并且较普遍。

男人追求女人也同样要讲究分寸。如果男人喜欢上某个女人，那么，一点一点地做了解，一步一步地靠近则是最佳方法。如果在不太了解的情况下，随意采取根本不适合于对方的接近方式，多半女人是会反感，遭到拒绝的。即使对性格外向、活泼易接近的女人，也同样不能乱献殷勤。

有一位性格活泼、热情大方的女孩，常与男士们说说笑笑、聊天、上迪厅、外出游玩，表现得极是随便自然，又能宽以待人、乐于助人，受到大家的称赞。于是，一个喜欢她的男人就对她忘记了把握分寸，不分场合、不分地点地乱献殷勤，搞得她常常很难堪，以非常坚决的态度拒绝了这个不讲分寸的男人。

我们试想，如果不是这个男人没有分寸，那么，她接受他的可能是有的。但是，他的疏忽导致自己永远地失去了得到她认可的可能性——这就是对待女人要把握分寸的重要性。

男人请记住，女人永远是有着守卫心理的动物，无论何时何地何事，都要切记不能没有分寸。

对女人的“好”要适可而止，不温不火，才易于让对方接受。否则，会产生负面的效应，使对方招架不住或增加烦恼。

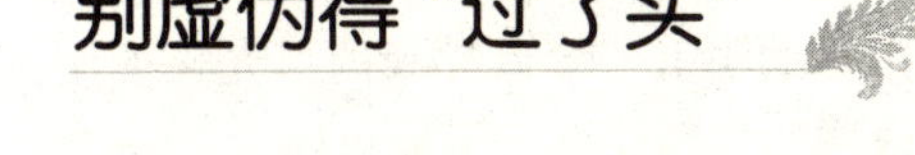

别虚伪得“过了头”

有些时候，男人在为了讨好女人或达到某种目的时，会采取虚伪的方式，往往能起到好的效果。但是有些时候，如果虚伪得过了头，反而会过犹不及，产生负面的效果。

可能男人以为自己施展嘴皮子功夫一阵忽悠，就能够把眼前的女人搞定，在某些时候，男人的这种招数是不灵的。也许男人不知道，在这方面女人可是天生的高手。她们既是撒谎的高手，更是拆穿谎言的高手。女人的机警和乖巧是男人根本无法比拟的，因为她们善于察觉到被男人忽略的每一个细微之处，从而见微知著。

有一类女人堪称是撒谎专家和欺骗男人的能手。有这样的情况：一个男人要

欺骗自己的女人,那么还不等他开口,那个女人就已经识破了他的企图了。如果情况反过来,一个女人要欺骗她自己的丈夫,那蠢男人恐怕到死也还懵懵懂懂地蒙在鼓里,被她出卖了还高高兴兴地帮她数钱。一个男人要背叛一个女人,那么最先察觉的便是这个女人;而一个女人要背叛一个男人,那么最后一个明白的便是这个可怜愚钝的男人——这些情况都是比较常见的。

所以说,女人较之男人,不仅是欺骗好手,还是谎言专家。女人的智慧可以淋漓尽致地体现于撒谎上面。她们撒起谎来脸都不红一下,不假思索就能随时随地的信口拈来。所以女人如果想存心欺骗一个男人,就能把甜蜜的假话一说便是一串儿,弄得那个男人云山雾罩,迷迷糊糊。

面对一个根本就不喜欢的男人,女人可以施展本事把他哄得团团转,让男人分不出是真是假,能让男人觉得既亲近又遥远。说遥远觉得很亲切,说亲近又无法真正靠近,从而让男人分不出是真感付出还是虚假的敷衍。

而男人粗枝大叶的本性使得他们撒起谎来漏洞百出,善意的谎言还好,起码能让女人领情;如果是另有企图,那么则纯属找死,这不等于"班门弄斧"吗?男人对于细节的观察和把握远远没有女人的耐心和细致,而且男人的脑子总是好忘事儿,刚说过的事儿转眼就忘了,在撒谎的过程中,前一句话跟后一句话之间常常接不上茬,不打自招、轻易就露了马脚。

因而在现实中,女人只需心思一动,眼珠子一转,就可以给男人搞出许多使他意想不到的小动作,来迷惑欺弄他的感觉,往往十拿九稳。有的女人可以同时同三个男人谈情说爱,她一样能够如鱼得水,周转有序,应付自如,轻易不会露出马脚,还能让每一个男人都傻乎乎地以为自己便是她的那个"唯一"。

换为男人,情况就大大不同了,除了"专业"花花公子外,一个男人却极难同时同三个女人谈情说爱。男人在撒谎的时候,在语气的做作上、表情的虚假上以及眼神的游离不定上,都能让女人看出破绽来。在男人"我爱你"、"我只喜欢你"、"你太美了"一番表达后,女人会象看表演技巧蹩足的小丑一样以鄙视的目光逼视他,反问一句:"你是不是对所有的女人都这么说啊?"立刻让男人无地自容。

有时候,男人有求于女人,往往就会产生狠狠地恭维她一番、让她"慷慨"一回的念头。于是,男人就会没话找话地同女人搭讪,毫无尺度地乱夸一顿。男人大多会先夸这个女人能干,是个大有发展前途的未来女强人、女富婆。可这未必就能让女人受用。女强人总给人不温柔、缺少女人味的感觉,好像还没有男人缘。所以,在这种虚假的恭维中,女人不仅轻易能找出漏洞来,还根本不爱听。

那么,恭维她会花钱呢?说她买的衣服既款式漂亮又质地良好,穿起来还非常合身,坤包也是那么的有个性,能够体现出她的品味来,就连她头上的发夹都那么别具一格……这也未必好使,说她浑身上下哪都好,就是不夸她长得漂亮,她能爱听吗!

那么恭维她漂亮呢?也未必好使,天生靓丽的女人很少,况且就算是这个女人漂亮，你一个不相干的男人吐沫横飞地大夸特夸，女人能不产生怀疑和防范吗？俗话说的好："无事献殷勤，非奸即盗"！她立刻就能明白你对她是有企图的——到头来，男人还是得在精明的女人面前束手就擒。

在这里提醒男人，要明白女人在与男人进行心理较量时的厉害，要知道，她们在这方面特有的天赋是令男人无法想象的。所以，在与女人交往时，不是必要的时候、不是善意的谎言，就尽量避免虚伪，尤其不能过了头，否则就是"作茧自缚"，自讨没趣。

与男人相比较，女人是明察秋毫而又难以欺骗的，男人别有居心、虚伪过头的欺骗行为，很少能瞒得过女人。

5. 要顾及女人的喜恶

评论她的容貌时要"扬长避短"

对于女人，是绝不能轻易说对方长相上的缺点的，即使是一片好心或者无意，都会伤害到对方、使对方不高兴。女人多是十分注重自己的容貌的，一个漂亮的女人，容貌可能就是她最好的一张王牌，美丽的女人永远是男人的最爱，对于这一点，所有的女人都心知肚明。哪个女人都想自己美丽可人、面若桃花、身材修长丰满、有一头飘逸让男人心动的秀发、散发出无限的女人活力……

可是，自古以来，美女就是稀有动物，即使是当代大名鼎鼎的女明星们，多是靠化妆补救缺陷达到美丽的，十全十美的女人几乎是没有的：杨玉环太胖、赵飞燕又太瘦，细细观察，哪个美女的身上都有缺欠。如果我们看到一个美丽可爱的女孩，在惊艳之后，可能就会随即发现她长相以及身材上的欠缺：脸蛋漂亮的可能个子稍矮；身材窈窕双腿修长的可能脸上有痘痘；皮肤白皙身材修长匀称的可能眼睛又太小……于是女孩子们只能尽量扬长避短，靠穿衣打扮来弥补，希望借此达到完美的效果，希望能够骗过他人的眼睛。

女人对美不美往往是特别的敏感，长相平平的希望有人夸她有气质、与众不同；个子矮的希望有人夸她长相美、身材匀称；即使没有任何特长的女人，还是希望人家说她看起来很顺眼、舒服，通过他人的评价，感性的女人往往也能够借此得

到心理上的满足与平衡。

可惜的是，人的眼光都是带有挑剔性的，即使是公认的大美女，还是会遭到某些人的贬损，张曼玉美丽又有气质，还是有人说她不好看；林青霞是公认的美女，可有人就不在"公认"的范围之内，说她不好看。可见，人们的眼光是多么的苛刻，一旦被人挑中缺欠或恶意贬损的女人，往往会有过激的反应，即使不立刻反唇相讥也会铭记在心，对你别扭一辈子。

所以说，生性较粗心的男人在与女人交往时，必须要特别注意这一点，不能心里有什么，嘴里就说出什么，一定要把握分寸，顺着对方说好话可以，但逆着对方挑毛病则万万使不得。即使她在你眼里有天大的缺欠，你也要尽量发现她的长处，然后加以赞美、夸大，比如夸对方那可爱的小翘鼻子，或者光洁无瑕的前额等等，如果实在没有优点可以夸，也要转而夸她有气质、魅力、谈吐、风度、学识、修养、品格等等，凡是赞美的话，女人都是爱听的。因为不是每个女人都以为自己长得不错、都自我感觉良好，所以才想从他人那里得到承认，来维持自己的心理平衡。

一对男女朋友一起看电影，女孩禁不住对片中的女主角大加赞美，说她的眼睛好漂亮，男人是个聪明人，立刻说道："她的身材不如你，肤色也不如，在我眼里，还是你更有魅力！"男孩虽然未必是真心话，但是女孩听了十分受用，一下子对男孩的好感就大大增加了。因为她觉得与这个男孩在一起，自己能有良好的自我感觉、有自信心。

还有一位长相极为一般的女孩，在她的美国男朋友看来，就成了极具东方情调的大美人，开口闭口地夸个不停，使这个长相一般的女孩在短时间内就神彩飞扬、自信十足了，虽然相貌依然，但举手投足间有种不同以往的风情。也许长期沐浴在被人欣赏的目光下，就凭添了许多美好气质了——女人们不是头脑不清醒，是需要别人的承认而不是挑剔。

所以说，对于女人，评论她的容貌时一定要扬长避短。

哪个女人都爱听赞美的话，而不愿受到挑剔。男人在评论女人的容貌时，一定要懂得扬长避短，这样才能顺应女人心。

别唐突问她的年龄

对于女人，千万不能唐突询问她的年龄，否则，就是对她的大不敬，她会认为你冒犯了她的隐私，如果你为此不解，那么是因为你不懂女人对年龄问题有多么

的重视。

首先，女人多有“怕老”心理，女人都想永葆青春，女人的年轻代表着拥美丽、活力以及能够得到男人的爱。少女时期是女人们一生当中美好回忆最多的时代，但是谁也无法抵挡岁月的侵袭，哪个女人都会无可避免地随着年龄的增加，像一朵花一样会逐渐凋零。

岁月不饶人，女人终会老。清纯少女会变成成熟少妇，成熟少妇会变成中年妇女，中年妇女再转变为老女人。这是每个女人都必经的人生轨道。

少女的清纯、少妇的妩媚、中年女性的成熟再到老年的沧桑，一个朝气蓬勃的女人会被岁月在脸上刻满年轮的痕迹，使她们再也无法吸引异性们爱慕的目光，再也无法招来同性们羡慕的眼神，只有羡慕别人的份——年龄夺走了她们太多的人生资本。而皱纹以及岁月在她们脸上留下的沧桑是女人心中最痛的伤。

对于所有女性来说，年龄及青春的消逝、人老珠黄等都是她们较为敏感而尽量避免的话题。尤其是在男人面前，年龄稍大的女性更是有意无意地回避这个话题。而对自己的年龄，女人们一直不愿提及。

所以，上了些年龄的女人不会轻易告诉谁她的年龄，也讨厌别人唐突问起。一旦发生这样的情况，她必定会有复杂的表情和反应表现出来，立刻面露愠色，指责你缺乏教养，即使她满脸陪笑的应付着，你也绝对得不到她坦率的回答。她会在脸上泛起暧昧的笑容，或者转移话题，或者回答你说：“依你看我今年大约是多少岁”或“你猜猜看吧”！

女人之所以不愿意别人知道自己的确切年龄，是因为希望在别人眼中，自己能比实际年龄看起来年轻些，或者根本就被别人忽视年龄问题。比如说，一个45岁的男人可能有权、有威信，也有钱，而一个45岁的女子又有什么呢?她也可能有权、有威信和钱，然而人们可能会更多地注意她脸上的皱纹，所以她不能不对年龄问题感到头疼。

随着社会的发展，人们生活水平的提高和平均寿命的增长，人与年龄的关系已经有了很大的变化，人们无论从身体状况还是容颜上，表现得都要比从前至少年轻15岁。比如说，过去人到了40岁，就进了不惑之年，对一切都看得淡了。而现在，40岁才是人生和事业的辉煌鼎盛之时，生理年龄正当壮年；女人也是如此，40岁了一样可以穿时髦衣服，有灵敏的身姿，只有年龄让她们感到不爽。

到了中年以后的女性，在很多种场合会隐瞒自己的年龄，为了作出比实际年龄小的表现，她们会装出年轻相，以使自己看上去更年轻、漂亮。

年轻、貌美、体态轻盈是中年以上女人最大的追求，而对于怕老、怕丑、怕胖这些问题，可能会到了谈之色变的地步，年龄问题成为她们最大的心理压力。因此，年龄是女人们最敏感的话题之一，也是她们最大的秘密之一。

懂得调整自己的女人就会努力忘却年龄，使自己保持心境不老，驱走年龄带来的灰暗，否则一味地为已逝的年华哭泣，那么生活就会淹没在苦涩的眼泪里，后

半段人生一定是灰暗而痛苦的。

对于女人，曾有"莫问芳龄"之说，意思是凡是女人都不该唐突问人家的年龄。因为女人的内心较男人复杂、细密，也更高深莫测，隐瞒年龄不仅是喜欢被人看得年轻，在本能上还有保密的心理在作祟。不只是年龄，就是学历、结婚与否，甚至身高、体重，只要与自己切身有关的事项，女性多会含糊其词。

另外，女人是较含蓄、婉约的，她们不像男人会将自己的所有毫无顾忌地暴露于众人的目光之下。女人喜欢保持神秘感，不愿意被人一眼就看穿，以期能保持"蒙胧之美。"

上了年龄的女人讨厌被问及年龄，年轻的少女也有这种倾向。在她们眼中，过分的年轻会给人以不成熟、没份量之感，君不见很多年轻女孩子专穿冷色调的衣服，以期能产生成熟之美，弥补自己因过分年少而缺少的"成熟感"、"稳重感"。

所以说，不管是纯真可爱的少女，还是皱皮鹤发的老太婆，只要是女人，就请勿唐突问她的年龄，那往往是她最不愿触及的隐私。

婚姻专家点评

年龄，是女人心中的一道坎，她们最忌男人随随便便问她的年龄，这会被她们视为大不敬的言行。

行为作派别讨女人厌

在女人眼中，男人往往分"可爱"与"可恶"两大类，可爱的男人无论在恋爱还是人际交往中，都能受到女人的追捧和优待，而可恶的男人则处处碰壁。区分如此之大，无非是可爱的男人能够给女人留下好印象，至少不会让对方产生厌恶的心理；而可恶的男人则不顾自身形象，招致女人厌。

所以说，在与女人的交往中，切记要迎合女人的喜恶。

女人以其特有的敏感和细腻能够把每一个男人分析得颇为透彻，喜与恶反应得也非常明确。为什么有的男人学历、容貌、工作各方面都相当不错，女人缘却非常差，是找女朋友的"困难户"，平时的人际交往中女人们也都对其敬而远之呢？道理很简单：不招女人喜欢。

女人对男人的评判，除了学历、容貌、工作之外，品行、作派、风范、涵养、谈吐、仪表等等，都是重要的参数，差了一样，女人的心里就会敲鼓甚至起鸡皮疙瘩。

一个各方面都好而在女人面前表现得非常"大男子主义"的男人，未必会受到

女人的欢迎；一个长相英俊却油头粉面的男人未必会受到女人的欢迎；一个人品好却木讷寡言的男人未必会受到女人的欢迎、一个口口声声说“爱你”却不懂体贴的男人未必能受到女人的欢迎……

并不是说男人要达到完美无缺、炉火纯青的地步，才能得到女人的青睐。不同的女人，对男人评判的侧重面都有所不同。但在大体上，女人对男人的评判是一致的。

首先，女人不欢迎有如下作派的男人：

▲心胸狭窄，小里小气，对金钱吝啬的男人。

▲不讲究谈吐，衣冠不整，还自以为不错的男人。

▲油头滑脑，金玉其外、败絮其中的男人。

▲没有事业追求，工作中拈轻怕重，不求进取的男人。

▲缺乏男子汉气概，没有坚定立场的男人。

▲花花公子，油嘴滑舌，擅长骗财骗色的男人。

▲过分虚伪，言行不一，只动嘴不动手的男人。

▲大男子主义，唯我独尊，自认为高高在上的男人。

▲游手好闲，不务正业，没有责任心的男人。

▲喜欢评头论足，说三道四的男人。

▲不尊重女人，有性别歧视的男人。

▲喜新厌旧，见异思迁，不重感情的男人。

▲度量小，尖酸刻薄，斤斤计较的男人。

▲不尊重女性，对女人不谦让的男人。

▲不修边幅，蓬头垢面，生活态度吊儿郎当的男人。

▲品行不正，满嘴粗话，开玩笑没分寸的男人。

▲凭白无故对妻子疑神疑鬼，专使小心眼儿的男人。

▲女里女气，两面三刀，蓄意挑拨是非的男人。

女人不欢迎如下没涵养的男人：

▲不注重个人外表，发油擦得厚重滑腻、头皮屑粘在发油上的男人。

▲自以为是倾国倾城、有魅力、有男人味，明明品味低俗却自认高尚的男人。

▲极度自我膨胀，自以为是情圣，是男人中的男人。

▲做人、说话没分寸，横冲直撞的男人。

▲乐于制造桃色新闻的男人。

▲和女人约会后，公开宣扬战绩的男人。

▲在女人面前信口雌黄、口无遮拦的男人。

▲对老婆孩子不负责任的男人。

▲倾向于低级趣味的男人。

▲在公共场所衣着、态度随便的男人。

▲在办公室拍上司马屁，回家找妻子出气的男人。

▲衣着花哨、饰品满身的男人。

女人不欢迎有如下恶习的男人：

1.大吃零食

男人在公共场合大吃零食，尤不顾自身形象、不顾他人感受。

2.张牙舞爪

男人在说话的时候边说边比划，手舞足蹈、唾沫横飞地进行自我表现，能让女人立刻就转身离去。

3.没吃相

男人若在吃食物的时候狼吞虎咽、大模大样，吃饭时有声响是非常让女人看不下去的。

4.坦胸露腹

在热天里坦胸露腹或干脆光上身的男人是非常让女人讨厌的。

5.对女人恃强凌弱

如果男人对女人恃强凌弱，那么，在女人眼里就不是男人。

6.坐没坐相、站没站相

如果一个男人坐没坐相，东倒西歪；站没站相，伸腰拉胯，那么是非常招人烦的。

7.在他人面前挠头掏耳

挠头掏耳都属于不雅的动作，应在人后进行才对。

8.喜欢跷兰花指

女人跷兰花指是优雅，男人跷兰花指却是造作，给人不男不女的印象。

9.随地吐痰

有的男士不拘小节、不分场合地乱吐痰，让人感觉没修养。

女人不欢迎在交往中有如下表现的男人：

1.思想不健康的男人

女人爱幽默的男人，但绝对讨厌黄色幽默的男人，会让女人觉得受到了黄色污染，并会感到很尴尬。

2.不懂男女有别的男人

生活中人人都需要自己的空间，女人对于男人更是要有所保留。但有的男人偏偏忽略这一点，在工作中对女同事没有该有的分寸，经常冒犯对方、侵占对方空间，如习惯性地把脸凑到女同事脸旁，手搭到女同事的坐椅靠背上甚至肩膀上，随便开人家的抽屉等等。

3.有“长舌妇”恶习

长舌妇很让人讨厌，有的男人的行为作派则接近于长舌妇，喜欢打听他人的隐私，打听不到的便胡乱编排，制造绯闻，招人厌恶。

4.乱吹牛

有的男人习惯在女人面前用吹牛的方式赢得仰慕，神乎其神地讲述自己如何如何的有关系、有能力、有条件、有资本，还有模有样地描述成功事例，但一旦露陷，换来的却是对方的鄙视，大大影响自己的形象，降低了信任度。

5.怨天尤人

一旦遇到困难或不如意，一个真正有魄力的男人是不会怨天尤人，而是迎难而上。

6.老于世故、过度圆滑

女人喜欢成熟的男人，却讨厌老于世故、过度圆滑的男人。这种男人像条泥鳅一样靠不住。

无论在工作还是在生活中，女人只需稍稍侧眼，就能察觉到一个男人的基本品质，通过一个小细节就能断定一个男人的品味。所以，如果男人在女人面前不加注意，使自身缺点不加丝毫掩饰、不加改善地暴露于对方面前，那么就别想女人对你有好感，女人可是喜恶分明的。如果不顾她的喜恶随随便便，必将招致女人的反感和回避。

有的男人相貌、学历和工作都很不错，女人缘却很差；而有的男人相貌、学历和工作毫无突出之处，却有着很好的女人缘。奥妙何在？男人的行为、作派往往起到关键性的作用。

凡事要细心、小心

在与女性交往时，不可忘了对方是“女人”，要凡事细心、小心。因为，即使她们像男人一样撑起了“半边天”，像男人一样在职场中打拼，在世界各种体育比赛中获得各种奖牌，像男人一样博才多学、大方得体，甚至豪爽得超过男人，但是，女人终究是女人，她们永远有着有别于男人的特性，她们注意个人空间、讨厌被人侵犯；她们希望得到男人的重视，否则就会产生其他想法；她们会举手投足间向男人发出种种暗示，表达她们内心的思想……

在与女性交往时，男人不能不处处留意，否则就会冒犯她、侵犯了她的私人空间，这可是女人的大忌。女人的心思较男人多得多，她们需要独处、需要一间“心灵的屋子”，让自己有足够的自我空间，这能让她们独立、冷静地去思考问题、启迪心智，并且调养身心。

有一本女性文学的书叫《一间自己的屋子》，它通过对女人社会地位的历史和

现状的分析,对女人应该怎样生活、女人应该怎样认识社会的问题做了解答。它认为,宗教、法律和经济条件时常成为女人思想和行为的枷锁。为了解除这些枷锁的困扰,女人就会去争取独立的经济力量和社会地位。经济独立了,女人才能不再依赖任何人。经济独立了,女人在思想上才有可能拥有一间自己的屋子。在自己的屋子里,女人能够呼吸到自由的空气,能找到真正的自我、感受到真正的自我。

别小瞧了女人的这间"心灵的屋子",那是女人的身心养精蓄锐的"重要场所",包括她的自由、自尊、自信、自主等。拥有一间独立自主的屋子,女人才能够笑看世间风云变幻,能不惊慌、不彷徨,把握住自己生命之舟的桨舵,守护着自己"屋子里"与生俱来的善良和真诚。

许世国先生曾经指出:"不管我们生活的环境密度多大,每个人都企图为自己划出一片不受侵犯的地盘,因为人既需要生存空间,也需要交际空间。一旦空间被侵犯,那就会引起种种异常的反应。"

人的空间领域范围是很广的,包括看得见、摸得着和看不见、摸不着的各种枝节小事。种种的枝节小事渗透在人们日常的生活和交际中,无论是有意识的还是无意识的,都能造成"侵犯"与"被侵犯"。

每个人都希望自己所拥有的空间永远不受侵犯,特别是女人。女性有着与生俱来的安全欲,但是女性的个人空间却最常受到侵犯,尤其是受到男人的侵犯。对于女人,不仅是对其安全构成威胁才能算得上是侵犯,只要是侵犯了女人的个人空间,就是侵犯了。

比如说,一个男人见到一个漂亮姑娘,就用眼睛直勾勾地盯着她,使她觉得自己受不起这种"注目礼"而还你白眼,因为你已侵犯了她的个人空间。

再比如,一个男生进入女生宿舍,在未经允许的情况下就随便地坐在女生的床上,甚至随手翻看她的日记,那么就可能会遭到严重的警告,以免下次再发生这类事情。

这就说明,不假思索的行为,就有可能会侵犯到女人的个人空间。所以说,男人要时时注意,在拥挤的公交车上,你不能贴着一个女人的身体;在女性朋友的家里,不能到了休息时间还没有丝毫要离开的意思;不能未经敲门就冒然闯进一个女人的房间……

和女人交往时,一定要多加细心、小心,对女人的态度不能太随便。如果过于生硬或过于随便,都会产生不良后果,轻则她会觉得受到了轻视,重则她会觉得不被尊重。

男人在与女人交往时,一定要记住"对方是女人",凡事要细心、小心一些,会对双方的正常交往大有益处。

6. 不能触犯到她

别引发她的醋意、嫉妒心

女人是善于嫉妒的，男人切莫轻易引发她的醋意让她嫉火中烧，否则将是可怕的。

男人对女人的醋意是需要有正确的认识的。醋意在某种程度上显示着爱。没有爱也就没有醋意的产生。没有醋意的爱情等于没有灵魂的躯壳，所以“吃醋”不是女人的错。而且，吃醋并不是女人独具的，男人也同样会吃醋，而且，反应往往比女人还要偏激，具有很强的攻击性，会出现对第三者的报复行为。

男性由于“吃醋”的心理反应强烈，多会造成劣性激情发作，常常失去理智，使本来可以妥善处理的事情复杂化。甚至有的男性把自己所爱的女人当作私有物，严格限制她与异性来往，几乎等同于把爱人“软禁”起来，干完工作后就必须回到家里干家务，不让她参加必要的社会活动，不让她与其他异性交往。凡是与异性讲话或写信，都要审问一番，稍有可疑便大打出手。

男人尚如此“吃醋”，何况是敏感易受触动的女人了，女人比男人更易吃醋。《红楼梦》中的林黛玉，因为贾宝玉对其他姐妹、丫环们的多情不知流了多少泪，她的忧愁多半都是贾宝玉的多情引发她的醋意而形成的。

男人与其他的女人有较近的关系，是最直接引发妻子醋意的导火索。如果男人涉及了另一个女人，他声称大家只是朋友，那么妻子会不会轻易相信丈夫的话呢？她的感受如何呢？她会相信他们之间只是“纯友谊”吗？女人的心没那么简单，她会用种种方式去求证的。

罗娜就曾经遇到过这种情况，“他与女同事莎拉走得很近，比任何一个同事都近。我明白他在新环境里需要新朋友，但不该是莎拉！莎拉是我们之间的一场噩梦！她不分昼夜地往家里给他打电话，而且从不与我说话，好像根本就没有意识到我的存在！太不尊重我和丈夫间的关系了”！

丈夫明白罗娜的心中充满了醋意，但他并未过分在意，依然我行我素地与莎拉不停地保持联系。直到有一天，罗娜知道了丈夫完全瞒着自己同莎拉约会了一次后，长久以来积聚在心中的醋意一下子就爆发了出来。她发疯地同丈夫大吵，并坚决地要同他离婚。丈夫终于感到了事态的严重性，他痛哭流涕地跪在罗娜面前，发誓再也不会同莎拉来往了，并表示立刻辞职换工作。如此，才保住了他们的婚姻。

女人产生醋意是正常的、健康自然的，正如罗娜的醋意，她吃醋是因为她在乎丈夫，并且重视他们的婚姻，容不得掺杂半点不良因素。

阿贞与鲁奇已结婚两年，但最近她凭直觉认为鲁奇在与另外一个女人秘密约会，他们以前只在午餐时见面，现在似乎更变本加利，不再限于午餐见面。后来，在阿贞的调查下，真相大白了，紧接着他们的婚姻就无可避免地结束了。

阿贞的醋意同样是正确的，她的醋意帮她做出了正确的选择：同花心男人离婚，否则，这样的婚姻再维持下去还有什么意义呢，还不如早点解脱去寻找新的幸福！

卡拉说，她的丈夫同露易丝是多年的朋友了，也同是漫画迷，所以经常一起去参加讨论会。好在他们每次都会叫卡拉同去，但卡拉去了几次之后，就厌烦了，因为她根本不喜欢什么漫画，去了简直是受罪。之后就是丈夫与露易丝每次都同去。毕竟是与异性接触，没有醋意是不可能的，但凭着某些客观原因，卡拉又不好瞎猜什么，更不能说什么，只是心里暗暗担心，丈夫该不会对露易丝越来越知心吧？露易丝不会有一天突然取代了她在丈夫心目中的位置吧？

看，男人在这方面不加注意，即使不会引起什么大的风浪，还是免不了引起女人的醋意和怀疑，给婚姻埋下不稳定因素。

醋意同嫉妒如同亲姐妹，如影随形。因醋意引发女人的嫉妒之心，后果将是可怕的。"最毒莫过妇人心"，在此时便能淋漓尽致地体现出来。

女人的气量小，最能体现于具有强烈的嫉妒心，而且女人的嫉妒心常常是有毒的，她们一旦嫉妒起某一个人、某一件事，其能量不但猛烈，而且持久。强烈的嫉妒心一旦发作，便势如洪水猛兽，往往会使得她们陷于彻底失去理智的疯狂状态，即使是在事过境迁之后，她们也还每每念念不忘，咬牙切齿，就犹如一座随时都会猛烈喷发的"活火山"，男人就时时坐在这"活火山"的山口上。

在现实生活中，男人常常在无意中犯下错误，引发女人的醋意，从而产生嫉妒之心。比如说，男人可能在无意中对现任女友谈起前任女友，轻描淡写地对她讲述曾经爱过的一个女人，出于好奇心，对方可能鼓励他继续说下去，并尽可能说得详细些。男人一不小心上了当，就开讲了，坦白他曾经如何如何地爱过那个女人，同她在一起有过如何美好的感觉，就连细腻的情节都毫无隐瞒，什么曾经在一个雨天的黄昏，在屋子里吃草莓、听音乐，那个女人还不停地用手梳理他的头发……

这样，男人就等于犯了个致命的错误。他完全忘记了自己所处的位置以及对面的人是谁，从此醋意和嫉妒可能就会在对方的心理扎了根，尽管那个女人早已退出了他的生活，但是却在她的心理永远地留了下来，在以后的日子里，一有什么不满意的地方，女友就会不分场合、不分地点地发一通火，责难他是不是心里还想着"那个女人"，是不是觉得自己不如她好，"你们在一起可比同我在一起浪漫美好得多了吧?!"让男人欲哭无泪。

女人的嫉妒是可怕的，从前那些宫廷里的女人，为了争宠，互相忌恨，尔虞我诈,她们对付对手的时候,恨不得一下子置对方于死地,并用诅咒的手段来消除自己内心里的怨恨。譬如用针刺假人——这种巫术方式来诅咒自己的仇家,恨不得她一辈子倒霉,恨不得她嘴上长疮、脚底流脓,恨不得她得一场暴病,恨不得她遇上飞来的横祸……总之希望她不得好死。

现实中的醋意与嫉妒同样可以使女人失去理智,采取恶劣的报复手段。在现实中常有这样的情况,当女人听说丈夫与某女相好,就会找到那女子兴师问罪,咒骂甚至厮打。即使是一个颇淑女的女人,也能做出这种事情来,被醋意逼成了泼妇。

对于女人的善嫉,男人会觉得不可思议,他心里会说:“这有什么大不了的事儿啊,连这区区小事也值得嫉妒?”可她不,她就偏偏嫉妒了,偏偏就嫉妒得不可抑制了,暴风雨说刮就刮起来,让男人措手不及。

女人嫉妒起来,可以不顾一切地撕破脸,可以丝毫不顾影响,可以全然忘记了她自己的存在,可以丝毫不顾忌周围有什么人,她可以当众叫男人难堪得无地自容。

所以说,男人可以不把一个女人当回事,但切不可在她面前夸赞另一个女人长得美。相反,如果男人在女人面前通过贬低别的女人来抬高她,那么则正合她的心意。即使她嘴上不说,心里其实还是挺高兴的。

男人一定要谨记,切莫引发她的醋意、嫉妒心,维系伴侣的关系需要高度的戒备,爱情的路只有沿途一路绿灯才可能有永远的快乐。而许多爱情故事最后的悲惨结局,大都是因为男人的过失和女人的嫉妒导致的,再多的美好回忆也会被一并葬送。

婚姻专家点评

女人是易嫉妒的,女人的嫉妒心是可怕的。对于有着亲密关系的女人,如女朋友或妻子,一定要尽量避免引发她的嫉妒心,否则将可能导致双方关系破裂。

别触犯她的自尊

女人最易显出高傲的模样,看起来似乎不可一世,神圣不可侵犯。其实,女人这样做,不过是故作姿态满足某种需要——这是她们由自尊心而形成的一种自我防卫行为,就像一道保护墙,对外来侵害行为起到抵御的作用。

女人最忌自尊受到他人的践踏、侵犯,所以有着浓重的防卫意识。她们的言行

也常常自觉不自觉地加以注意。比如说,她可能明明喜欢上了一个男人,但是出于自尊心,就对这个男人大加抨击、贬斥,其实她心里根本不是这么想的。"他的为人虽然不错,但似乎缺乏魄力"、"那个人啊,一点也不懂得体谅女人……"她说这种违心的话,就是为了不使听者能够洞悉到自己的内心。她们一方面利用言语来发泄自己,另一方面又要在他人面前有所保留。这就是女人。

为了维护自己的自尊,女人多不愿意他人在自己面前炫耀,受不了他人强过自己。这对于她们来说,也是一种自尊的侵犯。别人的高,就会明显比出自己的低。一个喜欢标榜、炫耀自己的女人,往往会成为众矢之的,因为她以侵犯别人的自尊来成就了自己的虚荣。为什么女人之间最容易产生矛盾,嫉妒他人的优越就是产生矛盾的一个重要原因。就连朋友间都是如此,对于强过自己的,能做到内心嫉妒表面沉默就算是好朋友了。

出于自尊,看到女友在某些方面大大地强过自己,从而嫉妒对方、疏远对方的事例不胜枚举,所以说女人之间往往难得有天长地久的友谊,当一方改变了生活环境或社会地位,她们之间很快就会疏远起来。比如说女友找的丈夫比自己的丈夫更优秀,女友当上了官太太,而你仅在布衣百姓家庭,那么女人之间是承受不了这种变化的,"要想做朋友千万你别比我好"……这就是女人的自尊心在作祟。

不能说这是女人的劣性,自私、小气、不喜欢成人之美、不喜欢闻人之誉的人,只因嫉妒而不能获得天长地久的好朋友——无非都是想维持自尊之心。

女人与女人之间尚且如此,那么在男人面前,女人的自尊就更显重要了。要知道,女人在男人面前是比在女人面前更注重面子问题的。

夫妻之间的相处是最常见的话题了,争吵、矛盾最易出现。男人一定要注意,无论针对何种事情,都尽量不要伤害了女人的自尊,这比打她骂她还让她难以承受,要避免以下言行:

1.在他人面前不给她留面子

无论她有什么不足或做错了什么事,都不能不分场合在他人面前责怪妻子,这样不仅不能起到好的作用,还会造成更坏的后果,因为你伤了她的自尊。而什么话在只有两个人的时候再说,她就会很容易接受。

2.用粗话伤她

夫妻之间争吵,切忌出言不逊。特别是粗话最难听,使用的都是侮辱人格的语言,会严重损伤对方的自尊。

3.说绝情之话

绝情的话在夫妻之间争吵时十分多见,如"我后悔娶了你"、"我那时怎么瞎了眼"、"你滚蛋"、"你滚回家去"等,甚至把"离婚"整天挂在嘴上。一句绝情话,说者无意,听者有心,会造成永远挥之不去的阴影。

4.侮辱揭短

夫妻之间是需要朝夕相处的，如果动辄侮辱揭短，那么，生活在一起一定会非常别扭。

5.把妻子当成女佣

男人可能觉得在外面经营事业很累了，回到家就该舒服舒服，所以鞋子直接扔在门口，穿过的袜子堆在床头……并且大言不惭地宣称："这些就交给你了！"一副把妻子当成女佣的派头。女人可以为你做这些，但是决不能表现出她就该做这些、你是低我一等的！

6.对她不加重视

结婚时间一长，男人往往怀着"老夫老妻"的想法，不再对妻子察颜观色、不再嘘寒问暖、不再无微不至地呵护……这些不重视的做法，都是对妻子自尊的一种伤害。

7.卖弄自己的才学

男人多比女人的学识渊博，有时忍不住在妻子面前卖弄。不失分寸还好，一旦卖弄过头，就会对妻子显示出"你不如我"的暗示，让妻子生气。

8.对她持应付态度

如果对妻子持应付的态度，就表明对她的言行未加重视，这也是一种忽视其自尊的行为。

9.不尊重她的劳动成果

男人切莫以为家务是女人的天职，不仅不相帮，反而横加挑剔，那就是对女人的大不敬了。

男人常习惯性地大大咧咧，不拘小节；而女人却是明察秋毫的，男人对她有一点不敬的言行，她都能看在眼里，记在心中，从而产生隔阂，导致双方关系恶化，造成不必要的严重后果。

女人是敏感的，她们常常把自尊心与任何一件小事联系起来，一旦认为自己的自尊心受到了侵犯与亵渎，就会产生不良后果。

不可轻视女人

凡有"大男子"心结的男人，都习惯性地将女人视为"月亮"，在他们看来，男人永远是太阳，女人则是需要被太阳照亮的月亮，她们生来就是他们的附属，就该事事围着他们转。

人所共知，在文学作品中有关于男人与女人的书中，女人都被视为月亮的象征。古今中外，文人墨客无不是这样的描写女人。月亮又是女神的象征，伊斯塔、阿斯塔尔忒、西伯莉和古希腊的阿芙罗狄蒂等，都是月亮女神，象征着阴柔、神秘之美……在人们的心目中，女人被框定在月亮的范畴里，她哪怕有三头六臂的本领，也是受太阳之光沐浴的。换句话说，女人所发的光完全是男人给的——因为男人是太阳，是男人照亮了女人！

如果在古代，这种说法尚能立得住脚，谁让女人都要遵守足不出户的古训，只能靠男人养活呢？而现代则不同了，虽然女人的性格依然有着男人所不具备的温柔、委婉等等特点，但是她们决不再靠男人而活，她们不但能与男人争辉，还能超出男人。你还能说女人是月亮、是男人的附属、需要围着男人转吗？非也！

所以说，男人再也没有资格自诩为“太阳”而夜郎自大，那种年代已经一去不复返了。如果还沉浸在幻想里，只会招致女人厌，现代女人是绝对受不了自以为了不起的“大男子主义者”。如果你想博得女人的好感，切记不要以自我为中心——开口闭口谈的只有自己，花好几个小时谈自己一天的生活、自己的目标、自己的成就，对女伴的一切却从来不闻不问。

当一个男人把自我和事业，摆在比他最爱的女人更重要的位置上，他无疑自动发出一个讯息：“你不重要，只有我才重要！”现代女人是不会吃你这一套的。

过去，由于男人参加社会活动的机会比女人多，经验比女人丰富，所以男人的智慧才显得比女人多。而女人由于很少有机会参加社会生产和实践活动，能力和智力就很难得以挖掘和发挥，所以才低男人一等。

美国作家门肯曾说：“女性有自己独特的智慧，比起男性来一点也不逊色。她们具有深邃的洞察力，甚至还能略胜男子一筹。到了现代社会，与男人相比，女人丝毫也不逊色，在某些方面，女人的能力是比男人要强的。”

男人虽“四肢发达”，但往往较女人“头脑简单”，殊不知，身体太强壮、力气太大的男子汉们有太多的人是弱智者。门肯说：“男子汉气概十足的男人缺少理智，无法如实表达自己心底里的远大梦想，或者压根就没有梦想。”说起这类男人，恐怕特长只是会把床板坐塌，把石头扔得很远，把肉吃进一大锅，把呼噜打得雷响吧！越是这类男人还越会瞧不起女人。

女人干力气活虽然不如男人，但她们心灵手巧，能够凭着智慧和耐心编织出精美又精致的毛衣，能够凭智慧规整出温馨整洁的家，能够凭智慧设计出五彩斑斓的花边、图案、剪纸艺术，能够凭智慧做到家务、工作两不误……

即使在看不见硝烟的职场上，女人同样能够叱咤风云，让男人望尘莫及：她们可以是谈判桌上成功的能手；她们可以是被领导看重的好主管；她们可以是股票市场上屡屡得手的赢家；她们可以是走出厨房的巾帼英雄……只要她们拥有让智慧得到充分发挥的空间，她们就能够做出让男人为之侧目的成绩来——女科学家、女文学家、女音乐家、女金融家、女教育家……在当今社会上数不胜数。

在处理日常生活事务的智慧与能力方面，女人也常超出男人。比如说，在日常的人际关系中，少不了经常出现人事纠纷，女人多能比男人更妥善处理。男人仗着身强力壮，打架拼杀毫不畏惧，以威武勇猛显示本领，其结果是两败俱伤，问题不仅得不到解决，反而更加严重、复杂了。这就是男人的弱点。而女人则很善于施展出智慧的手腕，让事态在和平的氛围下，把一切的纠纷都解决于大事化小、小事化了之中。这才叫智慧与能力，好多事情不是凭着拳头能办好的。

即使如此，在男人和女人相处的世界里，随处可见男人在女人面前炫耀智慧、能力的现象，希望能博得女人的“敬佩”，来满足自身的虚荣心，甚至得不到女人的认同就吃不下、睡不香。其实，他们不过是想得到精神上的胜利而已。

有些男人就是这样认不清现实，执迷不悟地坚持着可笑的“大男子主义”，家里家外地轻视女人，无论妻子给孩子没日没夜地换了多少次尿片，都不哼不哈，一句感谢和抚慰的话都没有；因故晚回家却连电话都懒得打一个，他根本就不在意妻子多么着急地等着他、惦记着他……

犯此类低级错误的男人是越来越吃不开了。很少有女人再对男人的冷漠、轻视忍气吞声。如果男人不珍惜女人的付出、不关心女人的感受、不重视女人的存在，那么时间一久，只要女人不傻，就会明智地离去。

如今，女人已经在方方面面与男人齐肩并进了，所以说男人没有资格、也不该再有“大男子”心结，否则，在外会受到冷落，在家会引起战火。

在现代社会中，一味地轻视女人的男人是招女人厌的。无论在家里还是在外面，很少有女人会吃这一套。

别给她留下永远的把柄

粗心大意的男人如果一旦言行不谨慎，给女人留下了永远的把柄，那么就等于一世要受这个女人的要挟了。女人是爱翻旧账的，只要这个男人有短在她的手中，那么，她就会时不时地揪出来数落男人一番，或者作为要挟迫使男人如何如何方可罢休。

女人总爱翻旧账，其程度是十分惊人的。男人如果对某人或某事不满，会很快就发作出来，即使是暴风骤雨，也会发泄完就拉倒了，很少会重复发作。女人就大大的不同了，即使她暴风骤雨般地发泄了，但她会把这件事牢记在心中，把怨恨放

在心里，结成疙瘩，并会经常触景生情，时不时就重复发泄一次。

女人是感性的，而不是理性的。缺乏理性的结果是会对一个有负于她的男人不依不饶。女人在穷追猛打“落水狗”时，常常并不明白自己究竟想干什么、想要什么结果，只是觉得这样发泄之后心里会觉得痛快异常。

特别是婚姻中的男女，既然是两个人的日子，男人和女人之间就免不了时不时地发生这样的磨擦或者是那样的纠葛，男人可能一不留神就给女人留下了把柄，成为她哭闹撒泼的导火索。

一旦女人想起这回事，劲头立刻就会上来，事情本来并没有那么严重，可是她非得闹腾个鸡飞狗跳、乌烟瘴气不可。本来还能凑合的日子，在她的穷折腾下，越来越支离破碎。因为一旦陷入这个圈套的女人，往往就彷徨在那个恶梦里永远醒不来，睁着眼都会说梦话。不把事情闹到满世界沸沸扬扬、闹到不可收拾直到各奔东西的地步，她是不会甘心的。

有一对夫妻，就是很典型的例子。他们本来是非常幸福甜蜜的一对，转变来自男人的一次偶然的艳遇。男人曾经在一次出差的时候，在外面的一个城市里跟一个女人好上了，很是浪漫了一次。男人从外地出差回来了，他就当这事没有了，可没想到，那外地女人一封火辣辣的情书来了，而且偏巧落到了妻子手里！

于是，一场大战就再所难免了。女人好长一段时间都哭哭啼啼，动不动就要上吊、抹脖子、要投河、要整瓶子吃安眠药。男人自知理亏，涕泪横流地赔不是、说好话，发誓再也不会犯同样的错误了，只求给他一个重新做人的机会。

终于告一段落后，两个人就像度蜜月时一样，又是照相、又是旅游，好得不得了。男人说到做到，彻底地回绝了外面那个女人的热情，熄灭了一见钟情式的浪漫，打算从此本本分分地居家过平静日子。

从那以后，男人在女人面前永远是一副战战兢兢的样子，活脱脱一个劳改犯，无论遇到什么事情都是唯唯喏喏的，妻子说什么就是什么，说话都不敢大声。

男人原以为没事了，但还没来得及松口气时，因为一件鸡毛蒜皮的小事，女人的怨气又一次爆发了，闹的程度决不亚于上一次。男人又开始涕泪横流地赔不是、说好话，发誓再也不会犯同样的错误了，请求她相信他。女人闹够了才消停下来。

男人在女人面前是再也抬不起头来了，时不时就得赔笑脸、说好话，女人的表情说变就变，刚才还兴高采烈、柔情满怀，转眼间就会乌云压境、面目凶狠，吓得男人腿肚子转筋。

男人可怜巴巴地哀求妻子：“求求你了，我的好老婆，在您老人家的教导下，我不是早已经把那要不得的毛病改造得好好的了吗？我不是早已同她彻底地断绝了来往了吗？现在我心里连一点儿她的影子也想不起来了，我说的可是句句实话啊，要是有半句虚假，天打雷劈不得好死！”

这样的场面一次、二次、三次、五次、八次、十次……直到无数次，可怜的男人乖乖地当女人的活靶子，而女人则穷追猛打落水狗。

终于有一天，男人崩溃了，再也不回家了，一气之下给那个外地的女人重新写了一封热辣辣的情书去，两个人很快地就重修旧好了，与妻子的婚姻则以结束告终。

这不是男人想要的结果，也不是女人想要的结果。错就错在男人给女人留下了永远的把柄，触动了女人最敏感的神经。女人是不同于男人的，对于某件事情一旦产生了绝望的情绪，或许就会彻底地换了一个人，会变得疯狂、不可自制、丧失理智、不顾一切，一旦发作将有着巨大的暴发力，将人性中最残忍的一面毫无限制地暴发出来。

这就是女人，男人所不了解的女人的另一面。女人有一种善于保存记忆的习性，爱翻旧账就是她们的特殊功能。谁都知道，女人有严重的“恋旧”心理，不管是空盒子、空瓶子、碎布片，还是过了期的票卷等一切鸡毛蒜皮之类的东西，她都会视如珍宝地收藏着，不忍心清理出去，因为她有“恋旧瘾”。对于一件会激起怨气的事情来说，女人当然更是铭刻于心，永难忘怀。

所以说，千万注意别给她留下永远的把柄，假如你不假思索地拿出一张集体合影，并指着一个女孩对妻子说：“这就是以前我深爱的女人。”那么，恶果就会就此种下，以女人的胸襟，是绝对容不下男人的另一个女人的，即使是很久很久以前的事情也一样。

女人多有爱翻旧账的恶习，一旦男人不小心给她留下了把柄，那么，就别想有好日子过了。对此，男人一定要多加小心。

别小瞧了女人的“小气”

女人同男人相比，是小气的、度量小的，在有些方面是男人难以容忍的。比如说在金钱方面，她自己贪小便宜，可能也不许男人随心所欲地花钱；在居家过日子方面，她会以自己的行为准则要求男人，有丝毫差池都会不高兴。

在日常生活中，女人的小气常会在一些小事上表露无疑。比如说在日常购物上，女人多有贪小便宜的心理，哪里有降价、哪里有打折，她们就会蜂拥而去，不管需不需要，合不合适，因为比平日便宜，她们就会不管不顾地买上一大堆背回家里。在男人看来，一定大感不解，禁不住问：“为什么买它？”女人答：“因为太便宜了！”

女人一听到“大拍卖”、“狂甩”之类的广告，马上就赶去，要是有件以前是300元，此刻只要150元的衣服，那她必定会想：“颜色虽然不大理想，不过太便宜了。”虽然未必穿得出去，她还是会慷慨解囊。“对啦，隔壁的太太，还得送她一件礼物，以这个来还礼，不是拣了不少便宜吗？”于是再买一件！平日里精打细算的女人，在降价、打折面前就彻底投了降，慷慨大方得令男人刮目相看。曾有一家百货公司要倒闭，全部商品大降价处理，女人们大批涌到，排成长蛇般的队伍，差点挤出人命来。

价目表上是一个昂贵的数字，但在下面再标示几折的优惠价，特价品摊位上周围的人们正拼命地拣选，一件件的买，于是她的神经就受到了严重的刺激，立刻认为“不买就是吃亏”！于是，痛快地掏钱。换作男人是决不会这么做的。男人会以是不是必要、是不是急需来决定买不买。

别小瞧了女人在金钱方面的小气、贪小便宜态度，在有些人看来是缺点，可是，如果深入地分析一下，就是优点了。

在家庭理财方面，家庭主妇最能够平衡收入与支出的关系，她们能够本着“量入为出”的原则，在家庭收入的基础上，合理安排经济支出，使家庭经济不会出现入不敷出的恶性循环，要能够有盈余供储蓄，以备后用。

这就不难理解为什么好多家庭女人喜欢掌管财政大权，而男人也乐于把这费心费神的事情交给妻子去料理了。丈夫即使赚再多的钱，没有妻子的勤俭持家，恐怕也难以撑得久。在当今世界，女人的小气就是有此妙用。女人虽吝啬，却是持家有道；男人虽较豪爽，却是花钱如流水，能将家底掏空。

所以说，女人对于金钱是理智的，对于自己该支出的金钱总会果断地决定，对于不必要的浪费会“量入为出”。正因为小心谨慎，她们可能会被男人们称为“守财奴”。

别小瞧了守财奴的作用，它可是平衡家庭经济的最有力杠杆，家庭经济是一系列细微事物的组合，没有细致入微的精打细算就难以保持最良性的循环，收入、购房以及三餐的消费标准都在之内。女人能在日常生活中，在合理的范围内，安排收支关系，巧妙地管理手中所持有的钱。

如果不是计算经济账，女人也可以大方，挥金如土，谁不愿意穿最好的衣服、吃最奢侈的饭菜呢。谁都知道穿上名贵的衣服出门会颇有自信，吃最奢侈的饭菜是一种美好的人生享受，能拥有更好的心情。

但是女人们懂得尽量避免到餐馆吃饭，虽然那里环境好，吃得轻松惬意，但是价格贵；另外，还尽量避免到大商场里购物，虽然那里品牌全，店堂漂亮、服务周到，即使不买随意逛逛也是一种享受，但是价格往往比小商店翻几番；她们在家里用几十元一支的口红，出了门才用倩碧、兰蔻等名贵货……

女人的小气在其他方面也有体现。女人多比男人勤快，更讲究个人生活卫生。女人很少会遇到临出门找不到干净袜子的情况，衣服也大多整理得井井有条。而男人则常是脏袜子塞得到处都是，情急之下就是找不到一双干净的，只好借妻子袜子一穿，幸好别人看不到，他锃亮的皮鞋里面是一双女士袜子。

关于男人对个人卫生的不讲究，常常是双方争论不休的一个话题，男人习惯不拘小节，女人却容不得半点差错。你可以想象，当一个马马虎虎的男人在外面辛苦了一整天疲惫地回到了自己的家里，一开自家的门说一声："老婆我回来了！"

可他得到的回答是什么呢?他得到的回答是妻子从门背后"扑嗒"地扔出一双拖鞋来，还有一个不容辩驳的声音："脏死了，换上再进来！"

于是男人感觉不像是回了家，倒像是进入一个管制区域。男人往沙发里一坐，女人立刻就尖声尖气地叫唤起来了："怎么不换衣服就坐到了沙发上，把外面的灰尘都弄到沙发上了！"于是，在女人的吆喝声中，男人不情愿地换了衣服，随手点了颗烟，慢悠悠地吸了起来。

女人的喊声再次响起："你看你，把烟灰都掉到地上了，我刚刚清理过……"于是，男人得规规矩矩地把烟灰弄在烟灰缸里。

男人可能感觉在家里一点自由都没有，就像是进了别人的家，而不像是回了自己的家。他无论做什么事都得小心翼翼，蹭点儿土带点儿泥，都成了不得了的事情。动不动就被女人反复地提醒注意这、注意那。你一抬腿、一落脚，女人就在那里发出一声声大叫，让男人的身心都无法放松下来。

可别小瞧了女人的这种小气，这种时候，女人的小气就变成了细心和周到。

有的男人可能会因受不了家里的"内政"而奋起反抗，女人一气之下就回了娘家。男人大喜，这下得到自由了，于是就放浪形骸起来。结果没超一星期，家就不像个家了，连男人自己呆着都觉得窝心。于是，去岳父家负荆请罪，说尽好话，请回妻子大人，日子才重新走入正轨。

生活中，男人常对女人的种种小气感到难以忍受，比如说在金钱方面，女人可能限制这、限制那，让男人没有消费的自由；在生活方面，女人不许男人这样、不许男人那样，让男人不停地接受改造。但是离开了这样的女人，男人的生活就会一塌糊涂了。

所以说，男人可别轻视了女人的小气，无论家庭里还是社会中，那可能正是弥补男人缺欠的一种"适用剂"。

女人的小气是缺点也是优点。女人的小气在发作的时候，男人不能一贯地轻视，而是需要正确对待。

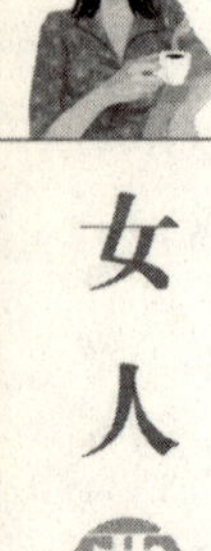

第四节 女人闹情绪怎么办

NüRenNaoQingXuZenMeBan

1. 安慰能防止女人“多心”

女人天性敏感多疑

女人是一种自卫心理很强的动物，因为她们较弱，所以必须懂得自卫。独身在外时，女性往往愿意跟同伴合伙居住，而男人宁愿克服条件差或代价高的困难一个人独活。在电视节目“动物世界”中，狮子、豹子、老虎等猛兽差不多都是单独生活的，但是斑马、鹿、羚羊等较弱的动物都是成群结队地活动在一起。

这就说明勇猛善战的动物自卫心理较弱，而易受到攻击的动物则自卫心理较强。攻击型动物时常都是虎视眈眈，找机会攻击弱小动物，单独行动起来更灵活方便；而没有攻击力的动物为了自卫，需要随时随地注意四方，一旦有危险就尽快逃跑，时刻都处于紧张状态，以减少被伤害的机率。

人类社会亦是如此。在人类社会之中，女性相对弱小、柔弱，所以自卫心理较之男性强烈得多。比如说，喜欢采取群体行动，做什么事情都要找一个同伴，否则就不敢一个人单独行动。这和斑马群体行动是相同的道理。女性的攻击力可以说软弱得几乎没有，她们只好常处于防卫戒备的状态中。

而女人在单独走夜路时，因为不能满足这种群体本能，所以就提高警觉性，要提心吊胆的。而两三个女人一起逛街时，则显得兴高采烈，不会表现得那么紧张兮兮的，就是因为她们这时几乎可以放松警戒了。

女人都是重爱情、重婚姻的，她们在爱情、婚姻中，同样有着强烈的自卫心理。即使在热恋中，女人也会担心对她热情如火的男人会突然间跑掉，另有新欢。走进婚姻殿堂后，女人很少能够高枕无忧，一旦男人对她稍稍有异，或者她心理隐隐不安，则会心神不宁起来，担心好不容易建立起来的婚姻会土崩瓦解。可以说，女人对婚姻不稳定的担心，都稍有点神经质，只因太在意。

很多女人把一生的幸福都寄托于婚姻，把自己的命运押在一个男人的身上。每个女人都希望得到更多的爱，有的时候为了消除不安，对爱的要求甚至有些贪婪。她们不惜一切代价地付出，只为牢牢抓住一个男人。在她付出所有后，如果对方没按她的想法去做的话，她就会产生不满和不安，甚至会担心出现危机，因此产生剧烈的情绪波动。

有时，终日细心照顾丈夫的妻子会因为丈夫为了工作稍晚一点回家而起疑心，并因此生气；有时，丈夫一时疏忽忘记了在妻子的生日献花献礼，妻子就会生气。因为此类事情的发生，使她们的内心产生了不安，开始怀疑与担心对方会变心。

因为对爱情没有了把握，所以总企图得到什么爱情证明。例如：男人忘记给妻子打电话通知晚饭不回家吃了，妻子就会认为丈夫不爱自己了，随之产生不安。女人所需的爱抚，对方无法给予满足，就会使其产生一种被忘却与遗弃了的感觉，从而对丈夫产生的怀疑。越是如此，越是害怕失去丈夫的爱，不安的情绪就变得越来越强烈，从而导致心态异常，比如说开始瞎猜疑。

而对于女人的这种心理，男人常常不懂、不理解。如果不能妥善处理，就可能发生争执，导致吵架。

这是一对夫妻的对话：

"刚才打电话找你的那女人是谁?"

"是我们公司里的同事。"

"不对！她为什么不称你为主任?而称你……"

女人就是如此的敏感和多心，这完全是出于自卫心理。对此，男人该有个正确的看法：多心和自卫是女性天生的本性，男人该"见怪不怪"才是。因为女性天生就比男性缺少积极和行动力，她们代之以发达的是防卫本能和谨慎，因此就造成了她们猜疑、多心的心理特质。

另外，女人不仅在收集情报方面的能力较男人差，而且对于已到手的情报正确与否，也欠缺正确的判断能力。所以，她们只能"多心"，这样才能增加自卫的能力。所以，当你的妻子或女友对你乱猜疑的时候，你千万不要生气。她提出的疑问，不论你怎样回答都不可闪烁其词。否则，只会让她疑心更重。

女人天生防卫心理重，天生敏感多疑，尤其是对男女关系，更是整天紧张得不得了，甚至到了"草木皆兵"的地步。

女人疑心的害处大

在“疑心”中煎熬，对一个女人的伤害是很大的。请看下面这个故事：

她和他结婚四年多了，她深信他是爱自己的。她不想像别的女人那样，为了保险，限制丈夫的行踪。她从不限制他和朋友们出去，剩她一个人。她尽量不打他的手机催他回家，为了给他更多的自由。

在他回来之前的寂静夜里，她细数着楼道里的脚步声，心里的怨气却越堆越多，种种猜想在夜里疯长，试想着等他回来至少摔掉一只杯子。可是当听到锁孔里钥匙转动的声音，她就飞奔出卧室，体贴地问他要不要吃东西，并用那只本想要摔掉的杯子倒水给他喝。她这样忍辱负重，只为求得婚姻平稳。

终于有一天，她顺着窗户望出去，希望能够看到他回家的身影，果然，她看到了他，只是还有另一个“她”，一个看起来身材相当苗条秀气的姑娘，那个姑娘从他的车里下来，两个人还难舍地道别。她的心里立刻剧痛了起来。当她问起时，他只是轻描淡写地说是他的同事，搭他的车一起回来。

过分的是，第二天一早，那个姑娘竟然打电话到家里，说没赶上班车，要搭他的车去上班。她实在忍不下去了，说要他先送自己上班。他嬉笑着说：“你不是那么小气的人吧？”

只为这一句话，她的心里就舒服多了，不再坚持要他送。于是，那个姑娘如愿搭他的车去上班了。

之后，他频频晚归，以各种理由进行敷衍。再大度的女人怕是也忍受不下去了。但是，她没有发作，为了打发寂寞，她试着下班后逛街直到商店关门，故意不打车而是倒好几趟公交车回家，或者约个朋友去酒吧，聊到很晚。她从没有接到他关切的电话，回到家中，永远没有等待的灯光，总是她先推开家里黑漆漆的门。她忍着心中的剧痛、克制着猜疑、放纵着对他的信任，给他男人想要的自由。

直到她的生日，她换上了最喜欢的衣服，精心化了妆，可他却打电话说抱歉，一个朋友结婚，他必须去吃喜筵。失望的她连饭都吃不下了，跑到酒吧里喝得烂醉。

实在熬不下去了，她提出了分手，态度相当坚决。他震惊了。他没有料到事态会这么严重。她没有提出任何质疑，也没有一句责怪的话，他没有任何解释，也没有求她谅解什么，只是跪在她面前，要她不要放弃婚姻，并发誓日后不会再让她失望的。

无论故事中的男人有没有出轨，他都让女人受够了多心的折磨。女人多心不是过错，只因她在乎男人。所以说面对女人的多心，男人不要大惊小怪，更不要不耐烦，如能给她足够的安慰，她又怎么会多心呢？

在多心中煎熬的女人，一旦承受力崩溃，那么就可能会产生过激行为，后果将是可怕的。

赵英与王楠经过六年的热恋后结成夫妻，婚后王楠的地位逐步高升，后来当上一家企业的厂长，他的精力开始向事业转移了，下班时间越来越晚，有时甚至干脆不回家，对赵英的态度也180度大转弯，几乎不闻不问。

这就不能怪赵英起疑心了。恰巧，她接到了一个陌生人的电话，告诉她她的丈夫在外面有作风问题。这正中了她的疑心。她几经努力，也没有查到丈夫在外风流的把柄，更不晓得同哪个女人。但丈夫对她不再关爱却是真实的。经过一段时间的心理折磨后，她产生了过激的想法：决定花钱雇人以武力教训丈夫一顿。

于是，她找来拳击队运动员吴某，以6000元现金为雇佣费，让她丈夫“见点血”。不久的一个傍晚，王楠就“见了血”，不仅见了血，还送了命。因为吴某误捅了王柄的心脏，致使他当场死亡。

结果，一个好端端的家就这样以最悲惨的结局收场。谁也不知道，王楠到底在外面是否有作风问题，无论他有没有，冷落妻子、不顾妻子的感受是导致如此结局的“罪魁祸首”，虽罪不致死，但也难逃其咎。

女人的疑心往往能够彻底毁灭她的自信，令她的精神崩溃，令她的行为过激，也让冷落她的男人受到加倍的惩罚。

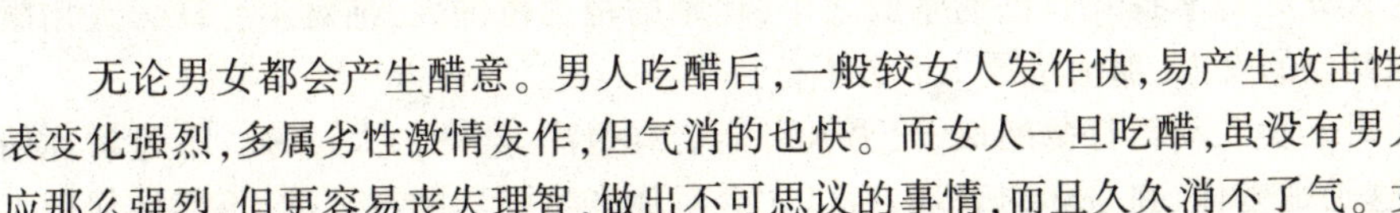

安慰能有效化解女人的醋意

无论男女都会产生醋意。男人吃醋后，一般较女人发作快，易产生攻击性，外表变化强烈，多属劣性激情发作，但气消的也快。而女人一旦吃醋，虽没有男人反应那么强烈，但更容易丧失理智，做出不可思议的事情，而且久久消不了气。女人由于天生敏感，所以比男人更容易吃醋。

要追究起女人吃醋的根源，得从千百年前的历史说起了，在中国的古代社会，女人的地位比男人要低下得多，女人处处讲究的三从四德，即在家从父、出嫁从夫、夫死从子，妇德、妇言、妇容、妇功这几大条款，把中国的女性压得喘不过气来。在这男尊女卑、重男轻女的封建社会里，女性处处被作为弱者看待，这就使她们形成了严重的压抑与自卑心理，这种心理直到现在还在女人心中扎根发芽。

如今虽然已是21世纪，女人的地位也明显地提高，但千百年来的封建思想还根深蒂固地扎根于现代的大部分女性心中。在恋爱过程中，只要她看到所爱的男

人与别的女性靠近一点时，就可能产生醋意，这是女性特有的一种心理自卫方式。

女人小肚鸡肠的特性，往往会导致她们醋意大发。而恋爱中的女人最容易吃醋。不在恋爱中的女人在看问题时，可能是理智的，可以落落大方地对待每一个人。但是恋爱中的女人，往往是眼里容不下第二个女人，她总是戴着有色眼镜看人，看着哪个女人都像是要“图谋不轨”，生怕爱人被她夺了去。

女人多因男人身边的其他女人而醋意大发。一旦她认为别的女人已超越了她的位置，或对自己的男人过于热心时，都免不了产生醋意，甚至对那个女人产生敌意。

所以在爱人面前，男人切忌不可肆无忌惮和别的女人有说有笑，即使女人表面上不说什么，但她的心里一定会打翻醋坛子，即使当时不发作，这笔账早晚都是要算的。

好多时候，女人都是在乱吃醋，可以说完全没有必要吃醋。女人有时因嫉妒引发的吃醋行为，往往使人感到可笑。不过，对此男人要本着大度去对待，首先对她的吃醋表示理解，并且进行劝导和安慰：在女人吃醋时给她送块糖，让她从口甜到心，而不是给她送上包酸梅让她酸上加酸。

其实，女人的吃醋心理并不复杂，当一个女人对另一个女人产生醋意时，往往是被那个女人的优势压倒了，只有当她发现自己没有对方所拥有的优势时，才会担心自己的男人被另一个女人的资本所迷惑，所以她才会“打翻醋坛子”。

可能两个女人在男人眼中，并没有太大的差别，但担心失去爱人的女人还是会不停地拿自己与对方做比较，一旦比较出对方比自己个子高、比自己身材好、比自己更迷人，那就不得了了，她就铁板钉钉般地把对方当成自己强硬的“情敌”、竞争对手，不但打翻醋坛子，还会嫉妒得要命。

女人是敏感的，在爱情问题上更是加倍的敏感，一旦踏进爱情的大门，她便想把男人死死地掌握在自己的掌股之中，在她的视力范围内，绝对不允许男人用眼睛瞧其他的女人，那怕是瞟一下也不行。

对于女人动辄打翻醋坛子，男人可能会有想法，会认为太过分。不过请你明白，这是她爱你、在乎你的表现，所以才会对你产生强烈的占有欲，不允许你做半点对不起她的事情。

所以，这一问题并不难解决。面对醋意大发的女人，无需束手无策，也不要同她争执或者堵气，向她证明你的心意才是最好的解决办法。你要检讨一下自己，是不是自己不慎的言行让她产生了误会从而引发醋意，或者最近对她的关心有所降温，才使她疑神疑鬼，让她对爱情产生了不安定的感觉。

找到事情的原因所在，并耐心地向她解释、赔罪，并用你的诚意来告诉她，她是多么的不可缺少，用人的行动证明给她，她的猜疑是没有必要的。女人虽是多心的，也是容易哄的。

所以，面对吃醋的女人，要给她安慰。安慰足以能打消女人的醋意。得到了安慰，她自然也就不会再胡思乱想了。

女人小肚鸡肠，女人容易醋意大发，但如果能够得到来自于男人的足够安慰，那么就等于给她打了预防针、吃了定心丸。

安慰能防止女人的“小心眼儿”

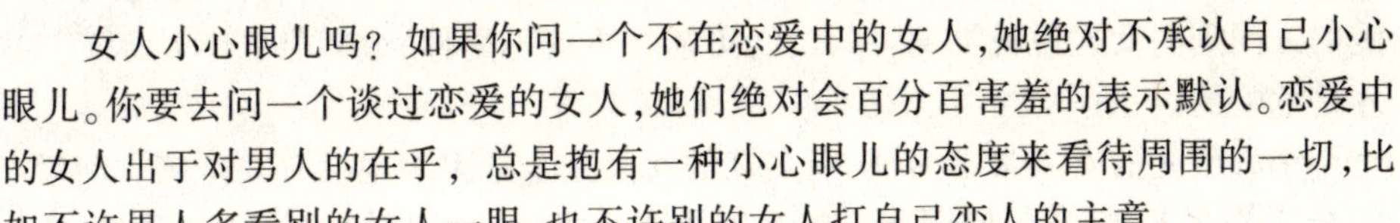

女人小心眼儿吗？如果你问一个不在恋爱中的女人，她绝对不承认自己小心眼儿。你要去问一个谈过恋爱的女人，她们绝对会百分百害羞的表示默认。恋爱中的女人出于对男人的在乎，总是抱有一种小心眼儿的态度来看待周围的一切，比如不许男人多看别的女人一眼，也不许别的女人打自己恋人的主意。

不能说不在恋爱中的女人就没有小心眼儿，她们不承认并不代表她们没有。只是不在恋爱的女人，就没有自己特别在意的男人，所以就不会为哪个男人而患得患失，也不会为哪个男人而吃醋，更不会在哪个男人面前使小性，因为她们潜在的“小心眼儿”还死死地埋藏在内心深处。

不在恋爱中的女人，对人对事都能显示出大度。但是，一旦她们进入恋爱中，就会在男人的面前暴露出她们的潜在本性——“小心眼儿”了，无非是因为有了一个能让自己患得患失的“他”。所以，她不能不非常小心地维护着与恋人的关系，只要有个风吹草动，她马上会采取行动进行保卫工作的。

恋爱中的女人向来是特别敏感的，稍稍的一点委屈都忍受不了。如果她开始找你的麻烦，或者情绪严重的不对劲，那么就可能是你在无意中哪句话伤到她，也许就因为你无意中提说了她不漂亮或者讲起了前任女友的好。

强烈的占有欲使女人容不得男人对自己有一点点的轻视，容不得爱情含有一点点的瑕疵，忍受不了在男人眼中不如别人。哪怕只是男人的一句戏言也不行，她只希望在爱人的心里是唯一、最好的女人。而别的女人，特别是男方以前的女友，在她的面前最好提也不要提，她的小心眼绝对不允许这类事情发生。

否则，女人的“小心眼”必然会使她在你面前使小性、发脾气。虽然女人发起火来一般不像男人那样大动干戈，但生闷气和纠缠不休都是非常令男人头疼的。

女人一旦显露出小心眼儿的本性来，可能是因为她感觉没有得到男人足够的重视，就会通过耍小心眼儿的方式来试探你对她情感的深度，看你是否介意她的不高兴。女人耍小心眼儿，有时仅仅是想引起男人的注意，从而得到更多的爱和关怀。

女人如果变得非常小心眼儿，那么就是缺乏自信的表现，可能是因长时间得不到男人足够的关爱而心里没底，所以她可能会哭闹，可能会纠缠不休地追问你到底爱不爱她。女人因小心眼儿而使小性，多是想改变男人对她的态度，以期男人能打起白旗围着她转。

所以很多时候，女人小心眼儿、使小性，并不是真的生气了，而是想借此达到什么目的，骗取男人给她更多的关爱。对此，男人是不该与之较劲的，她对你使小性，是她在乎你的一种表现。如果你与她计较，而不给她安慰，那么她倒真的会生气了。

当一个女人发现别的女人对自己的男人虎视眈眈或者干脆明目张胆地勾引时，她则会“打翻醋坛子”，也可能会因小心眼儿而使小性。一旦遇到这种情况，男人也不该怪罪她，因为有爱所以才会吃醋。如果她看起来很大度，并不在乎自己所爱的人同别的女人说说笑笑，那么，她可能根本就不爱你，或者已经不爱你了。这才是危险的。

小心眼儿的女人常常多疑，而多疑的女人完全是因为她没有安全感。而没有安全感的女人，归咎起原因则可能是因为男人没有给她足够的关怀和爱护，使她不能不小心眼儿。

为了防止女人小心眼儿，最好的办法就是表明自己的立场，承认她在你心目中的重要位置，态度鲜明地告诉她，你是多么地在乎她，她完全没有必要担心什么：

第一，明确的告诉她，你能选择和她走在一起，是因为她在你的心目中是非常优秀的，并且有着无人能代替的重要位置。她是你唯一的爱。

第二，明白的告诉她，为了表示自己的真心实意，愿意接受她的任何考验。

第三，真诚地告诉她，无论时光如何流逝，你对她的心都永远不会变。

第四，你要让她知道，不管以前自己有过多少个女友，只有她才是自己的最佳人选。

第五，信誓旦旦地表示，为了她能有一个幸福的生活，就是赴汤蹈火也无所畏惧。

男人的承诺往往是克服女人小心眼儿最有效的良药。如果她能够安心了，也就不会动辄耍小心眼儿了，她得到了该有的重视和承认，也就自知没必要再以小人之心度君子之腹了。

所以，防止女人小心眼儿并不难，只要用行动安慰她，学会在乎她，承认她的重要，能够有效的防止女人小心眼儿的毛病。

婚姻专家点评

要想有效防止女人小心眼儿，要记住：把对她的好用实际行动表达出来，并且常常这样去安慰她。

2. “价值感”是一剂良药

女人闹情绪常由男人造成

男人有不愉快就发泄出来，女人有不愉快就忍在心里，是绝大多数婚姻家庭的真实写照。女人会因不满长期积郁于心，陷入深深的郁闷中。在外国常有婚姻中的女人去求助心理医生，大多一开口就会说：“我不知道该谈的问题是什么，不过，总觉得心里不安！”

她们并不知道，心中的烦恼和不安是因为对生活的不满长期积郁于心造成的。面对心理医生，她想说的话太多了，而又不知该从何说起：她谈的可能是对工作单位的不满，对丈夫的不满，对孩子的不满，就连对社会的不满也一一倒出来。只要让她把不满一一吐出来，那么即使医生什么也不说，她也会得到很大的解脱，一身轻松地离开。

这种现象就是心理学上所谓的“净化效果”。透过感情的发泄，心中的欲求不满就会平静下来。比如说很多家庭主妇往往等不及丈夫下班回家进门，就迫不及待地向其报告全天所发生的事情，这也是属于“净化效果”。

可婚姻中的女人对婚姻往往有很多的不满，这也许是农村妇女们喜欢嚼舌头的原因，她们把对婚姻、对丈夫的不满都互相倾吐出来，心里就轻松了。可是在城市的生活小区里，她们大多缺少倾吐对象，所以就郁郁寡欢、顾影自怜。

多数婚姻中的男女不再有恋爱时的激情，男人住着女人布置温馨的家、吃着女人做的可口饭菜、穿着女人为他整理好的衣服、享受着女人无微不至的关照，却对女人横眉冷目，横看竖看没感觉，而且动辄训斥，再也没有了恋爱时的甜言蜜语。

两对夫妇结伴开车出去玩，当一位先生开车迷路而停在路边看地图时，妻子想指点一二，却遭到丈夫的训斥：“没你的事！难道我还不如你吗？”另一对夫妻坐在后座噤若寒蝉，被骂女人的脸色立即蒙上了一层寒霜。

这类男人在外人面前训斥妻子的事情并不少见，一则是对妻子早就没有爱意和耐心，再则就是通过训斥妻子来显示自己。好在女人天生有忍气吞声的性情，为了顾全大局，多少不如意都忍在心里了。

但是，长此以往，女人是不可能不闹情绪的，而她们闹情绪，多是由男人造成的。

婚姻专家点评

女人闹情绪，多是由男人造成的。在不知不觉中，男人不经思索的言行就渐渐积累成了女人的怨。

别把她当成附属物

男人可能在不自觉中，就把女人当成了自己的附属物，但却粗心地认为，自己对女人的态度一如恋爱中没什么大的改变。但是女人却不是这样认为的，感性的她往往会越来越明显地发现，婚后的男人像变了一个人，对女人越来越没耐心，并越来越习惯指手画脚了。

恋爱时，男人把女人当成公主一样，处处围着她转。但是当走进婚姻后，情况就急转直下了，男人会不自觉地减少对女人的照顾，更多的时候就干脆把她当成了自己的附属物。婚后的女人，对男人的依赖性往往是非常强的，这也是造成男人忽略了女人的缘故之一。“反正是自己的人了，重不重视也就无所谓了”，因而，不再特别的去注意女人的感受，甚至认为自己活得舒服，女人就不会差到哪去，把女人想象成附属物，认为会跟着自己产生连带效应。

婚后的女人，往往比较“粘人”，因为丈夫是她生活中的依靠。但不要以为这样一来，你就可以理直气壮地把她当成附属物了。也不要因此而得意，如果因此就“高傲自大”起来，那么女人会出于自尊与你拉开距离，无形中女人就会刻意地疏远你，尽量不再表现出对你的依赖，要强的女人是不会轻易向男人服输的。所以，在这一点上，男人是需要有自知之明的，不要为逞一时之能，而践踏了女人的自尊。

男人应该明白，女人粘男人，是她对男人爱的表示。她可能对你爱的非常强烈，想时时刻刻都有你的陪伴，而害怕处在无依无靠的境地，所以表现出对男人十分的依赖。

但男人切不可因此产生错误的想法，认为女人已经接受了自己、需要自己、再也离不开自己，就觉得有了安全感，相信自己已完全地掌握了她，不必再担心她会离你而去，把女人当成自己的影子一般。因此，就有意无意地减少了对女人呵护，对她们不再那么的关心了，以至于完完全全地把她当成附属物……在征服了一个女人后，就会不假思索地把她扔进厨房里，却对她的冷暖不管不问，像请来的免费女佣一样，要求她为你尽全力打理好一切而不问她的辛劳。

这样就大错特错了，女人可以很爱你，可以很依赖你，可以心甘情愿地为你打理一切，给你无微不至的关怀照顾，但是，她们绝对不能接受你对她在心理上的轻蔑，绝对不会甘心当你的附属物。

她爱你，希望你也同样爱她；她依赖你，希望你值得信赖并给她最好的依靠；她在乎你，希望你同样在乎她。即使她一天见不到你就茶饭不思，也不会给你当什么附属物，她们不会爱一个在精神上侮辱自己的男人，一旦发现不对，她就宁可远离，也不会把自己交给一个有偏见的男人。

对于所爱的男人，女人不仅需要从他那里得到爱和理解，更需要得到应有的承认和尊重，而绝对不愿变成你们身边可有可无的附属品。

但现实中的情况却常常不容乐观。在恋爱中以及双方结合的初期，可能是因为彼此的感情都处于高潮，所以男人会源源不断地供应给女人感情方面的营养。但是随着时光的飞逝，男人可能忙于工作，也可能是其他原因，对女方的感情就渐渐疏忽了，至少不像以前一样，费尽心机地去讨好女人。

如此一来，女人就难免会产生极大的失落和失望。她们越来越觉得男人已经对她没有了兴趣，甚至怀疑男人不再爱她了，并明显地感觉到男人把她归为了附属物。

这样一来，裂痕就开始产生了。

婚后，千万别把妻子当成你的附属物。现代社会的女人是无法忍受在精神上轻视她的男人的，这是最让女人难以忍受的折磨了。

女人受不了男人的轻视

男人的不正当对待方式，会给女人带来痛苦。压抑久了，就会变得婆婆妈妈，不停地抱怨——在这里要声明，这不是女人愿意这样的，而是男人把她逼成了这样。对此，男人的责任重大。

男人不应在费尽心思把女人娶回家后，就忘了曾经的誓言，许给她们的幸福是需要一一兑现的。但男人却往往易犯这种错误，婚后不仅没积极兑现曾经的承诺，反而心安理得的索取。

与一个不懂体贴、自私自利的男人生活在一起，女人多是不能容忍的。轻则吵闹，重则分手。所以说，男人要注意自己的言行，因为女人受不了男人的轻视：

▲不要只有在肚子饿了的时候，才想起妻子，并大声地喊“亲爱的老婆，我现在最需要你了，我现在最想你为我做的红烧肉”。

▲不要在脏衣服堆成山的时候才想起妻子，才肯使用花言巧语好让其为自己服务。

▲不要在做错了事的时候，才肯低下"高昂"的头，对她说好话。

▲不要等妻子抱怨你不关心她时，才想起昨天是她的生日。

▲不要总是要求妻子以自己的意志为转移。

▲不要以你的想法来左右女人的生活，每个人都有自己喜欢的生活方式。

如果女人宣称她在夫妻关系中没有乐趣可言时，并不代表就是女人的小心眼儿在做怪，这往往不是空穴来风，即使小心眼儿，女人多是不会在婚后无病呻吟的，她们懂得无理取闹不会给自己带来益处。

只有女人明显地察觉到男人对她的态度不对劲的时候，才会指责、埋怨他。一旦出现这种情况，男人就要自我检讨：是不是对女人的关注太少了？是不是太以自我为中心了？是不是无意中把女人当成了生活中的配角，使之完全没有了自我？

"贤内助"一词是对女人的一种美誉，但细想，其中不乏对女人的轻视之意。顾名思义，就是男人的好帮手，是把女人视为男人的附属。

让女人努力去做"贤内助"可以，但是男人在精神上也如此地轻视对方，那么女人多是不能承受的。这不是歧视是什么！

也许男人会拿出几千年的传统来压制女人，但是你有没有想到，如今时代变了，社会已经发展到了男女平等的地步，女人可以有自己的事业、自己的追求，并且完全有能力按照自己的意志去生活，有权利追求自己想要的生活。

所以说，男人万万不能不顾女人的感受，一意孤行地轻视她，那样是有损于夫妻感情的，并会给婚姻埋下隐患，严重的可导致婚姻破裂。

婚姻专家点评

女人最不愿面对男人的轻视，也最无法忍受男人的轻视。这种不正确的对待方式，往往给女人造成极大的痛苦。

女人会被冷漠的男人"逼走"

虽然女人都有爱家的本性，然而一个一再令她失望、难受的家是无法拴住她的心的。从这个意义上来说，丈夫应承担更多责任。易卜生的经典名剧《玩偶之家》中的女主角娜拉，堪称是典型的贤妻良母，却为了一件原本微不足道的事情抛夫弃子，重新选择自己的人生旅程。

一个妻贤、夫良、子孝的幸福家庭，为何会在数日之间瓦解掉?原因就在男人没能对妻子表现出该有的。事情的经过是这样的：

结婚8年，育有3个孩子的娜拉勤俭持家，深受人们称赞。但娜拉对丈夫的苦心付出，丈夫不仅不领情，反而说风凉话。

以前在她丈夫生病需要长期疗养时，瞒着丈夫向银行借了一大笔钱，将丈夫送到外地静养。后来，丈夫身体康复了，律师事务所的事业也渐渐恢复旧观，并且获聘担任了地方银行的经理。不过，他们在银行的贷款始终未能全部清偿。以娜拉的想法，贷款用不了多久就可以还清了，到时再把一切告诉丈夫，一定可以获得丈夫的感谢。

然而，事与愿违。当初负责贷款的经办人，正是丈夫新就职银行的职员，而这名职员正面临被炒鱿鱼。职员前来拜访娜拉，请求娜拉："看在贷款的情分上，请你的丈夫多多关照，别解雇我了，否则，我就将贷款的事抖出来。"

由于娜拉认为干预丈夫工作上的事情不好，于是就没有答应这个人的请求。没想到丈夫知道事情真相后，居然大发雷霆："你居然瞒着我做出这种事！"

如果丈夫能够对娜拉表示感激，哪怕是理解，娜拉也不会愤然出走的。可以说，娜拉要的并不多，也不过分，她要的只是丈夫对自己善意的心存感谢，只要她丈夫有这份感谢的心，再大的痛苦她都能忍受。好心不得好报，却遭受到冷言冷语，娜拉怎能不心寒？于是，就上演了离夫别子的一幕。

是的，就是这样，当女人感觉自己不再拥有丈夫足够的爱和关怀时，就对婚姻产生失望，然后就可能做出异常的举动来。

富兰克是一个助理律师，他遇到了米蒂，深深地爱上了她。米蒂是一个社会工作者，和富兰克一样致力于相同的工作——这使得富兰克对米蒂更加有信心了。

自从与米蒂交往后，富兰克感到自己的工作更加得手应心了，这是心情愉快所致。对发展同米蒂的关系，他持有乐观的态度，他想建立一个家庭，他为能找到这么一位他真正热爱的女性而心中充满了幸福。

富兰克整天都想着米蒂，并急切地等待着他们的每一次相见。他带米蒂去他最喜爱的餐馆吃饭，一起喝美酒，富兰克感到很幸福，米蒂也同样感到幸福，他们都有成家的冲动和打算。

可是两年后，富兰克和米蒂的关系已处于破裂的边缘。为什么?米蒂感到富兰克总是专心致志地工作，他再也不愿理解她，或是去关心她的生活。她感到他再也不愿奉献给她什么或是去爱她了。而富兰克却无法理解这一切，他坚持认为他仍旧爱着米蒂，也很需要米蒂，尽管他们变得疏远了，但是他没有感到因此会失去他们的爱情。

直到米蒂告诉他，她正在准备离开他，这才使他彻底认清了问题的严重。他责怪米蒂多心、"神经过敏"，米蒂却指责富兰克冷淡她，因为他通常在家里的时间是这样度过的：富兰克埋头干他的工作，准备纪要、摘录等等。想要放松一下时，他就打开电视机，看体育节目或看报纸，这就是米蒂抱怨的原因。而富兰克说他感到米蒂的抱怨莫名其妙，他确实不知道她需要他做什么。

富兰克和米蒂的经历是许多夫妻关系的真实写照。女人抱怨男人对她们没有足够的热爱，没有给她们应有的重视，不去深入地了解她们的内心感受，理解就更不够了。男人可能对此感到茫然，不理解女人所谈论的这些是怎么回事，为什么会凭白无故地怨声怨气、牢骚满腹呢？她需要什么呢？

很简单，她因觉得受到了冷落，所以才萌生出诸多的反面情绪。当她认为男人不再爱她或爱得不够时，就会不自觉地产生失落感，并感到自己受到了伤害，就可能选择离开，以求得解脱。

男人的冷漠，对于女人来说，如同一把利剑，会让她痛苦万分，会逼着她寻找解脱的途径。

别冷落了你的女人

不同年龄的女人对爱情的看法不同，相同的是永远需要爱情，需要一个与她比翼齐飞的男人。不分年龄，女人都重视爱情，在意婚姻。

20岁的女人充满了对爱情、婚姻的向往，她们希望男人与自己一起花前月下共缠绵；30岁的女人对爱情则是实质的需要，她们希望男人与自己共同进步，相互鼓励；40岁的女人则对男人最大的要求是在意自己、数十年如一日地爱着自己，足矣！女人越是上了年龄，对男人越是显露出心理上的依赖性，她可以不要求男人事业有成，但求他能够对她的爱依旧。

凡是妻子都希望丈夫是自己生活中最佳的合作者，也就是说，双方达到步调一致，对内对外都能合作无间。但是，比这更重要的一点便是能够得到丈夫的关怀和体贴，特别是青春已过的女人，更是别无他求。她们对男人的爱的渴望不亚于刚刚情窦初开的小女孩，对爱产生了浓浓的渴望，她们希望看到丈夫不断地表示爱意，情感的沟通是她们最大的要求。一个善解人意、情深意重的丈夫，对于她来说，比中了头彩还重要。

所以说，一个女人在婚姻生活中幸福与否，是快乐还是悲伤，常常取决于她身边的男人。有的女人在生活中给男人以至高无上的地位，到了为他失去自我的地步，把他当成生活的主要内容，崇拜他、服从他，像孩子一样等待来自他的温暖。这是对她最好的承认了，否则她就可能会溃不成军……

女人为婚姻、为家庭，多是不畏辛劳的，这就是女人的伟大之处。她们可以默默奉献，可以把所有的光和热都奉献给家庭。但是，她们却需要来自男人的温暖。如果她长期得不到男人的温暖，那么她积极性就会大大的打消，对婚姻产生怀疑。

不要以为，婚后的女人就不再需要甜言蜜语和关怀体贴了，如果男人总是对她的内心感受漠不关心，却心安理得地享受着她的劳动成果，那么她是无法做到心理平衡的。女人是感性的，她会潜意识地认为，男人没有把当成妻子，而是把她当成了女佣、免费的钟点工。

如此，她怎能不产生悲哀、怎能不满腹牢骚呢？甚至女人会认为，男人千方百计把她追到手的目的，只为找一个伺候他生活的人，而不是一个爱人。因而，她就可能会怀疑男人对她的感情，以及她在他心目中的位置。

女人一旦胡思乱想起来就麻烦了。对理家的态度可能由充满热情变为萎靡不振，对男人也难得再有耐心周到的照料，对婚姻也渐失信心。面对一个不信任的男人和不满意的婚姻，女人怎么能不闹情绪呢？

所以说，如果你爱你的妻子，就让爱时时重温，别冷落了她，冷落往往是她产生悲伤情绪的根源。在感受不到爱的婚姻里，女人有可能选择离开。比如说婚外情，大部分女人都是在婚姻中感受不到该有的爱和关怀，才转而寻找新的寄托，移情别恋的。

男人给予的温暖，是女人甘愿奉献自我的推动力。面对一个冷漠的男人，再贤惠的女人，也会失去对婚姻和家庭的热情。

对她表示“承认”和“感谢”

其实，问题是很容易解决的。女人要的并不多，只要男人的承认和谢意。一句温暖的话，能让满身疲惫的她倦意全消。

男人不经意间的表现，就会改变女人对生活的态度。所以说，男人完全有必要时常对女人的辛劳表示承认和感谢，让她知道对于她的付出是多么的需要，对于她的辛劳是多么的不忍，她对这个家是多么的重要。哪怕她明知道这话是男人虚假的应付，她还是会感到欣慰，因为毕竟她的劳动受到了关注。

女人就是这样，傻得可爱，会轻易相信男人的甜言蜜语，几句好话就能够讨得她的欢心。所以说，有些时候，男人只需练就“嘴皮子功夫”，就能够把女人哄得服服帖帖的，像被灌了迷魂汤一样，乐颠颠地揽下全部的家务，而任劳任怨。

天底下的女人统统都是这样的，即使明知道男人的话言不由衷，八成儿是在哄她骗她，也愿意听到男人那些甜腻腻的、丝毫不负责任的胡话。胡话也会让她自

我感觉高大起来，一高兴就做多少活都可以了。

其中的道理很简单，男人的承认和感谢会让她意识到她对于他来说是那么的重要，他一辈子也无法离开她，这种“被需要”、“不可替代”就让她以“帮助者”的身份出现，而“帮助者”这个角色会令她产生强烈的心跳，并且马上觉得自己的责任重大起来，从而也乐于去承担更多的责任，从而成就自己的“高大形象”，无私地奉献自己的力量和爱心。

如此说来，女人真的是很好哄的，只要你让她意识到：“我需要你，你是不可替代的”，那么她就可以放弃自己的愿望和兴趣，而完全服务于你，甚至为需要她、离不开她的男人而活。

因此，当女人为你奉上一杯茶时，当女人为你准备好一顿丰盛的晚餐时，你不要只顾美滋滋地享用，别忘了对她表示感谢，夸她温柔贤惠；当女人清洗衣物、打扫卫生时，即使不帮忙，也要上前表示关心，告诉她要注意自己的身体，适时休息，不要操劳过度。

一个动手，一个只需动口，男人真是捡了天大的便宜，却行之有效，几句温暖的话就能够促使女人充满积极与热情地继续为你服务，何乐而不为呢？

只需要耍嘴皮子，女人就能够感觉到男人的关心，女人就会对男人充满责任感，哪怕自己将就些、凑合些，也舍不得男人穿着脏衣服出门、吃不合口的饭菜。只需对女人的辛劳表示感谢，就会换来女人全身心的照顾和无微不至的呵护。

对于男人来说，一定要懂得对女人的辛劳表示感谢，既能哄她开心、又方便了自己，真是“一箭双雕”的好办法。

女人是麻烦的，也是好哄的。只须男人多花一点心思，多一份关心，重视她的付出并表示感谢，那么就万事大吉了。

3. 要处处顾及对方的感受

男人的疏忽造就女人的怨

婚后，对婚姻失望的多是女人。因为，结婚是一个女人嫁给一个男人，把一

生的幸福交到男人的手上，在婚姻里能不能幸福，就看这样男人是怎样对待她的了。

事实上，很多婚姻的“幸福”都是表象的，只不过是表面上的风平浪静而已，就像是一双鞋子，表现上看起来像模像样，实质上舒不舒服，只能当事人最清楚。在实际当中，女人在婚姻中往往是孤单和无奈地守着“59分”的不及格婚姻消耗着岁月。

小青的密友从另一个城市打来电话，问起她的婚姻生活状况，小青只是无奈地说：还行。密友听出了小青的心中的不满，感慨中颇有同感地说：“我也比你强不到哪去！早知婚姻如此，干嘛那么急着要嫁人呢，还不如单身算了……”

挂了电话后，小青走到穿衣镜前，下意识地捋了捋头发，又看见了脸上那些细细的皱纹。这桩不如意的婚姻，将她催老、催憔悴了。她不禁想起一首歌唱：我不知道，为什么这样，爱情不是我想象。小青觉得，这首歌颇能代表她的心情。她禁不住唱到：“我不知道，为什么这样，婚姻不是我想象。”

小青与丈夫之间没有什么大的矛盾，只是性格不太合。小青是一个很内向的人，喜欢静，不太喜欢整天迎来送往的交际。可丈夫偏偏是个非常喜欢热闹的人，干什么事都爱扎堆。结婚前他事事都为小青着想，所以对两个人一个外向一个内向并没有意识到会产生不合谐，还觉得这样挺好，正好互补嘛。可惜结了婚过起日子来，却完全不是这么回事。

丈夫隔三差五就在家里聚一堆朋友，又吃又聊，害得小青担任起了厨娘和清洁工的角色。小青不是没有忍耐力的人，如果是偶尔有一次、半次的酒席，她是不会反对的，可是总是这样乌烟瘴气的，她就受不了了。于是，他们就为这事发生了争执。结果，丈夫投降了，那些狐朋狗友再也不来了，但丈夫从此也不着家了，跟着那群人去别人家聚堆去了，家对于他来说变成了旅馆。

结婚前，感到孤单时她总会安慰自己，结婚之后就好了，那时就是两个人了。但现在和原来一样，仍然是常常感到孤单，甚至比以前更无奈。以前还有盼头，现在连盼头都没有了。

每当丈夫一身酒气地深夜归家时，她心里就会掠过分手的念头，但迟迟下不了决心，因为她不能保证，离婚后能找到好过他的男人。所以，只好满心委屈地守着“59分”的不及格婚姻。

现实中多是如此，往往是男人的疏忽造就了女人的怨。

女人在婚后，常常变成怨妇，这多是男人一手造成的。很多时候，男人们并不知道，是他们的疏忽造就了女人的怨。

婚后更需重视女人的感受

许多夫妇都面临着一个非常重要的问题——注意保持和增进夫妻间的感情。在这一点上，家庭心理学家有一个重要的建议：夫妻双方必须有相当的时间相聚在一起，无论彼此时间多么紧张，也不要忘记适当地陪伴你的爱人。因为，婚姻中的爱情需要保温。

社会调查发现，许多的已婚男士，都过高地估计了自己对爱人的了解程度。他们相信婚前若干时间的恋爱和婚后的和睦相处，足以保持对方感情上的稳定。基于这样的认识，他们便不注意努力增加夫妻的感情。几乎有60%的已婚者，比起婚前的恋爱阶段来，陪伴对方的主动性都有所减少，也就是说忽略了对方的感受。

请看下面这个故事：

小袁和妻子是恋爱了两年多才结婚的。他一直认为自己是一位很称职的丈夫，相信自己对婚姻和爱情所做的努力无懈可击。有一天他兴冲冲带回两张电影票，打算晚上和妻子一起去看电影。可是妻子以疲倦为由，拒绝了他，小袁只好独自去看了。

看完电影回到家后他有些闷闷不乐。他对妻子说，我一片好心，想一起去看场电影，你却让我这么扫兴。妻子却反唇相讥说，上次假日，我要去百货大楼买东西，你却说你不善于买东西，想留在家种花，我就没觉得扫兴吗？小袁无话可说了。他第一次意识到，他无意中忽视了妻子的感受。

一次、两次被忽略感受，女人还能够容忍，但是长期处于这种情况，问题就严重了。

安格莉卡离婚已经五年了，去年又交了一个男朋友，并很快就结了婚。尽管和安迪在一起的生活很幸福，但不知为何她却越来越感到抑郁、沮丧，以至于要靠医生开的药物来缓解，最后不得不去进行心理治疗。

通过心理咨询，安格莉卡明白了原因所在：在与安迪的交往中，安格莉卡总是事无巨细、无微不至地照料着他，煮他最爱吃的东西，替他洗衣服，帮他照顾生病的母亲，就连共度周末时她也总是处于服从的地位。可是她如此的付出，得到了什么呢？安迪惯于她的照顾，却从不试着考虑她需要什么？他该为她做什么？这使安格莉卡非常非常失望。

安格莉卡将自己的愤怒掩盖得很好，但偶尔也会莫名其妙地勃然大怒，可事后她又会严厉地自责，马上主动道歉，然后再加倍努力，以期一切重新变得和谐。

时间长了，安格莉卡就陷入了严重的沮丧中，抑郁极了。这就是男人不顾及女人的感受所造成的后果。

结婚以后，女人常常以自己特有的温柔和体贴去照顾男人，而男人则习以为常，错误地认为女人就是该照顾男人的，却完全疏乎了女人的心理感受，这是婚姻的大忌。

尽量别扫了女人的兴

女人常爱在男人面前撒娇，从而尽显自己的柔情。这是女人讨好男人的一种表现，这时她们希望获得男人的接受，如果男人表现冷漠或不耐烦，那么就会令女人大为扫兴，隔阂或许就这样产生了。

正常情况下，女人的柔情可以激发出男人潜在的保护欲，从而对女人产生怜香惜玉之心，在对女人给予承认时，自己也拥有一种成就感。所以说，男人不应轻易拒绝女人的柔情，这是发展双方感情的好时机。

女人常常以撒娇的方式来展现柔情，女人的撒娇是一种自我表现，她们的目的是为了引起男人对自己的注意，她们所做的一切都是为了取悦男人。一位学者说："女人在撒娇的时候最美丽。"所以女人想通过撒娇把自己最美丽的一面展现给男人，这是女人为了吸引男人所使用的手段。但凡聪明的男人就不会辜负了女人的一片心血，对她的柔情照单全收，并且给她以回报。

撒娇一直被认为是女人三大"特权"之一，乍听起来，可能会有很多人反对。因为当人们一提起"撒娇"，最初的感觉是像说孩子。每一个父母都领教过自己孩子撒娇的本领，但却没有听说哪家父母亲曾吃过孩子撒娇的亏。

而女人撒娇却不一样，女人不撒娇则已，一撒起娇来就会让人心慌意乱，让男人会把持不住自己，可能任由女人胡作非为(这里的胡作非为只不过是乱买东西和乱占用男人的时间)。所以说，除了特殊情况外，男人面对女人的撒娇，当然还是应痛快地接受，因为撒娇能够给爱情带来激情，而爱情是不能没有激情的。

一般情况下，女人用撒娇的方式来表达柔情不是错，这是女人在乎男人的一种表现，甚至可以说是女人变相的向男人示爱。因为女人在感情方面总是处于被动，她们不会大胆的在男人面前表白自己的爱意，所以有时她们就会用撒娇向男人暗示。

当女人半开玩笑半撒娇的对一个男人说"人家就是这样嘛！你为什么总是说我？"这就表示女人对男人有好感，不然她们完全可以这样说："我怎么样你管不着。"这时的男人就会被女人的一句话噎死，一个对男人没兴趣的女人是不会有心

情对他撒娇的。

女人喜欢偎依在男人身旁轻声央求男人吃下他们本不喜欢的水果;女人会柔声劝告男人远离那些对身体不好的烟和酒;女人会轻声细语地告诉男人不要天天忙于工作,而忽视对自己身体的照顾;女人会柔声的要求男人在晚饭后不要常坐电脑旁,而是有时间就到外面走走,消除掉白天工作中的疲劳……这都是女人用撒娇来表达柔情的方式,从而让男人心情愉快地接受女人们的"良言",改掉他们的不良习惯,多做对身体有益的事情,这是女人关心男人的一种表现。

女人的这种以柔克刚是用心良苦的,她们知道面对比自己强硬的男人,不能用强硬来硬碰硬,而是用自己的轻柔来感化他们。想必一个再强势的男人面对一个对自己柔情似水的女人,也是很难拒绝的,因为"忠言"不再"逆耳",这就是女人柔情的妙用。

面对女人的柔情,男人该懂得怜香惜玉,不要轻易拒绝。因为,女人的付出和心血往往就在里面。女人用她们的柔情把男人死死地套在自己的温柔里,她们细心地照料着男人的生活起居;她们毫无怨言的为男人忙里忙外,她们费尽心机处处以温柔来对待男人,她们所做的一切,就是地了让男人更爱自己;她们委曲求全,在男人以"大男人"自居时,只会以柔情来表达自己的思想,而不是反击。

女人的柔情全为男人,男人是不该轻易拒绝的,如果扫了女人的兴,就会使感情变得疏远了。

婚姻专家点评

撒娇是女人的拿手好戏,她们往往以此来俘虏男人。撒娇的女人往往是柔情万种的,她常常把对男人的关爱用撒娇的方式表达出来。此时,男人千万别扫了她的兴。

多给女人一些关爱

现实中的婚姻常常是令人担忧的,多数丈夫每天很少留在家里陪伴妻子或帮妻子做事。特别是事业心极强的男人,他们一心在外奔走、拼搏,没有心思顾家。另外有"大男子主义者"倾向的男人则认为女人就应该呆在家里,男人应该在外面活动,陪伴老婆是不光彩和没有出息的事。即使妻子是外向、活泼的女人,他们也很少在外出交际活动中携带着她,对她的感受从不重视。这些常常置妻子的感情或愿望于不顾的男人,往往导致妻子产生孤独和自怜心理,对婚姻失望。

女人要的是什么呢？男人们往往想不明白。其实，女人要得并不多，男人做到也并不难，在日常生活中，举手之劳就能哄得女人开心。比如说，情人节一朵芬芳的玫瑰、病榻边几枝鲜红的康乃馨、悄悄送上一枚水钻别针、一条真丝围巾乃至一束无名的野花、几颗细小的红豆，都能在女人的心里掀起温暖的涟漪。

是的，女人要的并不多，只要男人处处顾及她的感受，她就能远离孤单，告别自怜。

有些时候，女人的顾影自怜并不是男人有意造成的，他可能还爱着她，只是忽略了她的感受，没能给她足够的关爱。但是女人一旦得不到情感的满足陷入自怜中，那么对婚姻的危害是非常大的。

如果男人不想因此而影响到婚姻，也不忍心所爱的女人被孤独、感伤所害，那么，在日常生活中就要加以注意了：

1.不要使妻子感到孤独

无论工作多么忙，也不要丢下妻子一个人不管，因为生活并不只有工作，妻子是同样重要的，没有妻子就没有家庭。如果男人把精力全部投入到工作之中，而忽略了对妻子的关心，结果就会造成夫妻关系的冷淡。如果夫妻缺乏亲切友好的感情交流，孤独伴随着自怜便会油然而生。

2.在共同的生活上多花费心思

夫妻生活最忌变得单调。结婚几年后，热情开始冷却，彼此在身心方面再也没有神秘的诱惑，那么就在生活内容上多花点心思，同样能够拥有幸福和美满的婚姻，让女人的孤独感无法插足进来。

3.注意尊重妻子的感情

夫妻有争执再所难免，但无论吵得多凶，都不要说出伤害妻子的话，伤害的话一旦出了口，就再也收不回，说者可能只是一时气愤，可听者却会牢牢记在心中，不时就会想起细细品味一番。

4.不让她们一而再、再而三地失望

女人本来是想在婚姻生活里面寻找幸福、寻求照顾的，她们为了这一点点爱可以充当厨娘、保姆和情人三个角色，可是如果只能是—而再再而三地失望，那么结果可想而知。

5.不要婚后再也不送她礼物

有的男人一旦意识到女人已经是“自己人”了，就会变得越来越健忘，而且忘记的都是对于女人非常重要的事情：女人的生日、结婚纪念日，礼物也成了稀有物。

6.不能只要求她的理解，也要理解她

有的男人有大男子倾向，自己怎么做都觉得是合理的，都该得到妻子的理解。而从不试着去理解妻子。比如说，她生病的时候你没有给她倒杯水，你回到家里却要求她端上茶来。

女人的幸福常来自于男人,女人的不幸也常来自于男人。男人的关爱可以让她感到温暖,男人的冷落会使她陷入感伤、孤独。

婚后的男士,千万要注意女方的感受,给其足够的关爱。如果对此重视不足,则会给夫妻生活带来消极的影响。夫妻之间对对方的感情需求,是超过其他人际关系的。特别是女人,她们的需求最易被男人忽略,她们在婚姻中最易感到孤单无助。因此,心理学家一再提醒人们不要忘记对爱人的陪伴,应该争取尽可能多地跟爱人在一起,让对方多多地感受到你的关爱。

女人的幸福来自于男人。其实,她们要的并不多,只要男人在日常生活中多给她一些关爱,就足以能够带给她幸福和温暖了。

第五节 女人做错事怎么办

NüRenZuoCuoShiZenMeBan

1. 男人应承担的责任

主动承担维护婚姻的责任

在恋爱的时候，男人常信誓旦旦地许下诺言“我永远爱你”、“为了你，我什么都可以放弃”等等。恋爱的时候说什么都容易，一旦走进婚姻，双方之间的关系就变得沉重起来，“恋爱进行曲”演变成了“锅碗瓢盆交响曲”，到了这一步再不断地去用言行向女方表示“爱”，才是真正经受得起考验的爱。

恋爱的时候，男人许下再多的山盟海誓都是空话，要能够在婚姻中一一兑现才能证明。婚后，变的往往不是承诺，而是人心。恋爱时，男人对女人千般好、万般迁就都不会不耐烦，一旦结了婚，女人到了手，男人往往就抱着“革命已经成功，无需再去努力”的心态不再对女人有耐心，也不甘心再做付出了。

爱情之花是需要不停地浇灌的，男人的责任最重，绝对不能女人到了手就放在一边置之不理了，曾经的山盟海誓则犹如虚假的面具，自行脱落下来。如此，爱情之花是很快就会自行枯萎的，婚姻也会随之失去生命力。爱情在婚姻中就是这样不堪一击，容不得半点疏忽。

夫妻之间在婚后“个性不合”、“味同嚼蜡”等等感情变淡的实例数不胜数。婚姻不是一劳永逸的事情，需要精心地去维护才能拥有生命力。如果你懊恼地慨叹婚姻的不如意，不如花一点心思去维护它。

结束了浪漫的恋爱过程，一走入围城，男人就应该发挥男性气概，会体贴妻子，能用博大的胸怀去对待家庭琐事。

俗话说：造成婚姻不幸的原因各种各样，而幸福的婚姻却是大体相同的。大凡

成功的婚姻结构，都少不了适当的姑息、原谅和包容，人与人的关系是复杂的、互动的，在夫妻相处中，男人应主动承担维护婚姻的责任，可参照如下原则：

▲不要总是想改变对方，要先改变自己。

▲在恰当的时候恰当地使用对方的游戏规则，让对方亲身体会自己的不正确言行。

▲时常反省自己——自己的态度、想法是否对婚姻有利，她对你的满意程度。

▲遇到问题时自己主动上前解决，平时则事事与妻子商议。

▲多与对方交流，使双方都明白对方的喜恶，能减少发生冲突的机率，增进双方的融洽。

▲多理解对方，少指责对方。

▲家庭里的事情，要少说多做。

▲努力接受对方的缺点，多发现对方的优点。

▲克制对女人心存偏见。

▲小事依着她，大事开导她。

▲能够主动承认错误。

▲多为对方付出，而不要对对方要求过多。

▲不要认为对方对你的付出是理所当然，哪怕是丁点的付出，也要心存感激。

▲不要轻易发脾气，有话好好说。

▲不要事事较真，该糊涂时则糊涂。

是的，为了“争不出是非”的事去“定是非”，是家庭生活中最常见的一大误区。指责、埋怨、争执的结果，只会破坏家庭的气氛，伤害对方的感情，导致婚姻的失败。凡事都不能要求女人完美无缺，而应把家庭保持甜蜜温馨放在首位。“退一步海阔天空”，男方要能够主动避免不愉快的发生，才能对维护婚姻起到积极的作用。

婚姻专家点评

一旦走进婚姻当中，男人就该主动承担维护婚姻的责任。恋爱时的海誓山盟，要在结婚后才能够得到具体的体现，如果经受不起现实的考验，那么无疑都是空话。

女人不贤淑，男人有责任

男人对于女人重要，女人对于男人也同样重要。妻子是与你朝夕相处的人，一

个男人，拥有什么样的妻子，就会拥有什么样的人生。每个男人都梦想拥有一个好妻子，聪明、漂亮、善解人意，对你又百依百顺……可是现实中，能够如愿的男人却是少之又少，人是没有完美的，妻子当然也不可能如你所愿地那么完美。

随着社会的进步与发展，人们对生活质量的要求也越来越高了。在男人所论及的有关女人的话题中，理想妻子的形象是一个永恒的主题。男人们对女人往往有着过高的期望值，所以常常抱怨贤惠的妻子越来越少了，女人为什么越来越不贤淑了呢？女人为什么在婚后便没有了恋爱时的可爱，变得让人烦了呢？比如说爱唠叨，大凡婚后的女人多有爱唠叨的毛病，许多男人都认为爱唠叨的女人是让人无法忍受的。所以，他们认为起码爱唠叨这一点就证明妻子不是理想的妻子形象。

在这里提醒男士们，有必要对婚姻的性质做个了解，如果说婚姻是爱情的坟墓，那么，如果没有婚姻，爱情就死无葬身之地了。所以说，婚姻本身没有错，错就在于拥有婚姻的人不懂得守护。婚姻远比爱情复杂得多，因为必须一边买菜做饭、一边洗碗拖地、一边喂奶换尿片、一边吵吵闹闹、一边谈情说爱，需要很高的技巧才能平衡家庭压力与爱情之间的关系。稍有闪失，就会发生倾斜。

对于女人的爱唠叨，男人也是有责任的。女人往往是对生活的压力感到喘不过气来或者男人不够体贴，才会唠叨的，这是她们释放内心压力的一种有效方式。女人的唠叨，从一定程度上来说，男人也是有责任的，如果身为男人，你尽心尽力地去体贴女人，并帮助妻子解决生活中的问题，使她不那么劳碌、不那么烦恼，那么，想必她就不会对着你唠叨个不停了。

所以说，要能够体谅妻子，要能够看到妻子的好，她可能有这样那样的毛病，但是她的辛劳也是功不可没的。唠叨型的女人，多数都属于说到做到的性格，她们对身边可触可摸的大大小小的事物，都能够细心体会并着力于解决。她们唠叨可能是因为对生活的不满以及对美满的期望。你要是能努力改善她的生活状况，那么就有可能改变她爱唠叨的毛病。

还有人说，唠叨型的女人是因为自信心不足，依赖性强，总希望得到别人承认，受到别人的重视。如果男人无视她的温柔贤淑、无视她的辛劳理家，那么她的温柔体贴与任劳任怨还能持续多久呢？

所以说，女人不贤淑，男人有责任。在抱怨温柔可人的妻子婚后竟变成了絮絮叨叨的“管家婆”时，你也该想想自己的原因，是不是你一手把她逼成这样的？

在恋爱的时候，罗颖之所以像小鸟依人般地温柔，是因为那时的他温和宽厚，颇有翩翩君子之风。结婚以后他露了馅，穿得又脏又臭的袜子不但不洗，还到处乱扔。罗颖是个很爱整洁的人，婚前又一直过着悠闲的日子，结婚以后除了单位的工作外，无休无止的家务活要罗颖一个人来做，实在是受不了。买菜做饭不说，还要给他洗衣服甚至洗袜子……

想想这些，罗颖就感到委屈。这还不说，他经常很晚才回家，罗颖若生气了，他

就说罗颖不理解他，还振振有词地说："男人嘛，晚上总得应酬应酬，要不怎么干事业。"其实他哪有那么多的应酬。

罗颖本是个很浪漫的女孩，想象着有一个温馨的家，一个宽厚体贴的丈夫，自己尽力做一个温柔贤惠的妻子，可现实把罗颖的梦想击碎了，每天下班回家就是洗衣服做饭，饭都凉了等来的却是他的电话，轻描淡写地告诉罗颖："加班，不回去吃饭了。"遇到这样的丈夫，再要女人温柔贤淑地做妻子，这不是痴人说梦吗？

女人的温柔就如一枝花蕾，需要男人精心地呵护，随时用爱的雨露滋润，方会开出美丽的花朵，若男人只想欣赏到花，而不想付出爱，花蕾怎会绽开？

男人不要把"婚后的女人不再可爱"等等一味地归罪到女人的身上，有没有想过是因为男人的原因，导致妻子的可爱之处全消呢？

英子是本性温柔可爱的女子，恋爱时英子会亲手为他擦脸上的汗水，耐心地给他缝扣子，那时她对他的每一点付出都看在眼里，记在心头，感谢在嘴中。可是婚后，他却把这一切都看成理所当然的了，如果英子稍稍慢了一些，他反而不耐烦了，还会指责英子。在这样的男人面前，女人还怎么可爱得起来呢？

女人不贤淑持家，是不是男人也有责任呢？现在已不是"女子无才便是德"的时代了，女人和男人受同样的教育，顶着和男人同样的压力，要努力在纷繁复杂的社会中保住自己的位置很不容易，不公平的是她像男人一样工作了一整天还要下厨房做饭，男人却心安理得地在沙发上摆出大男人的架子悠闲地看报纸或看电视。在这种生活环境中，女人还怎么能够心理平衡的做贤妻呢？生活的压力可能会把她们逼成温柔不再、满脸沧桑的女人，在男人眼中不再拥有女人味与可爱。

请不要轻易把妻子的不是归罪于她的错，请在做一番深刻的自我检讨后，改善自身的言行，好妻子往往不是天生的，不可能任打任骂都会数十年如一日地为你做牛做马、死而后已。

妻子是活生生的人，是好是坏，与你有直接的关系，你该负最大的责任。即使完完全全是她的错，你也该看在"大男人"、"小女人"的分上，在宽容的基础上帮助她、完善她，让她向着好妻子的方向迈进。

婚姻专家点评

现实婚姻当中，男人常常犯的错误是——只看到妻子的不足，却从不检讨自己对妻子是否很好、有没有顾及到妻子的感受、尽到一个丈夫该尽的责任。

男人应主动适应、迁就女人

男女在一起生活，双方由于不同的性格差距，不经过努力，是较难相处默契的，这就需要双方慢慢地努力磨合，以达到默契。

男与女的差距，最明显表现在“男粗女细”上，男人心中有粗没有细，女人心中有细没有粗，男人“粗”的优势在于心胸较宽阔，女人“细”的劣势在于心胸较窄。女人纵使有万般好，在气度这一点上都是要逊于男人的：男人眼界放得远，心胸放得宽，不拘小节，并把主要心力投注在更大的事业上，他们腰圆膀粗，敢上九天揽月，敢下五洋捉鳖，天大的事都能一肩挑或一脚踏。

女人面对大事往往就后退，宁愿去做那些不起眼的小事，但是习惯斤斤计较，把挣的钱无限量地用在化妆、打扮、美容、减肥等方面，有时还要同男人无理取闹、撒娇撒泼……

看来，男人还真得有一颗包容女人的心，否则，日子就没法过了。

女人在认定了一件事时，往往认死理，九头牛也拉不回来，换作大大咧咧的男人，可能就容易通融。开车时最忌三件事：第一，女人；第二，醉酒；第三，倒开的车。就是说开车时最害怕是女人所开的车，第二是喝醉酒的人所开的车，第三则是倒着开的车。这也说明了女人的气度。

女人在开车时，多会全神贯注于自己的车，不会考虑到其他车如何行驶，如何才能与其他车辆相配合。由此可知，女人的视野较狭窄，有的时候会表现出以自我为中心的性格。就是说，女人在埋头做一件事时，脑海里可能再也装不下别的事情了。例如，女人在打公用电话时，只顾自己聊，而不会注意到外面等候电话的人。不考虑他人而只管自己长时间通话多是女人。

女人的狭窄思维，常会使她身边的男人大为头痛。比如，陪她上街购物时，她只把精神全力集中在购物上，根本忘记了站在一旁的丈夫。有时，甚至小孩走失了，她都不知道，等到买完了东西，才慌慌张张地寻找自己的孩子。

女人还多缺乏时间观念，例如要出外旅行时，她只是专心在化妆上，丈夫深恐延误了火车时间，拼命催促她快点，她却仍有条不紊地化妆，对她来说化妆比赶火车更重要，她就不去想误了点怎么办。女人有时就是这样不分轻重缓急，不计事情的后果，让男人无法忍受。

在现实生活中，男人由于无法忍受女人的小肚鸡肠而大发雷霆的事情并不少见，常因此影响到夫妻关系。站在旁观者的角度来讲，男人既然心胸较宽，就要尽量包容女人，不能只看到对方的短处，而忽略了对方的长处。要不是女人的小肚鸡肠，那么多琐碎的家务，由谁来干？持家理财的大任不是只有女人才能担当吗？男

人能够花费那么多心思来计划家庭设置吗？换一个角度，换一种心态，情况可能就会随之发生变化了。

美籍华人、著名心理学家李恕信写过这样一个故事：一个小女孩趴在窗台上，看窗外的人正在埋小狗，不禁泪流满面，悲恸不已。她的祖父见状，连忙引她到另一个窗口，让她看玫瑰花园。果然小女孩的愁云为之一扫，心空顿时明朗。老人托起外孙女的下巴说："孩子，你刚才是开错了窗！"

是的，在生活中，我们如果开错了窗，站在偏激的角度去看问题，可能就会产生坏的结果。如果能够及时改变方位，那么情况可能就随之发生变化了。有些时候，解决问题就这么简单，只需换一个角度看问题。在人生中，我们要时时考虑，有的"窗"该打开，有的"窗"则不值得打开。不同的"窗"，有不同的背景和不同的剧情，它会带来不同的心态。

所以说，男人要能够以正确的角度、宽容的心态去包容女人的性格缺憾，尝试着在包容的基础上与女方磨合，以达到默契相处，问题就会得到很好的解决。否则，就等于开错了窗，就会变糟。

婚姻专家点评

男粗女细的结果是——男人与女人之间始终存在着一些差异。这里提醒广大已婚男士们：学会主动迁就、适应女人，问题就迎刃而解了。

男人要主动避免发生争执

如今是中国离婚的高峰期，婚姻显得是那么的脆弱，双方当事人稍有不慎，可能就使其产生裂痕，甚至彻底破裂。电视连续剧《中国式离婚》曾一度火热荧屏，可见它体现了生活中重要的一面，引起了人们的广泛关注。婚姻一直是一个沉重的话题，随着这几年离婚率的迅速蹿升，婚姻危机对每个家庭来说都是威胁。离婚的原因是多种多样的，而夫妻之间不懂得相处之道而不断地争执，多是离婚的直接导火线。

在夫妻关系中，男人往往占据主导地位。因为男人先天有"把握大局"的本领，而女人则"缺乏方向感"，习惯处于被动位置。比如说，一位女士到朋友家，回来时不由得想：那客厅好漂亮，我们的房子要是能……这样想着上了出租车，以至于出租车朝相反的方向开去也未察觉，一件小事就足以占据女性的全部神经。"奇怪，这条街怎么这样生疏？"等她明白过来，车子已开出 10 分钟了。从影剧院或百货公司出来的女性们，往往分不清东南西北。所有这些都是女人"缺乏方向感"造成的。

所谓“方向感觉”，是人的视觉中枢、运动中枢、认知作用、记忆作用的综合生理条件。

在夫妻关系中，女人要是能够得到男人的关爱，那么女人就会被动地感到幸福；反之，女人就会感到失落。而男人则没这么被动，幸福与否也不完全取决于女人对他的态度，男人擅长创造他想要的生活，女人则习惯沉湎在男人给她的空间内。所以说，在夫妻关系中，男人应积极主动地把握大局，为防婚姻出现问题，要主动避免发生争执。

家庭婚姻问题专家们综合研究了许多对离婚夫妻平日相处的表现，提出了夫妻七戒，相信会对男士们“主动避免争执”起到一定的启发和帮助作用：

一戒动辄提出离婚。在日常生活中夫妻吵架在所难免，解决的办法是要正确处理发生的矛盾，尽量把大事化小，小事化了，当争吵激烈时切忌动辄提出离婚，并避免说出伤感情的话。

二戒以大男子主义的习惯统一家庭。在生活中人人都会有自己的一些生活习惯，对于别人的习惯，即使是些小毛病，也要善于容忍迁就。

三戒经济问题“独自作主”。别以为自己是男人就可以随便花钱，怎样花钱并非小事，不少夫妻为金钱而反目。家庭开支要共同商量，夫妻之间攒“私房钱”往往是家庭产生矛盾的原因。

四戒无故迟归和外宿。女人对男人的迟归和外宿问题是特别敏感的，她们既是出于关心，又是出于戒备。

五戒回家出气：男人在外面遇到不愉快的事，绝对不能回到家中对着老婆发泄。

六戒吃着碗里的，惦记着锅里的：有的男人总是认为别人的妻子好，对自己的妻子则横竖看不上眼。这是不可以的。

七戒互相揭短：人是最怕揭短的，尤其是夫妻之间，揭短是最伤感情的了。

婚姻专家点评

女人是感性的而不是理性的，在婚姻关系中尤其如此。婚姻关系是敏感而且多变的，这里提醒男士们要主动采取有效方式主动避免发生争执。

能够向女人“低头”

做为男人，能够低下头向妻子道歉，常常是化解争执的最有效办法。对男人心存不满，常常是女人发牢骚的原因，而男人恰恰最讨厌女人的牢骚，甚至可能会产

生“离开她”的想法。

如果男人在外工作一天回到家中想好好休息一下，女人却按捺不住心中的不满，开始发牢骚的话，那么男人肯定会受不了，“你总是空手回来，也不顺便买点菜，就知道张口吃……”

男人的压力本来就较大，回到家里本想温馨的家庭气氛能驱散工作中的烦恼，却遇到这种情况，火气大的就难免发起火来，与妻子产生冲突，使家庭气氛遭到破坏，夫妻关系恶化。

针对这种情况，男人该怎么主动避免争执呢？最有效的办法就是消除女人心中的不满情绪。如果你能够针对她的指责向她道歉，那么她也就无话可说了。女人的心是狭窄的，也是最软的，她们容不得男人对她不周，但男人几句好话，就能打消她的不满情绪，抚平她的愤慨。

俗语说，“君子坦荡荡”，一个胸襟宽阔的男人，就应该能做到“对就是对了”、“错就是错了”，如果错在自己，就要能够勇于承认错误、勇于自责。男人最忌心胸狭窄、虚荣心强、掩饰自己的缺点和错误，容不得别人批评、更不能做自我批评。特别是在夫妻关系中，一旦双方发生矛盾，为了保全面子，往往谁都不肯先认错。

男人可能有这种心理：身为大男人，绝不能放下架子“熊”在女人手里，这样就再也没有大丈夫气概，以后还怎么抬头？夫妻关系非同寻常，男人应该慎重面对，该本着“好男不跟女斗”的原则，积极主动承担自身责任，即使是对方的错又如何呢？你都能够低下头了，女人也不会再闹下去的。这不会有失你男子汉的尊严，相反会让妻子欣赏你、从心底崇敬你。一个能够主动向妻子道歉的男人，不会被人说不够男人，这是绅士的表现。相反，一个与女人斤斤计较的男人，反而会被人说不够男人。

在表示歉意时，一定要及时、认真、富有诚意，千万不要把道歉的时间推迟到“以后”或“明天”，事后道歉的效果会远远不如当时道歉。人心都是肉的，妻子保全了自己的面子，会对你心存感激的，即使当时嘴硬，也会在过后加倍地对你施以报答，因为你满足了她的虚荣和自尊。

男人对女人该有颗宽容的心，并且能够谅解、忍让，这是男人的美德，拥有这种美德的男人就能够有效地主动避免争执，这非常有助于夫妻双方关系的融洽。

婚姻专家点评

女人是爱发牢骚的、是心胸狭窄的，在婚姻当中，这类恶习更是加倍地显露出来。但是，女人又是容易哄的，只要男人能够向女人“低头”，夫妻之间就没有化解不了的矛盾。

种豆得豆，种瓜得瓜

苏东坡和佛印和尚是很好的朋友，有一天，两人坐着打禅。一会儿功夫，苏东坡问佛印："你看我坐禅的样子像什么？"

佛印看了看，频频点头称赞："嗯！你像一尊佛。"

苏东坡暗自窃喜。佛印也反问道："你看我像什么呢？"

苏东坡故意气佛印："我看你简直像一堆牛粪。"

佛印居然微微一笑，没有提出反驳。回到家中，苏东坡得意地告诉他的妹妹："今天佛印被我好好地修理了一番。"当苏小妹听了事情原委后，反而笑了出来。原来在打坐的时候，只能看到自己的形象。

这个故事说明，事情都是相互的。你以什么眼光看对方，对方就会以什么眼光来看待你。你能够看到对方美好的一面，那么对方也会努力看到你美好的一面。

比如说，两个人都一段时间内忙于工作，很少交流与相互关心。女人可能心里觉得委屈，忍不住对男人发牢骚："你越来越不关心我了！"男人如果不大度地反唇相讥："你关心我了吗？"那么，事情就会急转直下，产生僵局。

而如果男人能够本着男人该有的大度体谅地说："我真该死，竟然这么长时间没表达我的爱意了！我愿意任打任罚、加倍补偿！"女人要的只是男人的态度，并不是真的像他说的那样，打他、罚他，让他加倍补偿，男人的一句话，可能就抵消了她心中的不满。如此一来，事情不仅不会变坏，还会产生积极的作用，增进双方的感情。

请记住，在夫妻双方关系中，男人往往占主导地位，所以应该学会正确把握方向，如果能在双方的沟通中本着理解、包容的态度，那么就很容易达到相互理解的效果，双方都可以从良好的沟通中获得无穷无尽的收获和乐趣，使家庭成为快乐的"大本营"，释放现代社会快节奏带来的紧张，为迎接社会的挑战养精蓄锐。

婚姻专家点评

夫妻关系是需要用心经营的，可谓种豆得豆，种瓜得瓜。如果双方能够投桃报李，必然出现其乐融融的良好局面。

2. 给女人有效的引导

女人容易迷失自己

在婚姻家庭中,女人常迷失自己,因为她们较男人缺乏主见与理智。比如到百货公司买东西时,对于缺乏决定力的女性,若要由她自行决定购买一个东西时,反而使她犹豫。这个东西的品质看来比较好,那个东西的外形看起来比较高级,面对眼前多种产品的选择,到底买哪一个好呢?她可能会花上几十分钟拿不定主意。

好不容易决定购买之后,在离开百货公司的那一刻,她可能会冒出一句:"应当买第一个所看到的那个比较好"之类的后悔话——这种情况是很常见的,她们时常会在一件小事情里迷失,不知如何才是最正确的做法。

如果有个男人在一边帮她做决断,那么她可能就会完全依附于男人的主意,这就是为什么在一个家庭中,小事情由女人拿主意,大事情由男人拿主意的关键所在。对于琐碎的小事,男人往往不屑伤脑筋,而女人则乐于有一个显示自己的机会。遇到了大事情,女人就心里没谱了,这时男人就到了"出山"的时候。可以说,这个规律几乎是雷打不变的。

当今世界上,女性著名演奏家比比皆是,但著名的女作曲家却似凤毛麟角。女性感情丰富,理所当然擅长演奏。但是,在音乐的创作上,女人就会显出明显的弱势,她们对细腻的东西能够很好的掌握,但是对大体框架,就力不从心了。一家周刊社的男记者曾说过这样一段话:"当我们共同采访时,女记者收集的资料往往非常齐全,可是到了需要把资料与主题协调时,她们就无法处理得很好了。"这也证明了女人缺少大体框架的组合能力。

有句话说的好,"女人是水做的",女人有水的柔顺,又有水的善变。她们遇事缺乏判断、缺乏果断,又常常感情用事,事后又易后悔……这就是女人的个性。

说起女人的善变,有时就像六月的天气,刚才还是晴空万里,瞬间却变为阴云密布,电闪雷鸣;女人还善哭,哭是女人最犀利的武器,常常在男人毫无准备的时候,就冷不防地奔涌而出了。她们会"一哭、二闹、三上吊",以此来表示对男人的不满和抗议。

针对女人的个性特征,男人要有足够的耐心,在她迷失时给她指引,这样就能有效避免因对生活的认识、对婚姻的看法以及对夫妻关系的态度而使女人陷入心理的沼泽地,施展女人特有的哭闹等手段。

婚姻专家点评

女人常常遇事找不到方向，女人常常迷失自己，她们常常需要别人来指点迷津。

面对问题要懂得引导

在现实生活中，女人的态度就像买东西的态度一样，不知如何选择好，选择后又频频回头做比较，不能踏踏实实地面对现状，让身边的男人苦恼不已。

小武就是深深尝到了这种苦头的男人。小武与妻子是在省城济南认识的，那个时候的校园里，还不像社会生活中这样现实、这样功利，同学们大都还有一些比较浪漫的想法，小武这个从黄土地里走出来的男生，吸引了妻子这个省城里的娇娇女。

妻子的父母都是知识分子，在他们的计划里，根本就没想过要把女儿嫁给小武这个从黄土地走到城市里来的男孩。在校园里的时候，小武和妻子的感情非常好，一同去看画展，一同去逛书店，一同去图书馆，一同复习功课背英语单词。寒假时，她还跟他一块回到老家县城过春节。

毕业的时候，她在家人的帮助下顺利地在济南找到了一份很不错的工作，他则不得不回到家乡的县城。看到他在济南找工作无望的情况下，她不顾家里人的反对，坚决地调到了那个县城，只为能同他在一起。

原本以为，从此就能够恩恩爱爱地在一起了，可是，婚姻却让他们双方都感到了失望。她忍不住常常发牢骚：县城的收入是无法与济南相比的，每次走娘家回来，她都会失落地念叨，姐姐挣多少钱，哥哥拿多少高薪……可怜的小武只能一声不吭地听着，一句话也说不出来。

他无法制止她的牢骚，潜意识里他也觉得，她为他放弃了济南那么好的条件来到小县城，也实在是委屈她了。不过，婚姻对于她来说没有了幸福感，小武就更没了幸福感。

上述故事中，女人明显地犯了不理智的错误。当初是她自己为了爱情放弃省城的优越条件的。既然做了，就要能够承担后果。到头来再翻后账就是不理智的行为。

这样的女人不在少数，她们的不理性往往给男人带来无尽的苦恼。一件鸡毛蒜皮的小事她们也可能大费周张，折腾得家里鸡犬不宁。她们不懂得取舍，不懂得避轻就重，因一点小事情可能挑起家庭大战，她们就是这样容易迷失。

做为男人，要能够站得高，望得远，别与女人一般见识。要站在长远的角度上，宽恕她们的不理智，耐心地劝导，向她们陈述利害，并给予明确的指引。

婚姻专家点评

在婚姻生活中，女人常常暴露自身缺点，让男人苦恼不已。这时，男人不必苦恼也无需束手无策，最正确的做法是给女人以理智而明确的引导。

用宽容和引导化解矛盾

婚姻的形成，是一个女人嫁给了一个男人，也就是一个女人把自己的后半生交到了一个男人的手中，她走进了婚姻，也就是投靠了一个男人。所以说，男人是女人的终点，男人有责任承受一个女人的一切。

女人可能因为对婚姻寄托了太多太美好的希望，所以一旦遇到什么波折与不如意，就难以克制自己的情绪，促使双方发生冲突。或者女人较难很快地适应两个人的生活，不能改掉各种毛病，不顾大局地我行我素，使得两个人的婚姻关系失去平衡，出现问题。

比如说，女人是个“大醋坛子”，有事没事捕风捉影、无事生非，一旦察觉到蛛丝马迹，不弄清楚青红皂白就撒泼，男人就是再循规蹈矩、谨小慎微，怕也是难逃时常受怀疑、被审问、受折磨的厄运。

若身边的女人粗俗而缺乏教养，有事无事地絮絮叨叨，为鸡毛蒜皮的小事与你纠缠不休，就是再有涵养、再有耐心的男人，也会被折腾得心烦气躁，忍无可忍。

倘若身边是个悍妇般的女人，男人稍不留意，或者她稍有不快，就做河东狮子吼……面对此类女人，就是再温柔、再“妻管严”的男人，也经受不住。

在婚姻关系中，这些可能都是不可避免的，若不想让婚姻在无休无止的烦恼中，那么男人就得想办法有效化解矛盾，并引导她。

生活中，女人的性情是那么的不定，永远让男人难以捉摸、难以把握。女人的混乱和被动心态不只表现在爱情的追逐中，许多时候她们对事物的看法都是不确定的。当她在某一件事上获得了满足时，反而又会产生新的不安和不满。

例如，做丈夫的为妻子购买了昂贵的服饰，借以博取妻子的欢心，然而在喜悦之余，却兴起另一个想法：“为什么以前不曾买给我?会不会买了更好的东西给别的女人?”若将这两种想法加以组合的话，便成了：“一定是外头有了女人，经常买东西送她，因为罪恶感作祟，才顺便也买给我！”

如此，本来是一桩好事，却被女人的怪心思给变成了坏事。所以说，婚姻生活中，男人对于女人真是防不胜防，矛盾常常在毫无准备之时光临。

女人的性情，真是一块云彩一阵雨，刚才还阳光灿烂，突然间就电闪雷鸣泪水汹涌起来，女人在瞬间就可能来个180度的大转变，让男人摸不着头脑，措手不及。她们像变色龙似地以转换心情当做自己的保护色——这是女性求生存的智慧之一，也是男性认为女性难以捉摸的特性之一。所以说，生活中的一点小事，就有可能让女人当成突破点，与男人争吵，矛盾说出现就出现。

不过，在女人的性情中，有一点是好的，刚刚还哭得伤心不已像泪人，只要男人本着宽容大度，稍稍费点心思，可能转眼间她就笑得比谁都甜了。是的，再难缠的女人，只要男人用心，就能够有效化解矛盾，并引导她走出误区，使夫妻关系拨云见日。

采取有效化解矛盾的方式，就能够化解造成女人不愉快的"心结"，她们哭闹、撒泼，不过是想得到一个结果：那就是男人对她认错、哄着她、宠着她，让她感到受到了重视，男人是全心对她好的。只要达到了这个目的，她们就会乖乖的了。

引导妻子的最佳方式，便是给她树立一个好的妻子形象、好的楷模，让她有章可循。大凡为人妻者，还是愿意能够成为一个好妻子的，只要她们懂得其中的必要性。

引导她怎样做一个好妻子呢？可以试试以下办法：

1.知冷知热善解人意

妻子若能做到对丈夫知冷知热善解人意，那么两个人定能相互关爱，比翼双飞。一旦哪一方有什么烦心事的时候，另一方则能够及时地给予安慰和帮助。

2.心地善良人缘好

女人心地善良和人缘好都很重要，善良的女人才可能成为贤妻良母，而人缘好则能对生活和事业都大有帮助。一个女人能够对丈夫、对邻居、对同事都用一颗火热的心，那么丈夫会疼爱她，邻里、同事会称颂她，她能得到所有人的尊重。

3.自然大方又得体

女人最忌飞扬跋扈、扭捏作态，或引蜂招蝶、追求奢侈的生活，此类女人往往不会得到好的下场。而形象自然大方，做人办事得体才能招来所有人的喜欢。

4.乐观豁达有理智

乐观豁达才能积极向上并且随遇而安，不会成天好高骛远不踏踏实实过日子。

5.争做贤内助

妻子能努力争取做贤内助，那么家庭生活必定和谐幸福，夫妻关系也必定甜美。

6.持家理财有条理

女人往往喜欢管钱，要是她能够持家理财有条理，那么家庭生活的支出必定

合理，家庭生活的安排也必定有秩序。

7.说话办事讲方式

说话办事是一个人生存的基本能力，要是能将这两个方面把握到位，那么对个人生活是很有益处的，必定左右逢源、事事通达。

8.培养独立自信

女人若是能够独立自信，那么就不会整天只知围着丈夫转，也不会再给丈夫添那么多的烦恼，而自己的生活也会多姿多彩。

“家家有本难念的经”、“婚姻是爱情的坟墓”等说法，都说明了夫妻相处的难，婚后的妻子往往怨丈夫不再关爱她，而丈夫则怪妻子不再温柔可人。如果男人能够本着宽容大度，并积极正确地引导她，那么矛盾必能化解，夫妻的相处就不再是难事了。

婚姻专家点评

女人既追求完美，又有毛病一堆；既性情易变，又让男人难以捉摸。针对于此，男人应该本着宽容的态度包涵她，同时向着好妻子的方向引导她。

帮她适应两个人的生活

从爱情到婚姻是多少相亲相爱的男女所盼望的事情。有情人并不能满足于恋爱时的花前月下，还都希望能够与有情人朝夕相处、白头偕老。恋爱的时候，他们情意绵绵，有说不完的情话、无尽的相思，什么“今生今世永相随”乃至“我欲与君相知，长命无绝衰，冬雷震震，夏雨雪，天地合，乃敢与君绝”这样的海誓山盟都说得出口，抛下金钱名利、与亲人决裂也在所不惜。爱的动力是如此之大，世间万事万物都不能够阻碍有情人走到一起的步伐……

但是，一旦走进婚姻，浪漫与美好却往往被生硬的现实给击得体无完肤，什么人间痴情、什么海誓山盟，生死两相依的有情人竟能被繁杂的生活给压垮，再也难以像预期中一样彼此携扶、同进共退。

不能说婚后不幸福的男女不曾真心相爱，“相爱容易相处难”却是真的。那一对把爱情看得比生命还重要的男女，竟为了生活琐事互不相让，动辄争吵甚至大打出手。相爱时的海誓山盟呢？刻骨铭心的爱呢？

靠爱情是不能过日子的，而婚姻生活却不能没有爱。人的心没变，变的只是生活。单身的时候，双方都能够努力把美好的一面展现给对方，对对方也是千般万般地好，两个人怎能不相亲相爱甜似蜜呢！婚姻生活则是锅碗瓢盆、油盐酱醋、衣食住行、家庭琐事，不是走入婚姻生活的人轻而易举就能够适应得了的，两个生活方式迥异的人一下子要在所有的事情上达成一致协议、完全能让对方接受，是谈何容易？

在这一问题上，男方要主动承担得多一些，帮助较娇弱、性情化的女人适应两个人的生活。男方首先要积极主动改掉自己的毛病，并帮助、引导女方改掉不正确的生活方式，以期使两个人的生活达成默契。

刚走进婚姻生活的女人，往往不懂得生活，花钱仍不改从前的大手大脚，对家庭生活的经济积累非常不利。造成妻子不善理财和不会过日子有很多原因，有的妻子从小生活在十分富裕的家庭中，花钱很随便，不懂得安排家庭收支计划，总是喜欢什么买什么，从不算经济账，这样必然会使家庭出现“财政赤字”，长此以往必会引起男人的不满。

有的男人一气之下，自己也乱花钱，与妻子比拼，看谁更能扔钱，结果只能使问题严重，使双方关系激化。这是不可取的，在出现问题的时候，男人要能够包容女人。对待这样“不会过日子”的妻子，男人要想办法制止，把矛盾扼杀在萌芽状态。

首先要帮助妻子端正对正确消费、改善生活的认识。正确消费就是避免盲目消费，就要求要量力而行，依据个人的经济能力，要在不造成铺张浪费的条件下进行。超过了自己的经济条件，必然要受到“经济危机”的惩罚。

对于家庭经济，男人切不可轻易一手交给妻子，而要参与进来，协助妻子更合理地规划家庭支出：家庭理财的基本原则是量入为出，精打细算。可以建立一本家庭收支账，把每月的全家总收入，包括奖金及其额外收入记入账本，然后依据这个总收入来安排生活的各项支出计划。丈夫与妻子一同管家理财，是最切实可行的制止妻子乱花钱不懂生活的有效办法。

有的女人天生热衷于交际，婚后也难以改掉这一习惯。人生活在社会上，总免不了需要来往，交际便成为社会交往手段，也是生活中一项重要的内容。然而，交际有时会成为家庭生活的冲击波，使家庭产生震荡。有的妻子积极参加社交，不为丈夫所能理解，于是就遭到丈夫的阻挠、反对，从而形成了夫妻间的矛盾，丈夫忧郁，妻子苦恼，对夫妻关系造成了深重的影响。

对爱交际的妻子采取的态度不正确，必然会影响到夫妻关系，强硬地干涉妻子的自由，必会招致妻子的不满，甚至因此而引起夫妻纠纷，伤害夫妻感情，导致家庭危机。男人切不可不讲究方式地把自己的意志强加于妻子的头上，坚决制止妻子参加社交活动，要知道，广泛的社会活动是人们不可缺少的重要内容，女人也享有同等的权力，家庭仅仅是社会的一个小细胞，虽然是夫妻生活的主要内容，但不是全部内容。所以，作为丈夫，要尊重妻子的正当权利，支持妻子参加社交活动，只要能够摆正家庭的位置就无大碍了。

男人正确的做法是帮助妻子树立正确的家庭观念，引导她把家庭放在重要的位置，正确处理家庭与交际之间的关系，社交活动不是不可，只是要适可而止，要在不影响家庭生活的前提下进行社交活动。

妻子不孝敬老人，是令男人十分头疼的一件事。作为男人最艰难的困境是处在父母和妻子之间。现阶段妻子不孝敬公婆是较常见的，她们对公婆往往没什么感情，而公婆对儿媳也多为挑剔的态度，这就造成了他们互不相让的局面，让男人左右为难。不过，不管怎么说，儿媳还是应该主动孝敬老人的，这是人之长理。

如果发现妻子不愿意孝敬公婆，男人万万不能轻易指责，丈夫倒向公婆的一面，只能让女人产生逆反心理，其态度会更恶劣、更坚决的，还可能会影响到夫妻关系。在这个问题上，男人要晓之以理、动之以情，制造一个温馨的环境，耐心地对妻子开导、说服、教育规劝，做她的思想工作。

女人是心胸狭窄的，也是心最软的，只要你经常向妻子讲述父母的养育之恩，抚爱之情，使妻子认识到，是公婆辛辛苦苦把丈夫养大的，没有公婆的养育就不会有丈夫的今天，更不会有这个幸福的家庭。公婆是有功之人，应该得到子女包括儿媳的尊敬和赡养。人心都是肉长的，多数女人还是通晓情理的。

如果男人能够以孝敬岳父母给妻子做榜样，那么效果往往是最好的，妻子会感激丈夫、尊敬丈夫、热爱家庭，也就不好意思不孝敬公婆了。

女人多像小孩子一样，性情化。走进婚姻未必能适应婚姻。这就需要男人有一颗包容的心，凡事耐心地引导，必能使她逐渐适应两个人的生活。这样，就不会让婚姻成为爱情的坟墓，再多的海誓山盟，都不如在实际生活中多承担一些、多努力一些，其作用甚至胜过一千次“我爱你”。

婚姻专家点评

爱情是一回事，婚姻又是一回事。光靠一腔激情是不能过日子的，走进婚姻中的女人们往往不能适应婚姻，需要男人有十足的耐心去帮助和引导。

和她一起成长

男人和女人都各有所长、各有所短。婚前，往往展示给对方的是长处；而婚后，缺点则一一暴露。婚前过分注重“表”，婚后则体现出了“里”的重要，才发现对方还有好多方面并非自己的理想或者不适合于自己。所以，婚姻中的男女都可能产生“改造”对方的心理，以期达到自己的目的。

周国平曾说:“男性重行动,女性重感情;男性长于抽象观念,女性长于感性直觉。”单从男女双方的特性来看,就存在一定的差异,所以说,不经任何努力就能够融洽地相处,是不太可能的事情。况且,每个人都免不了有这样那样的缺点。男人有让女人欣赏的优点,也有其特有的劣根性;女人有让男人喜爱之处,也有可气可恼的顽习。

男人与女人之间是一个永恒的话题,既阴阳互补,又矛盾重重,既离不开对方,又难以容忍对方。这一情况特别是能够淋漓尽致地体现在婚后。有句经验之谈为“男女搭配,干活不累”,洛亚说:“没有两性的合作,绝没有真正的文明。”既然需要对方,离不开对方,那么最好的解决方案,就是在婚姻中两个人相互理解、相互体谅,共同成长。

古人有话:“唯女子与小人难养也”,这就说明在日常生活中,女人能让男人抓住“小辫子”的机率很高,她们善变、多心、任性、撒泼,统统都干得出来。而作为女人的丈夫,则要抛弃世俗的成见、庸人的俗见、俗人的偏见,运用慧眼来看待女人,她既然是凡人,就免不了有凡人的种种缺点,而身为她的丈夫,则有责任采用正确的方式改变她、完善她。

男人在看到女人的缺点时,也应该仔细地自我观察、自我检讨一番,在对女人吹毛求疵的时候是否注意到了自己的种种不是:偶尔会忘记妻子的生日;早晨起来不愿意刷牙、洗澡,居然还宣称一个真正的男人身上就应该有汗臭味,而不是什么“除臭剂”或是“香水”的味道;随手乱放自己的衣服,走到哪扔到哪;不愿意每天洗澡……这是不是比女人的缺点更让人难以容忍呢?

要想女人能够改变缺点,那么男人则应该先以身作则,积极改变自身缺点,与妻子一起在婚姻里成长、进步。自己的改变就是对妻子最好的引导,如果只要求别人而自己一塌糊涂,那么结果是可想而知的。

比如说,当你发现妻子出现什么毛病后,不要心存偏见地产生厌恶心理,而要做善意地提醒,帮助她改正,因为男人也时常会犯这样那样的毛病。男人的疏忽大意时常会出现袜子和裤子颜色不配、头发凌乱等状况,这时,不是也希望得到妻子善意的关心与提醒,而不是刻薄的指责与讥笑吗?针对问题,善意的提醒和关心比生硬的指责与教导要好得多。

夫妻之间,要想指责对方,理由可以信手拈来,比如说男人最近一段时间工作较忙,对女人缺少了关照,那么女人完全可以指责道:“为什么你总把工作摆在第一位?你有没有注意过我穿了一条新裙子或者换了一个发型!你越来越不关心我了!”反之,一个体贴的女人就不会这样做,她会心疼丈夫熬夜熬出的黑眼圈,会关心丈夫想吃什么食物。不同的做法,就会产生不同的后果。真正认识婚姻、懂得夫妻相处之道的人,就不会再犯这种错误。

在婚姻中,男人应带动妻子维持和睦相处的原则,在此良好的氛围里达到共

同成长的目的：

1.努力接受对方

“世上没有十全十美的人”这句话是千真万确的，尤其两个人一起并不等于两块合得来的积木，必须互相迁就。你爱她，就必须接受她的一切，甚至缺点。

2.能够信任对方

如果不能信任对方，经常怀疑对方，那么婚姻必定在无尽的猜疑中破裂。既然跟她一起，就应该完全信任对方。

3.保持关心对方

两个生活在一起的人，就要做到相互关心，而关心的程度正好表现出你对对方的重视程度。经常打个电话给对方问候一句：“工作辛苦吗？”又或者提醒她：“天气冷了，加件衣服吧！”哪怕只是随口几句话，也能令对方暖在心头。

4.能够忍受对方

我们都不是圣人，总有情绪起伏的时候，如若对方情绪激愤时，就避一避其锋芒，忍耐一下事情就过去了。

5.懂得欣赏对方

欣赏对方时，才能进一步感受到对方的好，并带给对方自信心与好心情，何乐而不为呢？

6.给对方自由

不要过分限制对方的自由，对方只是与你结成了伴侣而不是你的私人物品，更不是你的终生奴隶，没有自由的婚姻只能窒息而死。

7.不计较付出

对爱人不能计较付出，不能有些许付出马上就求回报，毫无保留地付出才是真爱，才能赢得对方的心。

8.要理解对方

对方的所想所做，可能与你的意愿相反，那么你就不能以自己的意志为中心，强加于对方，而是要本着理解对方的原则解决问题。

9.做到诚实

夫妻间最忌欺诈，欺诈是婚姻破裂的导火索。而诚实面对、坦诚相待，才能不使婚姻蒙上阴影。

10.保持热情

有热情，婚姻才会有温暖，如果两个人之间冷冰冰的，那么就离散伙不远了。

《男人词典》说男人既高大又矮小、既聪慧又愚昧、既坚强又懦弱、既正直又虚伪，活生生、鲜灵灵，精彩纷呈；《女人词典》说女人既真实又虚假、既柔情似水又“河东狮吼”、既精明又愚蠢、既貌美如仙又心眼似针，同样鲜灵灵、活生生，千姿百态。每个人都既是天使，又是魔鬼，那么在男女相处时，则应该本着发挥美好的一面，克制丑恶的一面，努力相互关爱、相互促进，才能共同成长。

婚姻中的男人和女人，常常是矛盾重重的——既离不开对方，又难以容忍对方；只看到对方的缺点，而看不到自己的不足……最好的解决方案，就是学会容忍对方，两个人共同成长。

3. 好男人造就好女人

夫妻之间是相辅相成的

有些婚姻中的男人对婚姻充满了无奈，因为妻子不理想。一个男人说："我以前离过两次婚，离婚的原因都是觉得对方不理想。真不敢再踏入婚姻了！"婚姻失败的男人在讨伐女人的不是时，有没有检讨自己呢？一味地追求理想的婚姻、理想的妻子，有没有自己努力做一个理想的丈夫呢？

婚姻，是一种看似最简单的男女结合形式，可其内在又是两性间的最复杂的组织搭配工程。失败的婚姻都是由于达不到美满而造成的，而男人该负主要责任。

婚前，女人多数都是白纸一张，比如说，女人在还不称其为女人的时候，脸皮是很薄的。见到男人脸红，跟男人说话脸红，想到男人也脸红。字典里有很多的形容词几乎是专门描写女孩的脸皮之薄的：害羞，羞涩，腼腆，忸怩，羞答答……也正是女人如此清纯、如此妩媚打动了男人心。

不过，在同男人不断的交往中，女人可能渐渐抛却了先前的娇羞，脸皮由薄转厚，说话露骨起来、粗俗起来，动作直接起来、放肆起来。再发展下去，说话大言不惭、吹嘘自己，不时卖弄学问、显示见识，而且情绪暴躁、喜怒无常，凡事还非要人家顺着自己，不能违逆自己的意思，否则，便显露泼妇的特性。女人的脸皮怎么会变厚的呢?显然，男人难逃其咎。

在婚姻中，夫妻之间往往是相辅相成的，没有好男人，哪来好女人？在好男人与好女人之间，好女人是好男人的学校，好男人更是好女人的学校。在好男人与好女人之间，更重要的是要有好男人。好男人是女人的学校，是女人的老师，女人会甘心地接受好男人的改造，好男人能够培养出好女人。

网络上有一篇关于女人和男人的文章，意思是：我们总是被我们所爱的人定

型，女人的变化是受男人影响的，一个脱俗的女人跟了一个俗不可耐的男人，日子久了可能就会变得庸俗了，这就是男人的责任；一个漂亮的女人变憔悴，可能是她男人对她不好，她才失去了光彩；一个温柔的女人变泼辣，可能是她的男人不争气，她只好比他强；一个清秀的女人变得妖艳，可能是男人不能满足她，她只好转移对象；一个高贵的女人变得随便，可能是受到没有上进心男人的影响；一个平凡的女人变得漂亮，那可能就是男人的功劳。

所以说，男人不要抱怨身边的女人越来越令人生厌，因为问题多半出在男人的身上。

西蒙娜·波伏娃说："女人本来不是女人，是被塑造成女人的。"她认为：女人是因周围人不断要求"要有女人的样子"，被强制性地变成女人的。小女孩在很小的时候，就知道以女人的言行为榜样了，她们有意地温柔腼腆、懂得穿漂亮衣服。

而在婚姻中，女人的状态如何，往往是男人在无意中塑造出来的、潜移默化影响而成的，女人的可塑性是非常强的。国外有一则寓言：一个人捉到一只幼鹰，他把幼鹰带回家，养在鸡笼里。这只幼鹰和鸡一起啄食、散步、嬉闹和休息，它以为自己是一只鸡。这只鹰渐渐长大，羽翼丰满了，主人想把它变成猎鹰，可是由于终日和鸡混在一起，它已经变得和鸡一样，根本没有飞的愿望了。主人试了各种办法，都毫无效果，最后把它带到山崖上，一把把它扔了出去。这只鹰像块石头似的，直掉下去，慌乱之中它拼命地扑打翅膀，就这样它居然飞了起来！这时，它终于认识到生命的力量，成为一只真正的鹰。

可见，环境的影响是多么的重要和关键，鹰变成鸡，并非它已丧失了飞的能力，而是由于长期的安逸生活使它变得麻木了、习惯了，"我是鸡"已经罩在了潜意识里，罩在了心灵上，飞的欲望和潜能被扼杀了！当它能飞起来时，也是环境所迫造成的。

婚姻是一场革命，即使男人娶回了一个天使一样的女孩，那么在平凡而琐碎的日子里，天使也会渐渐褪去本来的颜色，成为管家婆、甚至悍妇或泼妇——这可能就是让男人给逼出来的。

在好男人的栽培下，女人便不会再对男人发号施令、颐指气使，好女人会以欣赏的眼光关注男人、扶助男人、修剪男人、赞美男人、完善男人，这实则也是在不断地完善自身。身边能有一个善解人意的好女人，那是男人修来的福分，不少男人没有这么幸运，是没有认识到这一点，也没有做到这一点。

婚姻中的男女之间是相辅相成的，好女人是男人的学校；好男人同样是好女人的学校。在婚姻这场革命中，男人该努力做女人的学校。

对妻子要以身作则 

是男人都想拥有一个好妻子，女人是男人的另一半，女人的好与差直接影响着男人的后半生。拥有一个好妻子，她可以通过自己的努力让男人的精神与身体都保持在最佳状态：

好妻子不仅知道如何消除男人的疲劳，而且会努力调养男人身体、补充其身体之必需，使男人始终精力充沛。

好妻子还能让男人保持斗志，好女人具有以柔克刚的特性，能让男人始终激情高涨斗志昂扬，能够彻底地发挥雄性本能。

好妻子还能尽自己所能地帮男人扩展版图，充分发挥女性的特长，充分运用自己的角色与位置，男人不方便做的事、拉不下的脸，甚至是弯不下的腰，都可以通过女人顺利解决……拥有一个理想的好妻子，看来男人真是能受益无穷。

不过，好妻子可不是轻而易举就能够拥有的，夫妻之间什么事情都是相互的。男人在期盼好妻子的时候，首先该检讨自己是不是好丈夫，看看对自己的言行是否该做一番改观。谁都知道，男人有其特有的缺点，如无论何时何处都爱逞强，都要显示自己的智慧，都要扮演赢家的角色。那么，在夫妻之间，当男人彻底地满足了这些欲望后，是不是该静下心来反思自己的过分之处呢？那时，你可能会猛然发现妻子伟大之处，以及在忍让中隐藏着的可爱和高尚。

男人都易犯同类错误，所以该冷静下来想想：在妻子面前逞强、卖弄智慧、当赢家，又有什么意义呢？反之如果为妻子的仁慈和宽让进行回报，那又会出现什么情况呢？故意地抬一抬妻子，让她也在自己面前扮演一下赢家，充当一回强者，展示一下为妻的智慧，那么夫妻之间是不是会和和美美，其乐融融呢？

有一位男士，几乎每天早上一起床就开始发脾气，不是抱怨妻子太迟唤他起床造成他的上班迟到，就是指责她早餐做得不好，他的太太真是让他欺负够了，而他还从未为了这一点而自责过。

有一天，他去一个同事家里做客，看着别人家里夫妻俩恩恩爱爱、和言悦色、相敬如宾的气氛颇感不解，于是他问他的那位同事："你们夫妻平常都那么和谐？"

那位同事便很自豪地告诉他："我妻子太好了，她总让着我，但我总不能让她让啊，她让的都让完了，所以我也要让一些的空间给她，有时候，看到她'战胜'我时的那种可爱的姿态，我比自己当了赢家还要高兴。"

这位男士一经点拨，茅塞顿开，幡然醒悟，一回家便主动忙了一阵家务，搞得妻子不知所措。他还第一次在饭桌前向妻子做了自我检讨，并表示今后一定尊重她，做一个合格的丈夫，感动得妻子抱着他痛哭，本来有离婚的念头，也在刹那间

打消了。从此,夫妻俩相敬相亲,十分恩爱。

这就说明,妻子不是好妻子,丈夫有一定的责任在身。如果男人能够本着尊重妻子、为妻子做付出的原则,那么有几个女人能够不为之感动,并且加倍回报呢?

一般而言,妻子对丈夫的霸气所持的容忍多出于无奈和懦弱。但是多数妻子还是为了家庭的和谐忍气吞声了。但是在这种心境下的妻子,怎么还能够充满热情地去甘当什么"好妻子"呢?尊重妻子的丈夫才可能拥有好妻子,不尊重妻子的丈夫只能使家庭里危机四伏。

在男人的生活中,妻子是功不可没的,既是生活伴侣,也是精神伴侣,其地位是无人可取代的:没有女人的相夫教子,男人的生活、下一代的成长都会成为问题;女人不仅能照顾男人的生活,也可以成为男人事业上的好参谋;男人在外打拼一天回到家中,女人的温柔最能够缓解男人的劳累……

妻子是如此重要,好妻子真是男人不可缺少的。而一个理智的男人应该用尊重和付出使妻子成为好妻子,换来女人的投桃报李。

那么该怎么做呢?比如说,在日常生活中,男人要能尽量表现出幽默、豪爽、开朗、勇敢、热情来,这对双方关系的融洽会起到很好的促进作用;再比如说,当茶余饭后,妻子向你兴致勃勃地讲述,哪怕是她一天中最小的欢乐或烦恼,你都该专心注意地去听,并从中分享乐趣或表示同情,千万不可认为她是在唠叨而不加重视;你还可以经常利用一些尽可能生动形象的小故事、笑话或有趣的新闻,来活跃家庭气氛等等。

另外,双方相处时要能够坦诚相待,当你做了错事时就要能够真诚地道歉,而当妻子出现过失时,则要保持冷静,做到心胸气量大一些,处理问题慎重些,讲解道理细致些。遇到妻子生病或难过的时候,要尽可能地安慰开导她,并表现出关爱来。如果在人多的场合中,那么你应尽量和她在一起,给足她面子,切忌不能使她受冷落。另外,若答应陪妻子看电影或送她礼物之类的事情,一定要按时履行诺言,在她过生日的时候一定要有所表示。

婚姻专家点评

拥有好妻子是所有已婚男人的期盼。这里提醒广大已婚男士,不要只顾要求妻子、挑剔妻子而不做自我检讨。尝试着以身作则地对待妻子,定会换来妻子的投桃报李。

发挥"甜言蜜语"的功效

有句话说得非常好:"男人如果拥有一个好妻子,纵使太阳和星月都冷了,群

山草木都衰败了，婚姻的火焰还能在记忆的最初闪出耀眼的光芒。”现实生活中，女人的特长与女人的不足都很显而易见，有些优点是女人的“特长”，有些缺点是女人的“通病”。

对于男人来说，对女人的特长要懂得可贵，对女人的缺点不要心存畏惧。一个聪明的、理智的男人，就要本着人无完人的心态，以正确的态度去面对女人，给她的特长以及时的肯定，发挥“甜言蜜语”的功效，使其发扬光大，再帮助她认识存在的缺点、改变不足。

评判女人的好与坏，有什么标准呢？以下是女人起码具备的素质。

1.能够孝顺公婆

真正明白事理的女人，都会自觉地孝敬公婆，等于回报公婆对丈夫的养育之恩，这是一个女人最重要的品质。否则，男人夹在父母与妻子之间，处境是非常艰难的。

2.勤快、贤惠、知书达理有教养

3.有思想、有品位、有个性

4.懂事懂理识大体

5.会生活、懂情趣

好女人会在生活中把自己的贤惠通过细微处一一体现出来：

第一，每天早晨，会轻唤男人起床，别误了上班钟点，比准分准秒的闹钟都及时准确。

第二，能够充分利用冰箱的功能，让家里的冰箱永远装满丈夫爱喝的啤酒、饮料及爱吃的零食。

第三，关心丈夫的身体状况，会劝说丈夫坚持锻炼身体，若经济条件允许，好妻子陪丈夫健身，去郊游，打保龄球或滑旱冰。

第四，自觉做丈夫的业余秘书。如丈夫手中还有忙不完的事，她会利用吃饭时间给他读报，传达新闻，帮丈夫下载一些他需要的资料。

第五，在丈夫面前也注重仪表，不会不修边幅。

第六，永远把家里布置得温馨整洁，让丈夫深深地爱上家。

第七，在丈夫发脾气时不声不响，等他气消了再与他说理。

第八，对丈夫能保持情意绵绵。

第九，支持丈夫的喜好，不限制他的业余爱好。

别奢望妻子把优点全部占全，面面俱到，那是不可能的事情。她能够拥有三五条，就已经很不错了。女人在生活中常表现出同孩子相似的性情，比如说习惯纠缠、别扭、撒娇，还喜欢凡事以自我为中心、目光短浅等特点，但是这些都不可怕，只要男人有耐心像对待孩子一样地去对待她、引导她、改善她，那么一切都会好起来的，她就会变得体贴、温柔、善解人意、成熟大方……

女人是乐于被男人改造的，比如在伤心落泪的时候，在哭闹纠缠的时候，只要男人施展嘴皮子功夫，很快就能使女人云开雾散，破涕为笑。女人善变、善闹情绪，但也善于接受男人的改变。在与男人相处的时候，她们很少钻牛角尖，只要男人能够正确地把握事态，事情就会顺着男人的意图发展。

针对女人的这一特性，男人要懂得肯定、赞扬她的长处，让她能够保持下去或者发扬光大。做到这一点很容易，有时候，只需一个小花招，给她承认和赞扬，发挥“甜言蜜语”的功效，使她拥有一种满足感，就能够驱使她甘心为男人的奴隶了。

瞧，不善于利用女人的特性肯定她、赞扬她，使她心平气和的男人会得到这样的结果：

黑尔加的丈夫奥托想在周末和他的哥们一起出去滑雪，而黑尔加却得呆在家里不仅要带两个孩子，还得照顾婆婆，这当然令她不快。她心里实在不平衡，自己家务缠身，而丈夫却一个人去逍遥！

于是，黑尔加就忍不住对丈夫发牢骚，抱怨工作太忙，呻吟着说自己的颈椎好痛，并对丈夫诉说孩子们这会儿有多难教育，而且还有多少家务活要做，她的话使兴冲冲准备第二天去滑雪的丈夫心情沉重起来了，感到了不安和自责，不再忍心把她抛在家中做家务了。结果，丈夫第二天没有去滑雪，在家里看着黑尔加做了一天的家务活。事实上，他什么忙也没帮上，只是陪着黑尔加。黑尔加除了精神上的慰藉，什么实质性的好处也没得到，而丈夫却在闷闷不乐中白白地损失了一个快乐的滑雪周末。

再请看看下面聪明丈夫的做法，他只是略施小计，就让妻子高高兴兴地去劳作、甘心当他的“奴隶”了：

霍尔斯特邀请了一些朋友来吃饭，他的妻子二话不说，包揽下买菜、准备调料等所有的前期工作。当开始做饭时，妻子想叫他帮忙，而他想看足球比赛，于是他就用温顺的、体贴的口气对妻子说：“哦，宝贝，你的手艺总是那么棒！你知道，在烹调方面我一向都是笨手笨脚的，只会帮倒忙，还是请您多辛苦吧！”

妻子感到自己受到了奉承，大为开心，虽然明知丈夫在耍小聪明，也乖乖就范，一个人高高兴兴地去劳作了。

霍尔斯特就是利用了女人的特性，对她的能力和辛劳预支了肯定和赞美，就达到了目的，自己偷了懒，还得到了皆大欢喜的结局，真是一举两得，这就是甜言蜜语的神奇功效和妙用。

现实生活中，聪明的丈夫都能够通过称赞和恭维巧妙地操纵妻子，让她们发挥特长、贡献劳动，而女人明知是圈套也乐于往里钻，高高兴兴地上当。

所以说，男人最好学会针对女人的特性迎合她、肯定她。

针对女人的不足，“肯定”也是改善她最有力的法宝。比如说，女人不爱做家务，男人只需说：“亲爱的，你打理出来的家一定很整洁、漂亮”；女人不孝敬公婆婆,男人只需说:“你能不能让我的父母看到,你是多么的知书达理、温柔贤淑”;女人蛮不讲理,男人只需说:“老婆,你的怒气掩盖了你美好的天性”;女人乱花钱、不懂家庭理财,男人只需说:“亲爱的,我相信如果把家交给你,你一定能够使它越来越富足”……

男人对女人的行为预支“肯定”,就等于给了女人一个很好的引导,多数女人就会顺着这个方向去努力,只为符合男人预支的“肯定”,她们完全乐于改变自己。

“士为知己者死,女为悦己者容”,需要的不都是得到“肯定”吗?一句肯定的话,就能够拥有让一个人心甘情愿去赴汤蹈火的强大力量!那么对于感性的女人,恰当的肯定足以能够发扬她的特长、改善她的不足,让男人成就拥有好妻子的梦想。

不信,你就试试对女人“甜言蜜语”的功效吧!

女人是感性动物,最乐于受男人甜言蜜语的支配。如果一个男人嘴上功夫好,那么定能对夫妻关系起到关键性的积极作用。

少一些挑剔、多一些爱护

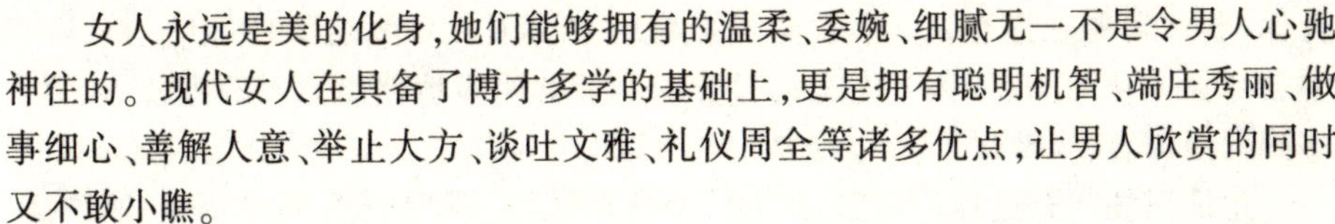

女人永远是美的化身,她们能够拥有的温柔、委婉、细腻无一不是令男人心驰神往的。现代女人在具备了博才多学的基础上,更是拥有聪明机智、端庄秀丽、做事细心、善解人意、举止大方、谈吐文雅、礼仪周全等诸多优点,让男人欣赏的同时又不敢小瞧。

是的,女人是那么的丰富多彩,像一道变幻无穷、亮丽多姿的风景,让男人永远侧目、永远充满幻想。有着似水柔情的女人最能体现出女人的温柔,就像春风细雨、像娇莺嫩柳、像皎洁的月、更像荡漾的水,女人之温柔,是柔中有刚、柔韧有度,其美可爱像一股神奇的力量,永远吸引着刚烈的男人。

女人还有特有的优雅风度,一位具有优雅风度的女人,能将其身上的光辉亮点全部折射出来,具有迷人的持久的魅力,并以其举止大方的风度之美潜入人们的心灵,给人留下难以磨灭的印象。

在好女人如云的现代,男人都希望自己的妻子有一定的学识修养,能适应激烈的社会竞争,又有一定的情趣,具有十足的女人风范和魅力。同时还是一个温柔体贴的女人,有十足的女人味,在日常生活中能体现出善解人意;宽容忍让、谦礼恭敬、温文尔雅以及纤细、温顺、含蓄等。

对女人要求过高的男人是不理性的。因为女人不仅是一道风景，更是一个活生生、有血有肉的人，既有其美好之处，也有其自身的不足。女人的不足之处最明显的就是善变，一会晴天一会雨，让男人摸不着头脑。

作家梁秋实说："女人善变，多少总有些哈姆雷特式，拿不定主意，问题大者如离婚结婚，问题小者如换衣换鞋，都往往在心中经过一读二读三读，决议之后再复议，复议之后再否决，女人决定一件事之后，还能随时做一百八十度的大转变，做出那与决定完全相反的事，使人无法追随。"

女人的善变往往让男人觉得累、觉得烦。

女人的善变有时也能体现出她的可爱之处，梁秋实说女人"即使是一个小小的别针位置也常变，午前在领扣上，午后就移到了头发上；三张沙发，能摆出若干阵势；几根头发，能梳出无数花头。讲到服装，其变化之多，常达到荒谬的程度：外国女人的帽子，可以是一根鸡毛，可以是半只铁锅，或是一个簸箕。中国女人的袍子，变化也就够多，领子高的时候可以使她像一只长颈鹿，袖子短的时候恨不得使两腋生风，至于钮扣盘花，滚边镶绣，则更加是变幻莫测"。

男人应对女人有正确的认识方式，不能太挑剔，比如说容貌，再美的容貌都不可能数十年如一日，而现实中，男人对女人的容貌往往是最在意的。当觉得妻子美丽不再时，就立刻对妻子失去了兴趣。这就是不对的。哪个女人不希望自己美丽常在，可这是不可能的。如果一个男人只盯着妻子的容貌，那么就太浅薄了。

除容貌外，男人对女人的其他方面也不可期望值过高，太完美的女人未必适合你。男人可能在潜意识里喜欢聪明的女人，然而真正聪明绝顶的女人，在实际当中会令男人望而生畏，因为女人的过分聪明能够明显地比出男人的愚蠢，让男人感到无地自容、颇没面子。

生活里往往有这样的现象，比如一个所谓的"三高"女人——学历高、职位高、收入高，在别人眼里完美得不得了，但是她的爱情婚姻往往是不幸的。

一位伊拉克战争的战地女记者成为新闻人物，有着成功事业的她却有着失败的婚姻。有媒体问她："假如你将来遇到很优秀的男士，你会不会愿意放弃工作去做他背后的人？"

她很严肃地回答："我想说人是需要独立的，如果没有经济和思想上的独立，不可能平等地和另外一个人交流。我是危机感很强的人，做一个全职太太，人家不要你的时候怎么办？如果是爱我的人，应该尊重我的选择，因为人和人之间不是尝试改变，而是相互接纳。"

当被问及她离婚的原因，她说："可能是因为我的事业发展得太快了……"

哲学家说人的一生有两次命运：一次是他的出生，一次是他的婚姻。所以男人们都希望妻子能够有劳力士的尊贵，护舒宝的体贴，碧欧泉的滋养，肯德基的好吃不贵……但是实际当中是不可能这么十全十美的。现实是要面对的，婚姻是要精心的，所以说男人对女人的态度，应该是少一些挑剔、多一些爱护。

再差劲的女人，也有她可爱的长处，哪怕是一个不修边幅、没有一点温柔气的女人。比如说在居家过日子上面，女人能够在平衡家庭经济上做出重要的贡献。女人理家，永远比男人更胜一筹，有着男人永远达不到的高度。女人对家庭经济支出往往敏感，而且善于合理安排，比如说，她用自己的薪水购买了心爱的衣裙，钱虽然是自己赚的，内心还是会有愧疚的，于是为了求得心理平衡，给丈夫和儿子都置了衣物，如此才感到公平合理。

但男人只知道购买自己心爱的东西，而不会想着妻子与儿子是否也该添什么；假如遇到家庭经济危机，男人只会打消大的花费念头，而女人则能够在各项支出中精打细算，省下一笔不菲的开销，使家庭顺利度过经济危机或攒下一大笔钱。

对于家庭生活安排，男人擅长的是大体框架，而往往对细微处没有耐心或不擅处理。家庭生活恰恰是由无数个细节组成，而女人恰恰能把细微之处处理妥当。

男人不要挑剔女人有这样那样的不足，什么不懂体贴、没有女人的柔情等等。再差劲的女人，只要男人肯付出爱，那么女人多数是能够改变的。女人是容易快乐、满足的，男人给她一点爱心，她就给你一片阳光。

哈雷夫斯和安同住在一个病房，格雷夫斯的家人每天都给他送来玫瑰花，而安却很孤独、忧郁，从来没有收到过鲜花，因为她是个孤儿，眼神里充满了感伤，让人为之痛惜。

后来，哈雷夫斯让家人把玫瑰花转送给安，好让她快乐起来。家人又来送花了，哈雷夫斯接过花以后，直接转向安：“瞧！多么漂亮多么香的花！”安认同地点点头。

哈雷夫斯说：“不过，这回不是给我的，是给你的！”

安半信半疑地接过花，看到了上面的纸片：“安，祝你早日康复！希望你快乐起来……”

安的眼睛立刻湿润了，她激动的不停说“谢谢”。从那一刻起，安的脸上开始有了笑容，忧郁渐渐散去，成了一个拥有快乐的女孩，她的病也很快就好了。

瞧，这就是女人，一件小到不足挂齿的事就能改变她的心情，改变她的人生。

对于妻子也是一样，也许男人的一句随意的关心问候，就能够让妻子感动得为男人付出很多；哪怕只送一支玫瑰花，也能感受到丈夫的爱意；哪怕只是一件小饰，只要男人能够记住她的生日；哪怕只是一句“辛苦了”，做多少家务都虽苦犹甜……

书中说，“男人一生的成长中，通常会暗恋一朵白莲花，热恋一朵红玫瑰，最后选择一枝康乃馨来共度人生”。在这里可以转换为“聪慧的男人能将暗恋的白莲花变成热恋的红玫瑰，然后再将红玫瑰变成共度人生的康乃馨”。

如果男人能够本着宽容与爱的原则对待妻子，少一些挑剔、多一些爱护，那么，即使女人有再多的不足，被爱温暖了的女人也会尽可能地向男人展示美好的一面，而克制、改善自己的不足。如此，又何愁不能将“白莲花”变成“红玫瑰”，再将“红玫瑰”变成“康乃馨”呢？

女人自古就是美好与美丽的象征，现实生活中的女人，既有其美好之处，也有其自身的不足。既然我们知道女人也是凡人，就该对她少一些挑剔、多一些爱护。

第六节 家庭问题如何化解

JiaTingWenTiRuHeHuaJie

1. 消除隔阂，增进感情

通过“改造自己”消除隔阂

很多夫妇的婚姻关系在不知不觉中就褪变成了灰色，令围城中的两个人都很困惑也很苦恼。可能他们想不明白，没有大的矛盾，也没有第三者插足事件的发生，两个人也依然相爱，为什么婚姻却变得如此令人失望？

所有的婚姻并不是一开始就是灰色的，都是在锅碗瓢盆交响曲中、在两人渐渐熟视无睹后慢慢褪变的。或者是因为两个相爱的人都以为走进了婚姻的大门就会让爱情凝固成永恒，所以疏忽了进一步经营感情。

步入婚姻后，他们都把心思扑在过日子上面，做饭洗衣干家务、拼命赚钱搞兼职……如此，就省去了浪漫，把生活弄得过于生硬现实了。也正是这样，悲剧才会产生，相爱的热情在不知不觉中降了温，等降到一定程度时，爱情就会由火热的红色褪变为惨淡的灰色，隔阂也就如影随形般地产生了。

爱情褪色、婚姻变质，是一件很残酷的事情。这时，男女双方往往都不去找自身原因，而把过错一味地归罪于对方，或怀疑对方变了心，或认为当初自己看错了人。再进一步，婚姻就可能发生质的裂变了：两个人相互指责、相互怪罪、相互麻木或者干脆去寻找新的感情寄托。

都是隔阂惹的祸，它让婚姻变得不再美好、不再甜蜜、不再让人向往。

夫妻之间的感情，是需要当事人不断地、用心去经营的，婚后的男女，往往少了月下散步、花前私语的浪漫温存，却多了家务纠纷。这对感情来说，不能不说是一种考验。

对于夫妻生活，有着“谈恋爱可以追求理想，过日子就得讲求实际”的说法，还有“婚前要睁大眼，看个清楚；婚后则要两眼一睁一闭，难得糊涂”。这都说明了夫妻之间相爱容易相处难。

所以说，如何面对婚后的夫妻感情问题是需要深入研究的。夫妻之间的感情，既是爱情又是一种艺术，需要一定的深厚底蕴，又需要去用心雕琢……不讲究方法就难以处理好夫妻关系。

还好，随着社会的进步和人们生活观念的变化，现代人越来越注重婚姻生活的质量了。在这里提醒围城中的人们，决定婚姻质量的因素，一般有以下几个方面：

1.感情基础

双方在结婚前的感情基础，对婚后的家庭生活是存在着一定影响的。如果婚前感情基础不厚实，那么一定要注意在婚后弥补。

2.婚后培养

婚后的感情培养就像皮衣的定时保养，对婚姻的质量和寿命起到非常关键的作用，所以说培养感情要在生活中的点点滴滴加以注意。

3.相互作用

凡事都是相互的，一个巴掌拍不响。特别是夫妻之间，更是相辅相成的。一方能事事以身作则地对待对方，那么另一方也必然会受到影响进而改变；反之，如果一个事事自私而不顾对方，那么另一个必然做出相同的事情来。

4.家庭生活氛围

婚姻家庭的惯常生活氛围，对夫妻双方感情的走向会起到非常重要的作用。如果两个人都我行我素，只顾自己舒服，那么双方的感情势必会越来越糟糕；而如果两个人相互关爱相互照顾，双方的感情势必会越来越融洽、相处越来越默契。

幸福的婚姻是建立在夫妻间的相互爱慕、关心、沟通、尊重和信任上的，互相多一点关心、多一点温暖，才能让两颗心永远不疏远。这样，相爱到地老天荒、让婚姻永远保鲜就不是神话。

这就要求婚姻的当事人学会经营婚姻的技巧，认清婚姻生活中存在着三方：一方是“我”，一方是“对方”，还有一方是“我们”。所以说，凡事不能都以“我”为中心去考虑问题，而要从“我们”的角度去考虑。

婚后的男女，常常不能正确把握经营婚姻的技巧，不检讨自身的不是，反而去挑剔对方的不足。其实，婚姻生活中，最需改造的是自己。特别是男人，男人往往在婚后就暴露了太多太多的缺点和不足，如好吃懒做、责任心不足、自私、不疼爱妻子等等。

而女人多是懂得珍惜婚姻的，只要男人以积极的心态面对婚姻，那么女

人多会配合的。婚姻悲剧的形成，多是由于男人对婚姻不认真和女人对婚姻太认真。

现实中，有的男人总是企图去改造女人，讨厌她们爱唠叨、情绪反复无常等。其实，最需改造的是男人。

如果男人不再对女人沉默寡语、对她的感情需要不再漠视，那么她还有什么怨言去唠叨个不停呢；如果男人不再忽视女人的新式漂亮衣裙、对她的辛勤理家报以感谢，女人又怎么会无理取闹呢……婚后的女人最怕在男人面前感觉不到存在的必要和重要，才会由心怀不满而产生怨言。

是的，如果在婚后，男人还能像在恋爱时一样对待女人，那么女人就会重新成为一只“乖顺的猫”，使婚姻生活充满温馨。

这就要求男人能够主动改造自己，把握好经营婚姻的技巧。如果夫妻之间的感觉已经迟钝了，感情已经疏远了，首先不要忙于指责女方，先找一找自己身上的原因，从自身改变，不要被动地等待妻子的赐爱。

不要因为你是男人而这样想：我可放不下架子！那样多跌份儿！如果男人能够通过改变自己去改变婚姻状况，那么必能得到意想不到的收获。

婚姻关系在不知不觉中就褪变成了灰色，隔阂在不知不觉中产生了，婚姻随之产生了质的裂变，让仍然相爱的两个人措手不及……其实，只要男人冷静下来，自我检讨不足、自我改造错误，就能够改变婚姻现状。

关心妻子的精神生活

在夫妻家庭生活中，隔阂可能会在不知不觉中产生，一件小事、一句话，都可能是隔阂产生的根源。隔阂是矛盾的前身，矛盾又是婚姻破裂的罪魁祸首，所以说，一定要明白消除隔阂的重要性。及时消除了它，就云开雾散；反之，则犹如洪水猛兽，可能将婚姻击溃。

隔阂的产生，常常是由于男人的疏忽造成的。男人大大咧咧的个性可能一不小心就伤到了妻子，或者干脆忽略了妻子的精神感受。如此一来，心细如发的女人就感觉受了伤，隔阂就此产生。

不懂得怎么去疼爱自己的妻子，对妻子为自己做出的奉献和牺牲熟视无睹，是男人们在婚后最易犯的一个错误。女人常常受不了恋爱时百依百顺，而婚后就

冷若冰霜的男人。

现实中,婚后的男人往往对妻子不再体贴关爱,导致婚姻成为两个人爱情的坟墓。

有的男人随意地对待妻子,疏忽她的精神感受,要求妻子做一日三餐、带孩子、承包所有的缝补浆洗,自己却把大把的空闲时间花费在吃喝玩乐中,而根本不在意妻子的容颜在迅速地衰老、妻子的双手在变得粗糙、妻子的心情越来越抑郁……

甚至,有的男人不仅把妻子当作免费女佣,还把她当成出气筒,有什么不如意的事情,劈头盖脸就向妻子发泄。可怜的妻子或是默默承受着,或是奋起反抗。

如此这般,隔阂怎能不产生?隔阂又怎会不随着时间的流逝而暴增?

在这里,要提醒广大男性读者,婚姻重于恋爱。由恋人结为夫妻,是人生的一个重要里程碑。一旦结为夫妻,就意味着要白头偕老,意味着要共同走过漫长的生命之旅。

在婚姻的旅程中,相互体贴和疼爱是必不可少的。在这方面,需要男人付出得更多,它关系到妻子能否健康快乐,关系到婚姻能否美满幸福。

心理学家建议,夫妻之间每天至少要向对方说一次"我爱你",但是绝大部分中国的夫妻是做不到的。婚姻中的男女是仍需要爱与激情的,否则婚姻就真的如同坟墓。

但是,许多夫妻结婚以后,经过长时间的共同生活,再也没有了恋爱时如胶似漆的甜蜜。最明显的是男人对女人的态度变了:不仅没有了殷勤体贴,还当着孩子或外人的面训斥妻子、贬低妻子,根本就不顾及妻子的自尊心,使妻子的心变得冰冷僵硬,这往往是使夫妻关系滑向低谷的根本原因。

在日常生活中,男人一定要在方方面面多加留意,多关心妻子的精神生活,这是预防隔阂和消除隔阂的最有力保证。

关心妻子的精神生活,要在多方面了解、体察妻子的各种习性,以便采取恰当的方式对待她:

1.经历与背景

了解妻子的过去,她对哪件事情引以为豪,害怕什么,与哪位家庭成员较亲近,最想收到什么生日礼物等等。如果连这些都不了解,就是不合格的丈夫了。

2.日常生活习惯

妻子爱静还是爱热闹,性格外向还是内向,喜欢甜食还是肉类,最喜欢丈夫怎么对待她等等。

3.喜好与厌恶

一定要了解妻子的喜好与厌恶之事。否则,想讨好她的时候,可能反而惹恼了她。

4.人生理想

妻子的奋斗目标是什么，她渴望得到什么，渴望什么样的未来。了解这一点，并与之进行深入的交谈，才能够促使两个人志同道合。

关心妻子的精神生活，要从日常生活中的小事做起：

当茶余饭后，妻子兴致勃勃地向你讲述她的欢乐或烦恼时，你应该精神专注地听，并表示认同，和她一起从中分享乐趣或表示同情，万万不可认为她是在唠叨。

当妻子遇到不顺心的事情而烦躁不安时，你绝不能袖手旁观，而要开导她、安慰她，并帮她共度难关。

在人多的公众场合，比如说舞会、婚礼等，切记不能只顾自己开心尽兴，要多陪妻子，并把她介绍给熟人。

努力使家庭生活丰富多彩，使两个人常常重温恋爱时的甜蜜时光。经常陪妻子去看电影，买小礼物送给她，给她讲笑话等等，使妻子仍然能够感受到被宠着、被爱着……

从生活中的点点滴滴关心妻子，对于消除隔阂、增进感情来说是至关重要的。而针对不同年龄的女人，还要采取不同的对待方式。据调查，不同年龄段的女人对于婚恋有着不同的精神需求：

20多岁的女人渴求的是浪漫的爱，需要男人对她感情热烈而且浪漫。

30多岁女人则开始务实，对罗曼蒂克的激情渐渐淡漠，追求一种稳定而平和的感情关系，需要男人有责任感，对她理解、体贴，并且乐于帮她分担家务活，是合格的丈夫和父亲。

50岁以后的女人，又会重新渴望起热烈的感情来，甚至比豆蔻年华时期对来自男人热烈的感情更为期望，是爱情的“返老还童”时期。

妻子被生活的重负压垮，男人有责任；妻子得不到精神上的安慰，男人有责任；夫妻关系名存实亡、摇摇欲坠，男人有责任……这时，补救婚姻的最好办法就是关心妻子的精神生活了。

妻子是将要陪伴你一生的“重要人物”，你值得花费心思与精力去关心她的精神生活。

不懂得怎么去疼爱自己的妻子，对妻子为自己做出的奉献和牺牲熟视无睹，是男人们在婚后最易犯的一个错误。男人学会多关心妻子的精神生活，能避免产生隔阂、有效消除隔阂。

女人需要倾吐

在婚姻生活中，女人都是需要倾吐的，对于这一点，男人必须懂得。

婚后的女人同婚前的女人不同，婚前她们多由男人哄着、宠着，恋爱中的男人多以女人快乐为至高目标，所以说，此时的女人是幸福的、没有烦恼的。

而一旦走进婚姻，一切都变了，男人不再向恋爱时那般献殷勤，女人难免心生失落。再者，背负着家庭的重担，生活变沉重了，心比纸薄的女人自然会积郁于心，想把心中的种种不满向男人倾吐，以期得到男人的关爱、帮助、认同，所以这对女人来说是心理需要。

在家庭生活中，女人会渴望向男人倾诉家务事的繁琐和劳累，需要男人知道她为家庭生活所做出的付出和辛劳，希望男人表示认同和感谢，即使并没有得到什么实惠，女人也会大感欣慰，至少自己得到了承认。

否则，她就会觉得自己这般辛苦是毫无意义的，男人大模大样地享受着却不哼不哈，甚至想都不想"这是妻子的功劳"，那么女人的心理肯定会严重失衡的，她会去想："我何必做那么多、那么辛苦？他可是一点感激的意思都没有呀！"

在工作中，女人也常会感到不顺心。因性别歧视等原因，女人在工作中常常受到压迫和轻视，心里感到抑郁是常有的。对此，则需要回到家中同丈夫倾吐一番苦楚，希望得到丈夫的安慰和情感支持。

如果男人在这一点上不能体谅女人、安抚女人，那么时间长了，两个人之间必然会心生隔阂。

不能不说，男人在家庭生活中、工作竞争中，也会有类似的感受，感觉心情抑郁得不到发泄。区别是男人大多不像女人那样习惯有什么心事就一一抖搂出来，而是埋在心底。

但不能因此就对妻子的啰哩啰嗦感到厌烦，认为没必要。在妻子遇到烦心事时，男人有责任去重视、去帮助，就像女人看到男人的衣服脏了，会主动帮他清洗一样，这是男人该做的事情。

况且，较之于女人的辛勤劳动，男人要做的简单、容易多了，或许只是牺牲一点时间听听女人的啰嗦，再奉上几句安慰的话，问题就解决了，仅需如此。

所以说，当妻子精疲力竭地回到家中，一脸的烦恼，而男人也精疲力竭地回到家中，一脸的烦恼，那么男人还是该倾听一下妻子的心事，帮她减轻压力，等到她得到情感上的轻松与支持后，就会反过来帮助男人解脱烦恼了——多数女人是会这么做的。她们为男人做的，可不仅仅是语言上的付出，为男人捶背、按摩、做最对胃口的饭菜等等等等，都是在得到男人的关爱后，女人们乐于付出的。

如此一来，男人可谓“一举多得”了，既缓解了双方的精神压力，又增进了双方的感情，还巩固了婚姻。

能够倾听女人的倾吐，让她把不满发泄出来，是消除隔阂的最好办法。

在一双男女因爱而结为夫妻后，就成为“配偶”、“伴侣”、“一家人”了，他不再是单独存在的，她也不再是单独存在的，而成为“我们”，成为形式上的共同体。

现实中也正是如此，夫妻间常常不分彼此地把对方当成自己的另一半，习惯把自己的愿望强加于对方。而自己在婚后仍然保持着某些自身习惯而不顾对方的感受，比如说常常和朋友们周末聚会，常常晚回家，却没有意识到对方因此而产生了不愉快，还打着“爱”的旗帜，要求他(她)按照你的方式处理问题……

最易犯此类错误的当属男人。婚后把一堆家务活统统丢给妻子，而自己却在外吃喝玩乐、逍遥快活的男人不在少数。这常常会引起妻子的不快和怨言。稍稍处理不当，隔阂就产生了。时间一长便产生了无休无止的争执与不满。

一旦遇此情况，他和她都不免困惑：为什么生活在一起，彼此间的理解和爱却踪迹难觅了？

其实，并不是爱不存在了，而是没能找到两个人生活在一起的“平衡点”。这个“平衡点”便是双方和睦相处的保证，只有保持好了这一点，婚姻之船才会平稳地行驶而不触礁。

心理学家认为，男人如想自己的婚姻幸福美满，其实很简单：只要听太太的话就行了。

华盛顿大学心理学家戈德曼发现，能和睦相处和长寿的夫妻，丈夫皆是标准的听太太话的人。戈德曼说：丈夫采纳妻子的意见，与妻子分享权利，对协助解决双方争执非常重要。可是，中国现代社会中，多数家庭的丈夫都不曾想到让妻子分享家庭权力，不愿听她的啰哩啰嗦，这是不对的。

尊重妻子、采纳妻子的建议，能够减少许多不必要的冲突。经过深入的调查发现，只有那些愿意被妻子影响的男士，才会有稳定而快乐的婚姻。加拿大华人社区中的香港移民有一句名言：“听老婆话会发达。”

倾吐，是婚后女人的心理需要。能否正视并接受女人的倾吐，是处理好夫妻关系的重要一环。而能够倾听妻子的倾吐，是维护婚姻平稳所必须的。

做个听话的丈夫

对于男人来说,是否是个合格的丈夫,不仅仅是以职业、文凭、相貌、收入、身高等因素做为砝码的,是否肯听妻子的话,也是至关重要的。

小芳已经结婚三年多了,丈夫是个很令她满意的人选:英俊高大、硕士文凭、职业优越、收入颇丰……但是,现实婚姻生活却令小芳感到非常不如意。

问题何在?丈夫从来就不肯听她说什么,每天都非常自恋地只顾自己,而从不关心小芳的感受。对此,他从来没有认为会有什么不妥,他一直觉得,以自己的“硬件”条件,小芳该非常心满意足才对,根本就不可能、也不该有什么不如意。

这就是男人最易犯的错误。男人根本就不尝试着去了解妻子、关注妻子的内心感受,就妄下评论:“她不该有想法的”这是不对的。

试问天下为人夫者:妻子和你天天生活在一起,你了解她吗?你了解她心中的苦与乐吗?你知道她是开心还是郁闷?

相信大多数男人是回答不上来的。女人是多愁善感的,一个合格的丈夫,就必须能够有细心和耐心去深入地了解并关注妻子的喜怒哀乐,否则,又怎么能够称得上生活中的“伴侣”呢?

是的,男人该用心地去了解女人,听听妻子的诉说,当一当她最忠实的听众,哪怕一次平平常常的谈话、一个普普通通的话题,都有着不同凡响的神奇效应,对于感情和婚姻来说,具有着不可取代的意义和价值。

女人是那么的乐于男人倾听她心声,这对于她来说是最好的礼物了。这会让她感觉,丈夫是关心她、尊重她的,把她看做了真正意义上的“妻子”和“爱人”,他与她一起分享着痛苦与欢乐。

多听一听妻子的话,是深入地了解她的最佳途径。通过她的倾吐,男人可以知道妻子的最真实生活状态:

▲在家庭生活中她有什么苦恼。

▲工作是否顺心、是否感到有压力。

▲喜欢哪类读物。

▲喜欢哪类电影、电视剧。

▲最向往什么事情,比如说旅游、举行家庭聚会。

▲她最讨厌哪类人。

▲对什么家务活最头疼。

▲最怀念什么人。

▲最喜欢的亲戚是谁。

▲令她最愉快或最生气的事情是什么。

▲对丈夫最不满意之处是什么。

耐心地倾听她的诉说，才能知道生活中给予她什么样的对待方式和关照才是最恰当的。即使不做什么，能给她诉说衷肠的机会，对她来说也是一种“恩宠”了。

有些时候，妻子爱说些指责男人的话。一般男人是不爱听的。在这里要提醒广大已婚男士朋友——来自妻子的指责要认真听取、细思量。女人的指责，多不是空穴来风，是有一定的根据和道理的。

女人的指责多是针对男人的缺欠和不足，这些缺欠和不足又会直接影响到双方的正常相处，所以女人才会指出来。妻子长期与你生活在一起，对你观察入微，对你的言谈、举止、习惯等等可谓了如指掌，把不足提出来，并期望得到改观，是有助于预防和消除双方的隔阂的。

比如，妻子指责你：“整晚上你只看电视，不和我说话，我受不了。”

那么，妻子想阻止你看电视而和她说话，多数不是无理取闹，而是实际心理需要。想必是有什么非说不可的话，需要双方共同商讨、共同解决。

如果你认为当时的电视节目对你很重要，非看不可，也不可对她置之不理，而是要好言相告：你必须先看电视节目，然后一定会专心地听她说话——在夫妻生活中，这种合理协调方式是必不可少的。

千万不要认为，妻子的话都是些无关紧要的啰嗦和小题大做，在没有探个究竟的时候，千万不能对妻子的表达欲望施以轻视甚至嘲弄的态度，即使受到指责，也不要急于反驳，推脱自身责任，而是要积极反省。作为妻子，所提出的建议多是对丈夫有益的，或是有利于夫妻相处、或是对于男人自身有益。总之，多听听妻子的话，并加以重视，一般情况下是有益无害的。

如果对妻子的话总是当耳旁风，那么隔阂会发展成矛盾、矛盾会促进婚姻破裂，总有一天会听到不能不重视的话，那就是妻子提出分手了：“你简直不可救要，我们分手吧！”“我一定要和你离婚！”到这时，就怎么着都晚了。

所以说，对于妻子的诉说，要尽量听取，加以重视，才能防患于未然。

有的妻子在日常生活中简直“唠叨成瘾”，时不时就对男人数落一番，好像母亲数落尚未懂事的孩子一样。男人乐于接受妻子缝洗浆补的关照，却对于唠叨大多唯恐避之不及。

妻子的数落，就像带刺的爱，让男人难以接受。当出现这种情况后，男人大都向叛逆时期的少年一样，恨不得用离家出走来躲避妻子。

该怎么看待妻子有事没事爱唠叨呢？其实，做男人的，大可不必为妻子的叨唠而皱眉头，全当“唠叨是福”。

男人乱扔脏衣服、臭袜子或是不讲个人卫生，妻子的唠叨会促使你养成好习惯；男人抽烟喝酒，妻子的唠叨会促使你知道保重身体；男人玩麻将上瘾，一玩就

是半夜通宵，妻子的唠叨会预防你陷入嗜赌成命、毁了家庭的深渊……

好多时候，女人的唠叨都是针对男人的缺点和错误，可以说是一种负责任的劝告，一种善意的警告。所以，怎能不说唠叨是福呢？

即使有的时候，妻子的唠叨完全是出于泄私愤，男人也该耐心地去听，这样会让她的心里好受很多，因为她得到了丈夫的重视和尊重。

丈夫对妻子缺乏必要的关心，妻子感到委屈要唠叨；妻子和婆婆闹了意见，背后与丈夫唠叨，求得给个公断或是求得谅解；妻子买件衣服也要向丈夫唠叨唠叨，希望得到丈夫的认可和欣赏……

妻子心里有你，才会事事与你唠叨上几句。这样，总比面对一个冷若冰霜的女人好过很多。如果妻子连话都懒得对丈夫说了，那么就是感情出现危机的信号了。

所以说，聪明的男人不该讨厌妻子的唠叨，唠叨是情感保温的粘合剂、是婚姻不败的前提。已婚男士们都有必要做个听话的丈夫，学着把妻子的唠叨当成一种享受。

在现代婚姻关系中，能够听妻子的话，是比职业、文凭、相貌、收入更重要的。能否听妻子的话，是衡量男人是不是合格丈夫的重要条件。

用“多交谈”消除妻子的受冷落感

在社会节奏飞快的现代社会，婚姻生活中一般缺少的不再是物质，而是精神上的东西。物质生活大大丰富了，那种“老婆孩子热炕头”的火热生活气氛却越来越稀少了，婚姻越来越脆弱、离婚率越来越高……

在婚姻中，夫妻之间的相处技巧显得是那么的重要，比两个人的感情深度还要重要。夫妻关系是人际关系中最亲密的一种，也是所有人际关系中最复杂、最需要努力去处理好的一种关系。

对于女人来说，丈夫不光是爱人，还是最亲密的朋友，她不光需要男人爱着她，还要像最知心的朋友一样，能够寄托她的全部感情、倾吐全部心事。

很多男人以为，一旦结了婚，就大功告成无需努力了，两个人的感情足够维系婚姻的平稳。实则不然，婚姻光靠感情基础是不行的，还需要进一步的经营。夫妻之间不仅需要有爱情，还要有朋友一样的友情、知己一样的关心，否则就谈不上坚固。

多数的婚姻到底存在着什么不足呢？是缺少交流！

一般的男人一旦结了婚，就像变了一个人，恋爱时的能说善辩和甜言蜜语都消逝的无踪了。很少有男人在结婚后还能够不断向妻子献殷勤的。在对妻子的沉默寡语中，本来熟悉的爱人，变得越来越像陌生人。

女人往往受不了在婚后的生活中受到男人的冷落，她们多是接受不了婚后男人的巨大改变，这对于她们来说是难以承受的巨大落差。女人心是最难以捉摸的，即使男人赚来家财万贯，她也会心生怨言，慨叹婚姻不幸。

婚姻生活中，女人最需要同男人多交谈。她们的心理较脆弱、较多愁善感，对男人有依赖心理，经常交谈是消除女人受冷落感的最有效方式。

这并不奇怪，在恋爱的时候，两个人一日不见如隔三秋，一天八个电话、见上三面都嫌少，有说不完的情话，而一旦结了婚，就无话可说，感情怎能不降温呢？两颗心之间怎能不产生隔阂呢？婚姻怎能不出现问题呢？

同妻子多交谈，益处多多。

夫妻之间如果彼此之间视为朋友一样，交谈生活中的每一件事，不仅有助于志同道合，还会使双方的感情保温，使相处更和谐。夫妻之间多交谈有助于沟通思想，增加彼此的透明度和信任，从而达到“常相知，不相疑”的境界。

俄国教育家苏霍姆林斯基说：“爱情不能审查，只能信任。”要达到相互理解信任，唯一的办法就是多沟通。时常把自己工作中的酸甜苦辣与社交活动情况和对方进行交谈，是婚姻的一种稳定剂。

夫妻之间多交谈，还有助于消除生活中的种种压力。在快节奏的社会生活中，需要夫妻同时去面对的问题很多很多，比如说：献身事业、操持家务、孝敬老人、照顾孩子……

在面对此类问题的时候，夫妻之间多多交谈一下想法和感受，能够促使更好地处理每一件事情，也能够通过交谈缓解双方的心理压力，从而促使免疫功能和抗病能力的增强。就这一点来说，对于超负荷付出精力的现代人来说是非常有意义的。

夫妻之间多交谈的最大意义在于——“多交谈”能够消除妻子的受冷落感。在现代社会中，婚后的女人受冷落感现象非常普遍，可以说是当代婚姻中的一种通病。男人会视交谈为“啰嗦”，女人则视交谈为“心理需要”。

专家对100对结婚五年以上的夫妻进行了调查，发现夫妻双方在一起的大部分时间竟是在沉默中度过的。在一个星期内，他们在一起说话的时间竟只有30分钟。

社会学家进行的一项研究指出，夫妻间缺少沟通和交流是导致婚姻破裂的首要原因。他们认为，夫妻间的沉默，特别是面对一个不爱言语的丈夫，是“促使”妇女寻求外遇的重要原因。

可见，男人同妻子多交谈，对于女人来说，是非常重要的，称之为婚姻的“稳定剂”一点也不为过。

常听到有的妻子抱怨自己的丈夫：喜欢与同事朋友交谈，而不愿与妻子交谈，常常是在外侃侃而谈，回家沉默寡言、惜字如金。

为什么会出现这种情况呢？男人在外面爱说话，是因为社交需要。而回到家中，则会感到与妻子没什么共同语言，所以不愿同妻子“说废话”。一般男人喜欢谈论一些大事情或者足球、体育比赛之类的话题。而女人则乐于对生活中的那些为男人所不屑的生活细节津津乐道，不仅引不起男人的兴趣，反而感到厌烦，因此女人常常遭受“冷遇”。

另外，男人的思想和心理都有较强的独立性，是否与妻子交谈，对自身的影响并不大。而女人则相反，对男人会表现出明显的依赖性，一旦遭受冷遇则心生怨气。

人是感情动物，感情的载体是语言，人是要通过语言来表达思想、互相沟通的。夫妻关系是人际关系中最特殊、最重要的关系，语言的沟通就更为重要。而现实中妨碍夫妻交流的因素很多，可能使双方交流的时机不多。但是，男人且莫忽略了交谈的功效，也不能忽略了交谈的艺术。

对于男人来说，即使明知同妻子说的都是“废话”，也要有此耐心。夫妻之间是需要“废话”的。

不仅要能够做到与妻子多交谈，还要讲究交谈的艺术和技巧，通过交谈恭维妻子、帮助她解除思想包袱等等，会对消除隔阂、增进感情起到意想不到的神奇效果，不仅可以化干戈为玉帛，更会给婚姻生活带来温暖和幸福。

用交谈恭维妻子很容易，对妻子的衣着、发型都可以加以赞许，都能给她带来快乐，女人就是这么容易满足，反过来女人也会对男人投桃报李。

当妻子还带着工作的疲备就忙起了家务时，男人一句“歇歇再干吧”，虽然活还是要女人干的，女人也会满心温暖，感到倦意全消；妻子丢了很多钱，难过得失魂落魄时，男人的一句“丢就丢了吧，钱是身外之物”妻子就会好过很多。

交谈是婚姻关系的润滑油，男人切不可小窥了同妻子多交谈的功效，更要记着，常常用“多交谈”消除妻子的受冷落感。

婚姻专家点评

夫妻之间，感情基础是一回事，相处技巧又是另一回事。在婚姻关系中，相处技巧比感情基础更为重要。用多交谈消除妻子的受冷落感，是增进婚姻关系的一种有效方法。

要注意给妻子留“面子”

不知男人是否在婚姻生活中注意给妻子留面子，不知男人是否意识到了“给妻子留面子”的重要性。

男人爱面子，这一点人所共知。为争一个面子，男人抛头颅、洒热血再所不惜。一个男人从拾废品到大富翁，就是因为妻子给了他面子，因而受到强烈的鼓舞，从而使命运产生了翻天覆地的大变化：

因为以拾废品为生，男人有一天忍不住在妻子面前流下了眼泪，说：“我这样没出息，让你受苦了！”

妻子却笑着安慰他：“不要这么说，我相信你会有天能让我过上好日子的”。

只因妻子一句话，男人就开始奋发图强，逐渐走出人生低谷，并一路奋斗到辉煌，成为大富翁。

他说：“就为了妻子的那一句顾全我面子的话，我也要奋斗！”

人活一张脸，树活一张皮，对于一个人来说，面子是何等重要呀！

面子，是一个人对心理庇护的需要，是一个人积蓄力量的调整，是遇到尴尬时的保护伞。

对于面子问题，不仅男人视如生命般重要，女人也需要面子。女人较含蓄，虽不像男人那么对面子问题表现强烈，但在内心也是有着同等地位的。

美国著名的“自尊运动之父”纳森尼尔·布兰登博士曾对女人说：“永远不要和一个对你特有的智慧、聪明才能不感兴趣、不鼓励、不懂得欣赏的男人有任何瓜葛，如果你爱上这样的男人，有一天你会发现不但他不懂得爱你，你也会失去爱自己的能力。”

是的，一个女人有多么优秀、多么值得称谓，男人不欣赏，不让她觉得有面子，那么就什么都没有了。

一个男人给女人面子，就不会漠视她的价值和优点，不会认为他的理想、事业、人生比她的更重要，可能随意就把繁重的家务及照顾老小的责任统统丢给她，不惜耗费掉她所有的精力。

一个男人给女人面子，就会去欣赏她身上存在的价值，会给她时间自由，鼓励、帮助她琢磨成一颗闪闪发光的钻石。

因此，可以说女人的面子问题同样非常重要，尤其是在丈夫面前是否有面子——女人需要面子，面子是女人生活的力量。

当一个妻子兴致勃勃地对丈夫讲述一件事情的时候，如果丈夫不给她面子，根本就心不在焉，那么再饶有兴趣的事情，怕是妻子也会因兴味索然而讲不下去。

她不仅需要享受讲述的乐趣，更重要的是，她要得到听者的积极响应。否则，就失去了讲述的意义。

生活中，一个明智的男人就该懂得注意给妻子留面子，这表示着丈夫对妻子的理解和尊重，对促使双方的感情和睦，有着极为积极的意义和作用。

比如说，妻子为丈夫买了一件衣服，她费钱又费心地为丈夫着想，无论男人是否喜欢，都要给妻子面子，对她表示感情，并当着她的面穿上；相反，如果男人接过衣服时，脸上毫无表情，甚至指责衣服的样式不够好、价钱不公道，那么对于满心火热的妻子来说，无异于冷水浇头。如此，可能就没有下次了。

男人回家和妻子一起用晚餐，也是一种"给妻子面子"的行为。

大多妻子都希望丈夫能经常在家里吃晚餐，因为这是难得的相聚时机。有句话叫"男人不懂夜的黑"，表明现代男人会因各种原因常常不在家里吃晚餐。不回家吃晚餐的男人，多分为四种类型：第一类是事业型，以机关事业单位重权在握者与工矿企业、三资企业里的厂长、经理为主体；第二类是生意型，以私营企业主、个体经营业户为主体；第三类是交际型，以中青年、善交朋友、性格外向的男人为主体；第四类是享乐型，以涉世不深、阅历尚浅、步人婚姻殿堂不久的年轻男士为主体。

对于男人不懂夜的黑，作为妻子是大有怨言的，妻子大多盼丈夫回家用晚餐。晚餐并不仅仅是一顿饭，其意义远远超出晚餐本身。不回家的男人在与他人兴高采烈地推杯换盏之时，可能妻子正与孩子坐在餐桌旁焦急地等候他的归来。没有他，无论面对多么美味的菜肴，他们都难以下咽。

晚餐是家庭团聚的焦点时刻，一般的家庭，早晨匆匆忙忙上班，午餐大多在单位或外面吃，晚上全家人围坐在餐桌旁的时候，才是真正意义上的团聚时刻，也是丈夫想着妻子、给妻子面子的一种表现。

诚然，有些时候男人们在外面用晚餐也是难免和情有可谅的。但还是要尽量多陪妻子在家里用晚餐。反之，如果根本不顾及妻子的感受，连电话都不打就在外面逍遥，酒足饭饱之后又要打上几圈麻将，或跳上几场舞，直至深夜方归，那么隔阂必然产生，长此下去势必危害婚姻的稳定和家庭的幸福。

可见，生活中男人该处处注意给妻子留面子，这样能有效防止和消除彼此间的隔阂。

给妻子留面子，男人要从生活中的种种细节中加以注意：

第一，在父母长辈面前要给妻子留面子。在父母长辈面前，有些男人易犯"显示自己"的毛病，就是有意对妻子吆来喝去，或者找茬训斥妻子，显示自己身为"丈夫"的权威。这是最要不得的。即使当时妻子不发作，也会找后账的。越是在长辈面前，男人越是该给妻子留面子。

第二，在妻子的上下级面前要给妻子留面子。在妻子的上下级面前，一定要给

妻子留面子。此时最忌故意不给妻子面子，或训斥或挖苦，来显示自己是家里的“一把手”。这样做的后果是让妻子失去了在单位里的公众形象，从而对工作产生抵触心理，或在同事中间传为笑柄。

第三，在孩子面前要给妻子留面子。父母是子女的榜样，如果男人不重视夫妻两个人在子女面前的尊严与形象，那么为人父母者就很难在孩子心中树立起该有的形象，影响到下一代的健康成长。

第四，在妻子伤心失意的时候要给妻子留面子。女人的内心较脆弱，稍稍遇到不顺心的事情就容易想不通。无论男人当时身处何时何地，都要能够以安慰妻子为重，给她留足面子，这样才有助于她尽快走出心理低谷。

第五，两人单独在一起时要给妻子留面子。不要以为没有外人了，就可以肆无忌惮了，这时才是培养双方感情的最佳时机，如果反其道而行之，势必会给对方的感情产生难以抹杀的恶劣影响。

男人一定要知道，妻子和你一样爱面子、一样要面子。所以，一定要注意给妻子留“面子”。

婚姻专家点评

男人爱面子，女人同样爱面子。男人切不可忽视妻子的面子问题。有了面子，女人才有尊严；有了面子，女人才有生活的热情。

多体谅妻子的“苦衷”

在现实生活中，有些夫妻可能在表面上形影不离，可在内心深处却感到陌生。这一般是由男人的大意造成的错。

西方国家有句谚语：仁爱始于家中。这句话尤其适用于婚后的男人们。婚姻就像一条船，能否风平浪静地驶向彼岸而不触礁，就看男人这个“总舵主”是怎么驾驶的了。不懂得做丈夫之道的男人，不仅会把一个本来对婚姻充满美好幻想的少女变成焦虑易怒的怨妇，还会将婚姻之船弄翻。

女人多想把心中的苦衷一一诉说出来，并得到男人的理解和关怀。而男人一般婚后都不愿听妻子啰哩啰嗦，有意无意地尽量避免与之交谈，更不用说交心了。不愿体谅妻子的苦衷，也是造成夫妻间隔阂的主要原因。

男人不愿听女人啰嗦，并且最怕听到女人诉苦，絮絮叨叨的让男人听了就烦。女人心中的怨言得不到及时的排泄，更得不到及时的关怀，时间长了就变成了怨妇。这时就更让男人烦了，在外面忙碌一整天，回家还得看妻子的苦瓜脸，心里不

拧疙瘩才怪。到了此时,双方的隔阂就越来越深了,直到矛盾重重。

婚后的女人大多会变得话多起来,与同事诉苦、与邻居诉苦,只因心中的苦闷得不到丈夫的体谅。

如果能够设身处地的想想妻子为家庭的付出和辛劳,尽量多体谅她,对双方的感情交融和婚姻稳定都是大有好处的。

婚姻生活中,要多体谅妻子的苦衷,多迁就、关怀她。

妻子爱唠叨,那么就让她唠叨吧,她的种种数落也不无理由,一家老小样样都要她操心烦神,数落数落,全当她快活快活嘴皮子,宣泄一下重压吧。

有时妻子的唠叨简直到了无理取闹的地步。这时,也不要盲目地制止她,女人的身体娇弱,常常因为身体情况而导致情绪变坏。如果是因为身体不适而脾气变坏,那么男人就该让一让她。心理学家研究发现,在女人心绪变坏时,不通过唠叨的方式发泄出来,就有可能抑郁成疾。如果能够喋喋不休地唠叨一番,则有助于迅速消除负面情绪,解除心理压力,对身心健康大有益处。对此,男人可能未曾想到。

夫妻纷争是不存在什么原则问题的,能避免出现问题就是好办法。从各方面因素来说,都应该是男人让一让女人,尽量多体谅妻子的苦衷。

比如说,在妻子工作压力大的时期,以及身体出现周期不适的时候,男人都该体谅她,对她的“无名怒火”以谦让为上策,尽量放下手头的事情多帮她做家务,并且多陪着她,与她谈笑、散步、跳舞等等,想办法使她尽可能轻松愉快地度过特殊时期。

因为此时的女人是最需要男人的体谅和无微不至的关怀、照顾的。这能促使夫妻间彼此感化、互敬互爱,使隔阂尽消,感情融洽。

很多女人对丈夫说,从来都是我照顾你,天亮就去买菜、买早点,下了班回家还得油熏火燎地烧菜。为什么从来就不见你主动地去买早点、主动烧菜?婚姻法上又没规定这是我该干的事情!

这是婚姻中的女人最常见的怨言了。而现实生活中又有几个男人能够体谅妻子被家务、生活的压迫之苦呢?

女人嫁给一个男人,是因为爱他、因为对婚姻存在美好的期望。但是,在实际生活中,男人根本就无视女人的苦衷,凡事都只为自己着想,同单身时一样我行我素:晚上经常和同事出去宵夜,然后酒气熏天地回家。双休日家里百事不管,在麻将桌上战得昏天黑地,可以从上午九点战到第二天早晨六点,然后回到家蒙头大睡,还埋怨妻子做的早餐不够好吃……

如此自私的男人是绝对不会有坚固美满的婚姻生活的。隔阂迟早要产生,婚姻早晚要出大问题。

一位美国教授,虽已年过六十,但每次学校放假都陪着妻子到国外旅游,所以他与老妻的婚姻生活一直过得非常幸福美满。

是的，婚姻中的男人懂得爱对方，他才会从婚姻中体会到真正的幸福，任何事情都是相互的。如果男人对婚姻没有这样的思想认识，那么他就绝对承担不起妻子对他的期望，也驾驶不好婚姻之船。

多体谅妻子的苦衷，对其表示关怀，并不一定非要下多大的功夫、耗费多少时间，从生活中的点点滴滴都能表示你的体谅和关爱，只需多一些耐心、多一些细心、再多一些爱心。

比如说，针对妻子的心理需要，时常说些柔情蜜意的情话，做些表示关爱的小动作，在外人面前夸奖妻子，留张写满情话的小纸条，时而赠其一份小礼物、帮她干些力所能及的家务等等，都是体谅妻子、关爱妻子的方法。

实际上，女人并不是想从男人这里得到多少多少，她们只要男人懂得她心中的辛酸苦辣，愿意体谅她、能够关怀她即可，而她们是否得到什么实惠，则是次要的。哪怕仅仅一句充满关爱的话，也能够让一张愁苦的脸变得阳光灿烂。

多体谅妻子的苦衷吧，这能促使你的婚姻趋向于和谐、美满。

婚姻专家点评

婚姻不幸福，是女人变成怨妇的罪魁祸首。男人是否关心、体谅妻子，又是女人幸福与否的关键所在。

在对方需要照顾时要好好表现

有一部分夫妻的关系很奇怪，找不出什么大的矛盾，却总是感觉很别扭。有一对夫妻的感情基础非常好，但总是免不了时常吵嘴，男人很爱妻子，妻子也不想离开丈夫，可就是解决不了“别扭”的问题；还有一对夫妻，男人把平日所赚的钱几乎如数上交到妻子的手中，在外也不拈花惹草，但妻子总是对他不满意，经常发火。

以上的事例中，第一位丈夫不明白，为什么明明相爱的两个人，总是为一点微不足道的小事吵嘴，甚至妻子有时会没事找事地挑起战火；第二位丈夫不明白，自己够“楷模”的了，没什么生活和作风上的毛病，钱又都交给妻子，妻子还有什么不满意的呢？

在这里，作者向广大男士道出“天机”：在女人因身体等原因需要照顾时，如果男人没能给予足够的重视和照顾、好好表现，那么妻子都会非常生气的，即使当时不发火，也会牢记在心，“找后账”就是很自然的了。

所以，请广大男士们一定要记住，在妻子需要照顾时一定要好好表现，这是预

防和消除双方隔阂的有效方式。

在妻子身体不适的时候,男人要照顾她。女人每个月都会有几天身体不舒服的时候,心绪差、急躁易怒、易发“无名火”。一部分粗心的丈夫们根本就意识不到这一点,在家务活和精神上都对妻子毫不照顾;妻子面孔苍白地恳求他代替她做某项家务,他可能不假思索毫无商量地拒绝了,因为他也疲惫了正想休息;妻子心情不稳定,想要他陪她说说话,缓解缓解身心上的不适,可他同样不假思索地拒绝了,因为不愿错过足球赛事……

在妻子的特殊时候,丈夫把自己的休息看得比妻子的休息要重要,把一场球赛看得比妻子的感受要重要,那么即使其他方面做得再无可挑剔,妻子也是不可能不产生想法,会对丈夫心生埋怨的。

在妻子身心俱惫的时候,也该得到男人的照顾。特别是刚刚有了孩子的女人,又要忙着照顾孩子,又要整理家务,难免身心俱惫。这时,如果男人向她伸出关爱之手,帮她分担责任并给她精神上的安慰,那么定有助于她较轻松地度过这一特殊时候,并且心中永远记着男人的好。

有对夫妇刚有孩子,妻子没有养育孩子的经验,单是照料孩子就已经忙得晕头转向了,还有家务活,整个人被搞得心烦意乱,忍不住对丈夫发火。后来经过心理医生的指点,男人开始帮妻子分担家务,并一起承担照顾孩子的责任,妻子的负担减轻了,心情也好了,家庭又重回和睦状态。

婚姻生活中,男人不懂女人为什么“乱发火”的情况并不少见,却一头雾水、不知所以然。那么,不妨检讨检讨自己是否对妻子欠缺该有的照顾,然后亡羊补牢。这样能够有效消除隔阂,避免“吵糊涂架”。

这就要求男人在生活中处处留意,在妻子需要照顾时好好表现:

1.主动分担些家务

千万别把家务当成妻子的专利,在男女平等的现代社会,没有任何一个妻子能够对坐视妻子忙这忙那而无动于衷、坐享其成的男人毫无怨言。如果一个男人坚持“衣来伸手,饭来张口”,那么妻子对丈夫的火气会通过别的机会发泄的。即使男人帮不上什么真正的忙,只要参与其中,尽管笨手笨脚,还可能因太外行而“越帮越忙”,但是只要能让妻子感受到他心里想着她、愿意在这一问题上帮助她照顾她,就肯定会满心温暖的。

2.情绪不对时主动关心

女人一旦有什么不对劲,就会第一时间表现在情绪上。这就需要男人时常留意妻子,一旦发现异常情况,最好能够耐心询问,然后采取恰当的方式帮助对方。可以利用陪对方散步帮她减轻内心的苦闷,可以利用亲自下厨房为她烧上几道最对她胃口的菜,可以利用交谈、开导减轻她的心理包袱……

3.在生病时好好照顾

女人在身体有异的时候，是最期待得到男人的细心关照的。即使只是感冒发烧的小毛病，也希望得到男人的重视。她们重在观察男人的一颗心。如果男人根本不当回事，那么女人的躯体疾病易治，心理创伤难愈。

如果男人对妻子的行为举止感到不解，不明白她为什么老是对他不满意，那么可能就是因为在她最需照顾的时候，他没有做该做的事情或做的远远不够。于是，她就想通过种种方式去改变他，让他懂得关照她。妻子没茬找茬地同男人吵架，大多是对男人的所作所为心存不满，想得到男人更多的爱。

夫妻之间怎样保持恋爱时的甜蜜情感、永远相爱？对此，加拿大的家庭顾问主张：当对方因身体等原因需要照顾的时候，男人要比平时更温柔、体贴，细心照料，切不可漠不关心或表露出厌恶之情。

婚姻专家点评

女人是敏感而娇弱的，在某些特殊时刻，非常需要男人的细心呵护，如生病时、情绪低落时……能否在对方需要照顾时好好表现，是处理好夫妻关系的重要因素。

2. 化解矛盾，保卫婚姻

不能对妻子期望过高

婚姻是男男女女都十分向往的事情，然而一旦身为婚中之人，则往往感觉和理想中的婚姻相差甚远。正如一位作家所说：婚姻是一所围城，城外的人拼了命想挤进去，而城里的人则钻天打洞地想冲出去。

一对新人在掌声、鲜花和众人的祝福中走进了神圣的婚姻殿堂，从此开始向往已久的婚姻生活。一旦成为“城”中之人，从前的美好希冀可能就被严肃的现实一点一点地粉碎了。

譬如，婚后不久就会感到：结了婚真没意思，没有了缠绵悱恻的浪漫、缺了朝朝暮暮的思念，一对有情人的生活中再也没有了大起大落的情感激荡，油米柴盐醋的生活让日子仿如白开水般寡淡无味。

但你不能因此就开始怀疑婚姻，怀疑爱人。恋爱美好、恋爱中的女人美好，是

因为恋爱只是空中阁楼、美好的幻觉而已，家庭生活才是可以歇息的港湾，油米柴盐醋才是实实在在的，才是充实的。而夫妻之情只有能够经受得起现实婚姻的考验，才能称得上真正的爱情。

在现实婚姻中，男人多摆脱不了轻视女人的尘旧思想，无形中造成了“男女不平等”的家庭关系——对妻子没有该有的尊重，也渐渐失去了爱的激情和热度，却把繁重的家务活毫无商量地推给女人去做，自己则心安理得地干事业、奔前程——这几乎可以说是现代家庭的典型悲剧代表。

女人的任劳任怨造就了自己的悲剧，刚走进婚姻就被繁重的家务活所累，奔走在家庭和事业之间，像个上足了发条的陀螺一样，失去了身心的自由。

被生活所奴役的女人可能很快就变成了风姿不再、落入生活俗套的怨妇，让男人越看越没感觉。这是女人的错吗？当然不是。到了这一步，男人有推卸不了的责任，他推给妻子的责任太多，又对妻子的要求太高，如此这般，可以说男人是整个悲剧的制造者，想要熊掌还想要鱼翅，怎么可能！

有一位丈夫婚后便把全部家务推给妻子，还要求妻子照顾好孩子和他。女人的贤淑并没有换来好结果，由于家务太繁重，就无法做好本职工作，也没有机会学习新知识，工作环境竞争惨烈，当机关缩减人员的时候，她便首当其冲被精减下岗了。由于没有工作和收入，她在家庭中的位置就更加低下了，随之情绪恶劣起来，一直风平浪静的婚姻开始战火频频、摇摇欲坠。

这个故事是典型的“男人一手制造了女人的悲剧”。

还有的男人，在年轻的时候，妻子为了他干好事业不分心，干脆辞了工作一心理家，成了地地道道的家庭妇女。当男人事业成功了，回到家中再看一看黄脸婆，恍若陌生之人。他弄不明白，是什么时候、从哪一天起，原本充满青春气息的女人变成此般模样，几乎让他不忍目睹。

当妻子满脸堆笑地端上酒菜庆贺他的成功之时，妻子脸上的道道皱纹和华发早白让他笑不起来，反而感到揪心地痛。他未必是心疼妻子为家庭而过早地憔悴，而是痛心自己的婚姻不幸：当初怎么就没料到自己娶了个如此上不了台面的女人？

唉！可怜天下为人妻者，牺牲了自己却得不到认可，牺牲得一点价值和意义都没有，到头来可能被男人过了河就拆散了桥。

研究夫妻关系的心理学家得出了一个非常有力的结论：夫妻间的不少矛盾和隔阂是由于对对方期望值过高所致。

心理学上有一个“情绪指数公式”：情绪指数=现实值-期望值。

当情绪指数等于或大于1时，人们所得到的是积极情绪，即满意、快乐、喜悦等；当情绪指数小于1时，人们所得到的是消极情绪，即失望、不满、烦恼、愤怒等。而且，现实值与期望值之间的差异越大，情绪反应则越明显。

所以说，如果不切实际地对爱人期望值过高，比如说总想他(她)能升官、发财，那么一旦不能如愿或与愿望相去甚远，就会陷入深深的失望和烦恼之中，这种烦恼属纯“自寻烦恼”。

这种失望的情绪不仅会给自身带来负面影响，还会对爱人产生抱怨心理，从而损害对方的自信心和自尊，并对夫妻感情起到绝对的破坏作用。试想，如果一对夫妻长期生活在指责和抱怨中，那么不出大问题才怪！

所以说，婚姻中的人不能对爱人的期望值过高。

作为婚姻中的男人来说，千万别对妻子要求太高，妻子只是一个普通的人，不是神，她不可能在家里是合格的主妇，工作中是女强人，交际场上又是独一无二的花魁，既满足男人生活上的需要又满足男人的虚荣心是绝不可能的。

男人首先要清楚，女人是人，是比男人更娇弱的人。而婚姻中的男女，则如螺栓、螺母的关系，是需要努力去达到和谐的。别拿你的婚姻同别人的婚姻相比，也别拿你的妻子同别人的妻子相比。因为别的男人所拥有的优势，你未必拥有；别的男人所做的努力，你未必做了。

每一桩婚姻都有着不同的特点，当别人的妻子成为呼风唤雨的女强人，为家里赚来家财万贯时，你不要羡慕，也不要同自己的妻子相比较；看到别人的妻子年轻貌美、温柔可人时，你不要羡慕，也不要同自己的妻子相比较。

每一桩婚姻都是一道风景，不要这山望那山高，把一些不切实际的东西拿来同妻子比较，更不能强加到妻子的头上，让她如何如何……富足有其缺陷，清贫有其踏实，美丽有其不安，平凡有其悠闲。

婚姻和妻子都是没有任何可比性的，只有属于自己的才是真实的，守住自己的婚姻才是真理。

所以说，要提高对婚姻的认识，端正对妻子的看法，增强自身的心理承受力。这样，对自己、对妻子、对婚姻都有益处，有效降低矛盾的爆发率。

在婚后的共同生活中，免不了与妻子朝暮相处，为了避免因对对方期望太高而产生矛盾，要丢掉婚前理想化的夸大点，重新多方位地认识对方的优点、缺点，双方都回到实实在在中来，认识到她的可爱之处，接纳她存在的缺点和不足，如此，才会使婚姻之舟平稳向前。

守住婚姻，尤其要守住自己的爱人。既然与妻子走到一起了，就要相信缘分，善待妻子、珍重婚姻关系。爱的本质是给予，贬低女性、压制女性的男人，等于在毁灭女人，毁灭婚姻。

男人对婚姻、对妻子都该有个正确的认识，特别是对妻子不能期望太高，不可能集美貌、智慧、贤淑等等诸多优点于一身，维护婚姻的法则是给予而不是索取。

检讨是否对妻子关怀不够

婚后的女人,可能会由恋爱时的阳光快乐转变为烦恼抑郁。因为恋爱是轻松的,婚姻是沉重的。

婚姻中的女人,可能会莫明其妙地乱发脾气,让男人不知所措。这就难怪婚后的男人会不愿回家了。男人喜欢的是恋爱时女人的腼腆、文雅、温柔可人,而讨厌婚后女人的乱发脾气、大喊大叫。

可能仅仅是因为一点微不足道的小事,女人就小题大做起来,诸如东西放的位置不满意,床单坐得有点褶,教育孩子意见不一致,衣服穿得不得体,乃至对婆家对娘家的关系等等都成为了导火索。

女人的脾气来了,理直气壮,振振有词,不分场合、地点,有些时候会让男人下不来台。一气之下或者躲得远远的,或者反唇相讥:“外面嚷去”、“安个喇叭”、“没有教养”……家庭战争就此掀起。

过了这一阵儿,女人的心情好起来,两个人和好如初。

可是,没过多久,女人又故伎重演起来,依然揪住生活中的一点小事不放,小题大做地大吵大闹,像毒瘾发作一样不可遏制。

真是让男人头疼!

男人没有意识到,女人的转变,可能正是因为男人。婚后的女人为什么会乱发脾气、没有风度地大喊大叫呢?原因可能是因为男人对妻子的关怀不够。得不到男人足够的关怀,女人就易心理失衡、变得急躁易怒。

在人与人的关系中,都是存在着相互带动的。心理学上的常用名词为:互动。所谓“互动”,就是互相感染、影响、交流。

人与人之间的“互动”性非常强,在夫妻之间更是体现得强烈异常。恋爱中的男女为什么都感到快乐异常呢?因为对方都在小心翼翼地哄着自己开心,在彼此间的相互带动下,爱情的温度迅速上升。而婚后两个人都减少了对对方的付出,互动作用就大大降低了,这就是婚姻容易让人感到乏味的原因所在。

婚姻中的互动作用是不容置疑的,比如:妻子兴致勃勃地向丈夫讲述一件有趣的事情,男人却表情木然、心不在焉,那么妻子是无法将绘声绘色的描述坚持到底的,也许还没说到一半,就嘎然而止了。

再比如说,如果男人遇到了一件棘手的事情,满心烦恼着,妻子不仅若无其事,还在一边开开心心地唱卡拉 ok,那么丈夫会更心烦的,还忍不住对妻子产生怒火。

这类不正确的互动方式,都会影响两个人的正常感情交流,还会激发矛盾的

产生，促使感情产生裂痕。

心理学家建议婚后的男女都要尽量高高兴兴地回家，就是这个道理，一张笑脸会唤起另一张笑脸，一个好心情会带起另一个好心情。反之，一方满脸愁云，另一方也可能受到感染而心绪不佳。

由于夫妻间的互动作用，妻子的面容憔悴、心情郁闷，多是男人不够体贴、不够关怀她而造成的。婚姻的不幸能够彻底将一个女人改变，会将一个阳光少女变成彻头彻尾的怨妇。

如果一个男人看着自己的妻子不顺眼，那么那个女人就会破罐子破摔，真的越来越让他不顺眼起来。即使本来是贤淑的，也会“好罐子”破摔了。是男人的有色眼镜使女人的情绪消极起来，给双方的感情造成负面效应，结果致使夫妻间的关系越来越僵。

心理相容是夫妻关系平稳的基础，更是白头偕老的重要前提。

夫妻之间要相互认知，相互信任和理解，相互敬爱和尊重，并从心理上帮助对方，扬长补短，从生活上帮助对方排忧解难，才能产生良性的“心理反馈”与效应，感情才能日益弥笃。而一旦面对挫折要去互相安慰、互相勉励，疏导分解对方的心理障碍与压力，帮助对方从挫折中振奋起来。

相反，如果对对方态度冷漠，甚至埋怨、指责对方，不但不能减轻对方的心理压力，相反增添新的烦恼，使对方产生心理隔阂、矛盾，长此以往，会严重破坏彼此间的感情。

婚后男女的最正确相处方式是保持初恋般的彼此欣赏与爱护，遇到对方的不满，要善于改变视角，换一个角度，换一个时间，换一个场合，再去观察判断对方，要相信以前的感觉和印象，“不畏浮云遮望眼”。

在这方面，心思细密、善于忍让的女人做的要好过男人，大多数的家庭都是女人照顾男人要多一些。所以说，男人该时常检讨自己是否对妻子关怀不够。如果妻子诚心诚意地付出了关怀，却得不到足够的回报，那么心理失衡是很正常的。乱发脾气、情绪消极更是情理之中的。

能否得到男人足够的关怀，对于女人来说是很重要的。拥有男人足够关怀的女人，如沐春雨，心情和容貌都得到了滋润。一个受尽男人冷落的女人却如同被人抛弃的枯花枝，心情阴郁而面容晦暗。

你可能对自己的妻子越来越没感觉，而对公司里的年轻女职员充满好感。那是因为妻子已经没有成群的男士包围着、关怀着，而公司里的女职员正在被几个男人追求着、关爱着的原因。

女人的美是不受年龄限制的。妻子如果韵味不足、性情不再温柔可人，那么就是男人的责任。“女为悦己者容”，丈夫不再关怀她、关注她，她还有什么心思去注意自己的形象仪表呢？如果丈夫对她依然关怀、依然照顾有加，那么她就可能会使

潜藏着的妩媚和动人的韵味表露出来，根据男人的需要，越来越修饰得体、越来越温柔可人、越来越楚楚动人、越来越……

怎样判别妻子是否缺少关怀呢？如果妻子没有遇到什么不顺心的事情，却情绪低落，可能就是因为缺少了丈夫的关怀。对此，可以通过以下表现去判别：

▲妻子表现出过分的忧虑，还不时因一些微不足道的小事情而发脾气，比如袜子没放好，扣子没缝上，饭做硬了等。

▲下班回到家，就一言不发地做家务，整个人闷闷不乐。

▲常一个人发呆，看见丈夫没有丝毫的喜悦感。

▲越来越爱抱怨身体疲乏和不适，诸如腰酸、胃痛、头疼之类。

▲做家务缺少积极性，还常常做错事。

▲宁愿看书看电视，也不愿同丈夫接近。

▲对和丈夫一起参加的社交活动没兴趣，会拒绝一起去吃饭、看电影等。

▲对婚姻生活表现出明显的厌烦心理，对丈夫更是不再拥有激情。

以上这些表现，都是女人在得不到丈夫足够的关怀后易产生的反应。一旦看出端倪，男人就该检讨自己，及时补救，亡羊补牢不为晚。

男人的关怀是女人的春雨，缺少了关怀的女人会枯萎，拥有关怀的女人会愈加水灵动人，芬芳不可挡。婚后的男人，要常常检讨自己是否对妻子关怀不够，这对消除矛盾、增进感情有着不可忽视的促进作用。

婚姻专家点评

婚后的女人常常变得急躁易怒，让男人摸不着头脑又难以忍受。明明只是一点小小的过失，女人却揪住不放、小题大做。其实，这是女人积怨太多的缘故，男人要检讨自己是否对妻子关怀不够。

改变对妻子的态度

美国西雅图大学的心理学家最近研究发现，维系婚姻的关键是男人。这个研究计划由约翰·戈特曼博士主持，他和同事共拟了一份详尽的口述历史访谈问卷。

所谓的口述历史访谈，就是要在夫妇的家中进行，仔细询问两人的罗曼史，包括邂逅与约会，决定结婚的经过，对美满婚姻的看法，以及历年来的婚姻转变等等诸多细节问题。

调查研究结果发现，影响和决定婚姻的质量及前途的关键所在有如下方面：

1.男人对妻子的爱意与负面态度

妻子是否还具有着吸引力?当两个人发生争执时,男人是坚持己见还是懂得谦让妻子?

2.谈话的方式和态度

男人是否能够主动同妻子攀谈,是否态度热情、真诚?

3.感情的浓度

男人把妻子当成真正的"伴侣",还是仅仅为"凑和着过"的心态?

4.把妻子摆放的位置

男人把妻子摆放在重要位置还是当成小女人?

5.对婚姻的态度

男人是以得过且过的态度还是以认真的态度来面对婚姻?

6.珍重感情

是否常同妻子一起回味美好的恋爱时光并憧憬美好的未来?

7.对婚姻的热度

男人是以积极向上的态度面对婚姻,还是消极颓丧?

女人的情感和心态是易受他人的带动的,而男人的心态如何,则基本决定着婚姻的命运。如果婚姻有裂痕,那就可能是男人做的不够好,该尽量改变对妻子的态度。

如果男人不能以正确的态度把握婚姻,那么重重危险信号就会接踵而至:常为鸡毛蒜皮的事情争吵,发生分歧,两个人越来越离心离德,对婚姻本着"破罐子破摔"的心态……

他们中的一方或双方,都有许多有可能危及家庭的秘密和想法,没有打算或根本不愿意让对方了解。而这些秘密,有的原本可以借机减弱矛盾、增进感情,有的是可以通过良好的交流获得谅解和圆满解决的。但是,由于不具备解决问题的条件,所以只能使问题越来越恶化。

比如说,丈夫手中有两张电影票,还正赶上是世界大片,但他根本就不想让妻子知道,更不想携她同去,宁可找哥们儿一起去看;再比如说,妻子的朋友家里举行舞会,本来是邀了她们夫妻俩的,可是她对丈夫连提都没提,就只身前往了,舞会上的舞伴当然不是丈夫,而是一个陌生男子……

婚姻关系既是人类一切人际关系中最便于建立亲密交往的一种关系,也是人类一切人际关系中最易使人受到挫折并感到孤独的一种关系。可能一不小心,婚姻就产生了矛盾,进而矛盾激化,接下来就陷入僵局。

在人的内心深入,都渴望着能够与配偶相亲相爱,但现实生活中,却不容易实现,其责任往往在于男人。婚姻中的男人多是想得到的多,付出的少。总是对女人要求较高,而忽略了自己的责任。这种"收入和支出"的不平衡,就导致了婚姻的危机。

婚姻生活中常常是这样，男人既要求女人把家整理得无可挑剔，又要求女人修饰得体、出了门不得丢面子，而他自己却什么努力都不做。他可能在家里饭来张口、衣来伸手，在外面吃喝玩乐。常常把妻子扔在家里，自己深更半夜才回家，连句解释都没有，还挑剔妻子的不是。这样，肯定会使夫妻关系变得糟糕起来。

另外，自私也是婚姻中的男人常犯的错误。他要求女人时时围着自己转，事事以顾全他为重，而对于她的生活、她的感受，则不闻不问，任其自生自灭。这种婚姻状态，不出问题才怪。

不懂得谦让妻子同样是男人常犯的错误。当夫妻俩面临什么问题并要作出决定的时候，夫妻之间就比较容易产生不同意见并发生冲突。比如说要买个什么样的沙发或窗帘，妻子喜欢暖色调的，而丈夫喜欢暗色调的，于是两个人争执不下，进而争吵起来，直到不可开交。

对于爱人、伴侣来说，分歧是常常会有的。那么，男人有没有想到，在一些并不重要的小事上让一让妻子呢？时常给妻子一个情面，放弃自己的想法成全她，不就什么问题都没有了吗！哪怕仅仅是因为做“红烧鱼”还是做“水煮鱼”这种小事情，让一让她，让她感受到尊重和爱，矛盾就化解了。

既然和妻子走到了一起，成为生活在一个屋檐下的生活伴侣，身为男人，就要懂得适当的谦让，能够做出一定的付出，你能够接纳对方，对方才能够接纳你。因为婚姻是两个人的事情，感情又是相互的。

改变对妻子的态度，不仅要针对明显的矛盾，在平时也要多加注意，这可起到很好的预防作用：

1.变挑剔为赞赏

挑剔是冷雨，赞赏是温暖的春风。时常注意在生活的细节中赞赏妻子，这会使妻子的内心充满温暖。比如说，妻子做了一件什么有意义的事情，买了一件非常物有所值的家什等等。哪怕只是随口说说，也比挑剔来得好。

2.该迁让时就迁让

夫妻之间的矛盾往往都是始于一件小事。如果双方各不相让，那么就会变争执为矛盾，使问题不断扩大。作为男人，应该本着“好男不和女斗的原则”，对妻子该谦让时就谦让。

3.宽容、宽厚的胸襟

夫妻间应允许有个人的隐私，只要不是非道德的、非法的，都不应无理要求对方公开隐私、或强制地限制对方。女人常有一些小秘密，比如说爱藏私房钱，可能悄悄地给她的父母财物等。女人都是如此，男人尽量本着宽容、宽厚的胸襟，睁一只眼，闭一只眼地由她去吧。

男人在婚姻家庭中占主导位置，身为一个丈夫，还要能够在矛盾形成时，通过改变对妻子的态度化解矛盾、纠纷。如果你的婚姻已经陷入僵局，成为让两个人都痛苦的枷锁，让你深深地感到烦恼，不知该分手还是该硬着头皮继续下去。那么，不妨作出新的尝试，改变一贯对妻子的态度，就极有可能改变目前的尴尬境况，改善双方关系，从而化险为夷：

1.转变自身思想

如果你自身有感情方面的矛盾冲突，必须先自行化解，恢复理智和清醒的头脑，以积极的心态去面对双方的问题。

2.停止对立

如果妻子正在气头上，就要避一避她的火气，让事情有个缓和的过程。等她的怒气稍稍平息后，再慢慢和她讲道理。

3.拒绝争吵

当妻子大吵大闹时，你不要加入战争之中，而是以冷静和沉默使她慢慢平静下来。虽然这不一定能化解问题，但至少能够避免争吵，然后真诚地对她说："我想和你好好谈谈。"

4.倾听

无论双方的矛盾有多大，也要能够冷静下来倾听对方的解释，如果连解释的机会都不给，那么双方的疙瘩就只能变成"死结"了。

5.保持冷静

无论妻子多么的没有理智，甚至疯狂地叫骂、哭闹，作为男人，都要保持冷静。你的冷静会带动妻子慢慢冷静下来，避免两个人都丧失理智做出追悔莫及的事情来。

婚姻天长地久的奥秘何在呢？美国研究婚姻问题的专家得出以下结论：

1.至诚的友情

夫妻之间，喜欢比爱更为重要，是爱侣又是朋友的夫妇会给双方以自尊，在危难时帮助对方走出困境。

2.亲密无间

能够亲密无间的夫妻关系，可以满足双方真正的心理需求，它能够使双方都对婚姻充满信心，身心疲劳迅速得以恢复，从婚姻中体会到真正的幸福。

3.平等

夫妻关系要平等，不能存在歧视。一是平等的对话，不能光顾自己表达想表达的，也要给对方充分表达的机会；二是平等的贡献，夫妇双方为婚姻做出的努力应该是等同的，不能凡事只要求对方做好，而自己一心索取。

4.容纳

夫妻之间要能够相互容纳。因为，有些人的习惯和品性是无法改变的，这就要求伴侣能够容纳，不去苛求对方达到完美。

5.忠实

夫妻之间要相互忠实。忠实是婚姻的根基，只要对对方忠实相对，婚姻关系才

能没有隐患。

6.承担责任

在婚姻中要能够承担自身的责任。来自62个国家50年的离婚资料显示，在历经了婚姻的最初美好以后，婚后4年会有一次“骚动”，它要求双方为婚姻的持续存在作出努力。这就说明，婚姻之舟是要用责任来维持的。不承担责任，将会使婚姻之舟覆灭。

不知你在婚姻生活中是否做到了以上这6点。如果没有，或差得很远，那么就要警醒了，为了婚姻之舟不覆，请你彻底改变对妻子的态度。

男人在维护婚姻关系的过程当中，起着至关重要的作用。丈夫对妻子的态度，直接决定着婚姻的质量。如果婚姻关系有问题，那么男人就该注意改变对妻子的态度了。

吵架也要有原则

结婚证书对于婚姻中人来说，并非是幸福的保证。夫妻生活中，两个人终日在一个屋檐下发生矛盾冲突并不奇怪，这就易成为吵架的导火索。

对于吵架，首先要想办法尽量避免它的发生，能够将它遏制在萌芽状态是最好的。

女人一般敏感易动，易为一件小事而忍不住发脾气。男人则应该理智面对，正确地对待并予以调节，避免冲突升级，尽量使其能够“化干戈为玉帛”。作为婚姻中人，切忌因一点小小的冲突就动辄争吵，有了第一次，可能就有第二次、第三次……

男人怎样主动避免争吵呢？可采用如下方法：

1.回避

在妻子气头上的时候，主动回避她，撤离冲突现场，使白热化的气氛趋于冷却，以利于双方平衡心态，促使双方思考和自省，从达到避免争吵的目的。

2.屈服

如果男人明白自己在冲突中明显理亏，那么应该自觉地低头，不要再以任何理由强调和推卸，避免挑起新的矛盾，以创造平静的气氛，使事态向好的方向发展。

3.妥协

适当的妥协也会使矛盾得以缓解，使事态向着积极的方面转变。

4.冻结

如果双方争执不休,那么,不妨问问对方到底想怎么样才能够使争执化解,有效终止“马拉松”式的争论,避免事态愈来愈严重。

5.裁决

当矛盾出现,接近吵架的边缘时,还有一种有效避免吵架的方法就是把冲突交给有权威的第三者来裁定,找出共同点与矛盾的症结,共同探索解决问题的方案,使问题在吵架之前就得到解决。

夫妻之间闹矛盾是很常见的事情,如何避免争吵是每个婚姻中人的“必修课”。

有些时候,吵架是无可避免的。一旦无可避免,也不能瞎吵乱吵,吵架也要讲究原则:吵架的时候要尽量避免不要伤害到对方,尽量把吵架变成一件“好事”。吵架也能变成“好事”?是的,一旦事情发展到此般境地,只能在“下策”中求“上策”了。吵架的时候,要就事论事,不要把陈谷子烂芝麻都翻出来、新账老账一起算,那样会“火上浇油”的。

婚姻学家建议:当一对夫妇的矛盾大到非吵不可的程度,那么就不要再回避了,通过争吵更深一层地去了解妻子的内心感受,“究竟她为什么发火”,找到症结所在,也有利于解决问题,并在以后的生活中加以注意。

有的夫妻吵过架之后,心理就轻松了,感情也更融洽了,为什么?就是因为双方都把在心里憋了很久的话通过吵架的方式告诉了对方,卸下了心理的包袱,自然内心爽快。

西雅图华盛顿大学心理系教授戈德曼,曾领导着一个小组专门研究婚姻问题20多年,对预测“夫妻生活是否幸福或将会离异”拥有独到的心得。

戈德曼的研究结果是:夫妻吵架是常事,只要有幽默风趣、两情相悦作为补偿,就能维系美满婚姻;若夫妻经常在吵架时蔑视对方、怀有敌意,则几乎肯定会以离婚而告终。

戈德曼把后者的情况划分为两种类型:“敌视—交战型”和“敌视—孤立型”。

属于“敌视—交战型”的夫妻经常争吵得很激烈,互相侮辱、谩骂、贬低及嘲讽,无所不用其极,总是你来我往、针锋相对、互不相让。而“敌视—孤立型”则为丈夫和妻子互相叫嚷对骂,但谁也不听谁的,也很少瞧对方。各嚷各的,各骂各的,充耳不闻对方说些什么,只顾自己发泄。

戈德曼教授发现,但凡属于这两种类型的夫妻几乎无一能逃脱离异的结果。

所以说,不能把吵架完全当成发泄怒气的“出气筒”,尽说些恶毒的、解气的话,那样吵架就完全成了恶性的;而有原则的“吵架”,才会使吵架转向良性的。

所以说,当吵架无可避免的时候,就要采用一定的“技巧”和原则,把争吵变成

一种沟通的办法,通过争吵消除婚姻中存在的不良因素,通过争一争、吵一吵,把事情搞明白,把是非曲直搞清楚,促使矛盾消除。

对于夫妻间的争吵,英国心理学家东尼高博士认为,“好的”和“坏的”争吵只有一线之差。两者之间的区别在于“好的”争吵能够起到澄清事实消除隔阂的良性作用,而“坏的”争吵则等于互相攻击诋毁对方,将会使矛盾加剧。

东尼高博士说:人人都有和人争辩、争吵的需要,一味压制是做不到的,害多利少。正确的做法应该是把这种来源于人性的本质,引入正确轨道,让它发挥积极作用。

夫妻共同生活难免对一些事物持有观点、看法的不同,这就容易引起夫妻间的争论,甚至发生争吵。而夫妻之间一旦发生争吵,就要把持原则,尽量把争吵变成“好的”、“有益的”争吵。

在争吵中,不要光顾着发火,而是记着要把内心的起初思想直率地说出来,并且要敢于承认自己的错误。在激烈的争吵中,双方可能争执不已、各不相让,谁也很难占上锋。但你有没有想到,如果有一方肯低一低头,做出让步,那么争吵就会冰雪消融?

所以说,夫妻之间争吵时要注意把握一定的原则:

▲不要相互揭短,更不要把以前不愉快的事情拉出来,那样不仅不能解决眼前的争吵,反而使问题越来越复杂。

▲在双方争吵中不要加上第三者的意见,如“别人也讨厌你的做法”等。

▲放弃占上风的心理。夫妻争吵的时候,应该消除一个想法——占上风。在这场争吵中,不是你胜就是我负,这一点是肯定的。因此双方都想办法千方百计去压倒对方。正因如此,才会互不相让。所以说最好摆脱这种“占上风”的心理,而是尽力求得在争吵中解决问题,而不是站在敌对的立场上互相攻击。

夫妻相处是一门艺术,吵架也是一门艺术。处理好了,也能对婚姻有益。所以说,男人一定要主动把握吵架的原则。

关于夫妻吵架,能免则免。一旦无可避免,也要有原则地去吵,让吵架起到积极的作用。

吵架后要主动示弱

吵架过后是需要处理的,就像其他任何一件事情一样,需要“善后”工作。

夫妻间吵架，可能仅仅是因为经济开支、生活琐事、子女教育等小事引起磨擦而导致。在吵架的过程中，可能免不了有一方会失去理智地“兜老底”、“揭伤疤”、“新账旧账一起算”等等，使双方的关系充满火药味，并存在着伤到双方感情的危险。

一般的夫妻吵架，常常是因为双方存在着不和谐，所以想通过吵架的方式使对方屈服、使问题得以解决。一旦架吵过了，就该想办法弥补因吵架造成的裂痕，可谓“亡羊补牢不为晚”，这样才不至于伤到真感情。所以说，要趁着“伤口”没有结痂成“永久的伤疤”，及时做善后工作。

吵架过后，两个人之间往往僵持着，两个人都余怒未消，都还记恨着对方，都没从吵架的不愉快中彻底解脱出来。

这时，男人应该本着大度的心态，打破僵局，主动向妻子示弱。虽然说“宁为玉碎，不为瓦全”，但在婚姻家庭中，这句名言就不适用了。能够在吵架后向妻子低头示弱的男人，才是真男人。

男人要首先从吵架的阴影里走出来，学会遗忘，遗忘不美好的回忆。对不愉快的事情学会“遗忘”，能使人达到一种心理平衡。吵架后就遗忘这场不愉快，既是对对方的一种宽容，也是一种自我解脱。

如何做到“遗忘”呢?一是努力忘却，不让“不愉快的记忆”重复，可以靠理智和毅力去克制。另外，也可以通过转移注意力的方式去淡化它，从而逐渐遗忘。当不愉快的记忆在心头暗流涌动之时，就努力从“恨的联想”转移到去想对方的长处以及往日对自己的恩爱。

能够遗忘，才能够尽快恢复心绪，并对对方产生理解、谅解的宽容心，从而口心一致地改变对对方的态度，既是容人也是宽己，促使双方尽快化干戈为玉帛。

要想彻底化解吵架之害，使双方关系不再有矛盾，男人最好能够首先向妻子示弱。这样，对方多是不会再揪住前嫌不放的。大动干戈地吵一场，女人不也就是为了想要让男人屈服吗？一句“对不起，是我的错，别生气了”，就能够使女人心中的阴霾云开雾散。

一位妇女说她与丈夫经常为一点鸡毛蒜皮的小事吵架、打架。男人个性强，妻子脾气也很倔，吵架后常常十天半个月不说话，家中死一样地沉闷，婚姻也摇摇欲坠。要不是为了孩子，他们早就离婚了。虽然婚姻苟延残喘地继续着，却使得双方都很累很苦恼。

后来，经专家指导，吵架过后，双方都不再像以前那样不理对方了，并努力弥补吵架所造成的裂痕。这样一来，婚姻很快就有了转机，起死回生了。

以上这个事例就很好地说明了“吵架后主动示弱”的必要性和关键性。

夫妻吵架是十分常见的事，但吵架后能够首先示弱的人却并不多见，以致不少夫妻吵架后，因双方互不相让而相持不下，或持续冷战，或内战不断升级，导致矛盾越闹越深，直到劳燕分飞的地步。

如果不是婚姻到了无可挽回的地步，就一定要在吵架过后主动示弱。特别是男人，惯常逞强好胜的男人若能够主动向妻子示弱，那么妻子还能有什么话说呢？

一位男士以他四十年婚姻生活的经验，得出如此宝贵结论："学会让步，你便赢得了婚姻。"

是的，当婚姻双方发生冲突时，一方的忍让、牺牲就像是给予另一方的"赠予"——它终究是能得到回报，得到矛盾化解的婚姻重新和谐，值！

婚姻是一种特殊的人际关系，我们真正想从婚姻中得到什么？是爱和被爱，是快乐和安全感，是使自己得到发展。而这一切都是只有在能够相互接纳、相互给予的前提下才能够实现的。

争吵中，爱人可能用尖刻的话伤到了我们，但这也证明了她的内心是多么的需要抚平。在吵架过后，如果你能够首先示弱，那么这迟来的"抚慰"多是可以亡羊补牢的，多数会平息对方的怒火，使双方关系"柳暗花明又一村"。

怎样表示向对方示弱呢？除了先开口讲话、赔笑脸外，可以采用如下方法：

▲打电话向对方道歉。有些话当面难以启齿，在电话里讲可能比较自然、方便些。

▲请几个朋友到家里来，缓和缓和气氛，使家庭环境重新活跃起来。这样能有利消除残存于夫妻间的紧张气氛，使双方融入到说笑之中，尽快恢复感情。

▲买一件对方喜爱的东西，送给对方，激发对方的情感。

▲餐桌上增加一道双方都爱吃的菜，并且放到对方的面前，以示疼爱之情。

▲一起去市场买些中意的东西，使双方感觉到两人是一体同心，互为依靠的伴侣。

▲像对待"孩子"那样，关怀、体贴、照顾对方，以唤起对方的感情，从矛盾的阴影中走出来。

另外，还要多说一些表示爱恋和爱护的情话，能起到趁热打铁的作用，使双方的感情在最短的时间内得以恢复。

比如说，"外面天气很冷，别忘了加衣"；"晚上电视不要看得太久，早点休息"；"蛋汤热好放在锅里，吃完早点睡"等等家常话，看上去毫无特殊之处，但在妻子听起来，感受就会很不一般，就像雨后的彩虹是那么的别有意义。对于听者来说，每一句话每一个字都显露着真挚的情感。于是，自然备感亲切温暖，身心顿时轻松欢悦。

心理学专家们认为，夫妻吵架后因顾及情面僵持不下时是非常关键的时刻，可以说是婚姻向好或向坏转变的"分水岭"。而一个笑脸、一句暖话，都可能使得矛盾冰雪消融。男人能够首先向妻子示弱，则是在最恰当的时刻给了妻子需要的台阶，凡是明白事理的女人都会“见好就收”的。如此一来，就使创伤得以弥合，“化干戈为玉帛”了。

婚姻专家点评

男人该认识到吵架后主动向妻子示弱的重要作用，并且能够“该低头时就低头”。

把妻子放在“首位”

婚后的夫妻易感情变淡，以及出现矛盾都是常事。婚后，可能还尚未对那“抹不去的美好回忆”忘怀，已经发觉现实生活中的配偶不够理想。于是，渐渐对婚姻产生了消极的态度。

为什么会这样？从男人的角度来说，一般有如下原因：

1.只看到对方的缺点

在夫妻生活当中，如果只看到对方的缺点，并且对此深感厌烦，夫妻之间还有什么美好可言？

2.对对方的过失耿耿于怀

一点小过错都不能放过，不仅长期搁置于心，还在言行中表露出来，这不能不影响到双方的感情。

3.没把配偶放在正确的位置上

丈夫对妻子为他洗衣做饭熟视无睹，连句感谢的话都没有，却对她的小错误揪住不放，大加鞭挞；当妻子需要照顾、帮助时，他则吝啬一点点的付出，把关怀视为施舍。这怎能不影响双方的感情呢？

4.以挑剔的眼光看对方

如果男人总是以挑剔的眼光看妻子，那么妻子的身上肯定是“一无是处”，肯定令男人失望透顶，而妻子也会对丈夫失望透顶。

5.从来不去了解对方

有的男人一旦结了婚，就不再对女人知冷知热，也不管她有什么需要，有什么感受，只顾自己舒服就行。这种情况下，妻子就不再是真正意义上的妻子了，而成了他的免费女佣。

有些夫妻在婚姻生活中总是充满了“征服”与“反征服”，男人认为女人应该听命于自己，乖乖地做个依人的小鸟，女人则认为管束男人是她的特权——双方都想取消对方的独立性而把配偶纳入自己的管制之下。

事实上，谁也不会轻易屈服的，结果只能相互折磨，彼此间的距离也越来越远了。人人都渴望独立和自由，衡量一个人的幸福程度虽然有许多因素，但独立和自由却是最基本的条件，婚姻生活中更是如此。

夫妻关系不是强拉硬扯能解决问题的，理想的婚姻是生活上的结合，是精神上的结合，是求同存异的结合，而不是彼此的干预和制约。

一位丈夫这样说他的妻子："她不温柔，不懂得打扮自己，也不是个好主妇……"

乍一听，会觉得这个男人够不幸的了，妻子既不温柔，也不打扮自己，还不是个好主妇。不过站到女人的角度上去想，肯定在她的眼里，丈夫也有这样那样的不足、甚至是难以忍受的缺点。

事实上，哪对夫妻都是这样的，对方在自己的眼中都不可能是完美的，都存在着这样那样的缺点和难以弥补的缺憾。如果双方都只是揪住对方的缺欠不放，而无视对方的优点，那么两个人的日子就真的无法过下去了。

说实话，每一个人都不可能达到完美，那么就不要去奢求对方按自己的要求达到完美。两个人组成家庭后，两个不是"完人"的人都无权要求对方"完美"。追求完美的婚姻是一回事，能不能达到完美又是一回事。对此，想要"得到"，就得首先"付出"。

事实告诉我们，要想追求完美的婚姻，你自己要胸怀大度，豁达处世。西方有一位哲人说："所谓婚姻，就是将男性的权力减半、义务加倍，把妻子放在首位。"

一位男士将这句话当成守卫婚姻的"座右铭"，尽量少限制对方，多为对方付出，果然使婚姻之舟几十年平稳行驶，夫妻间和睦异常。

看来，"将权力减半、义务加倍"是婚姻之舟最正确的一道航线了，是夫妻相处的真谛。相反，如果单身的时候拼命找爱人，等结了婚又拼命地摆脱婚姻之束缚，想回到单身时的自由快乐，那么婚姻不翻船才怪呢。想拥有婚姻，就得能够承担得起该承担的责任。

人生在世，会遇到各种各样的考验和波折。婚姻更是如此。在夫妻生活中，如果凡事都能够本着"权力减半、义务加倍，把妻子放在首位"的原则，就一定可以经受得起形形色色的考验。

对于妻子诸如：不温柔、不懂得打扮自己、不是个好主妇等等不满之处，不能太过在意，再差劲的妻子恐怕也有好的一面。哪怕她再一无是处，也是你的妻子，是将要与你相伴一生的人。所以说，你还是有必要把她的妻子头衔放在"首位"。

对于妻子的不足之处，只要无碍大体，就随她去好了。该糊涂时就要糊涂。连郑板桥都说"难得糊涂"。

俗语说：结婚前睁大眼，结婚后闭只眼。结婚以前睁大眼睛，是为了寻觅理想的伴侣；结婚以后半睁半闭，是为了容纳对方的弱点，学会夫妻双方在大的问题上相互认可。对家庭生活中不值得计较的小事睁一只眼闭一只眼，对伴侣的不满意之处拥有一种坦然相对的豁达。否则，如果睁着明亮的双眼挑剔对方的缺点，只会搞得自己烦恼不堪，使婚姻陷入僵局。

婚后的男士，还易犯一些常见的错误，把过高的要求强加到妻子的头上，自己却根本无视自身责任，这常常是造成家庭矛盾乃至破裂的“罪魁祸首”：

1.要求妻子既入得厨房，又出得厅堂

男人把做饭烧菜等家务活的责任完全推给妻子是比较常见的事情。但他往往不仅要求妻子是厨房里的好手，还要能够洗尽油烟出得厅堂，对得起亲朋好友的眼睛，不给自己丢面子。这也倒罢了，更可恶的是，他把妻子当机器一样地使用，根本不管她是否能够承受得起那么繁重的家务，也不管她是否需要关怀和呵护。等他事业有成了，可谓春风得意、正到壮年，而妻子已经被生活的重担压迫得面容憔悴，上不了“台面”了。这时，男人又埋怨妻子已经上不了“台面”。

2.忘了自己“丈夫”的身份

男人在外面干事业的时候，可能相当有魄力，说话办事具有相当的威慑力。回到家中，也像在外面一样，板着面孔，不怒自威，吓的妻子大气也不敢出。而他则习惯地对妻子发号施令，就像高高在上的“土皇帝”一样，把妻子支使得团团乱转。作为现代知识女性，日子久了必然不甘承受此般“待遇”，必奋起反抗，甚至会因受不了这种压力而“突围”。

3.在家里说一不二

有些男士在每天 8 小时公事公办的工作环境里，形成了程序化、公式化的心理定势，走进家门后像在单位里面一样，他认为“对”的事情，就说一不二，没有一点商量的余地，非按自己的模式处理家庭事务不可。这无疑会使两个人的关系变得僵硬起来，日子久了，必然出现矛盾。

以上这些，都是现代男士易犯的错误，可以说是在向着“将权力减半、义务加倍，把妻子放在首位”相反的方向而行。对于此，广大男性读者勿必要加以注意，尽量克制自己。

做到“将权力减半、义务加倍，把妻子放在首位”，可以减少很多摩擦、争吵。面对对方的过错，闭上一只眼，悠悠然地加以化解和接纳，就有效地避免了争执和不愉快。

面对妻子的不足之处，不要轻易加以指责，相互谅解和尊重是夫妻间爱情的基础，而责怪恰恰是破坏这个基础的腐蚀剂。因为责怪难免伤害对方的自尊心。任何人都不会愿意自己的自尊心受到伤害，特别是这种伤害是来自自己最亲近的人时，内心会格外委曲痛苦，甚至愤怒。

对此，在日常生活中要常常加以留意：

▲妻子在精心打扮时，不能说这样的话：“行啦，行啦，想打扮给谁看呀！”这是

最让妻子反感的话。

▲如果婆媳关系紧张，即使妻子有错，也不要劈头盖脸地加以指责。耐心地讲道理才能解决根本问题。

▲在妻子买衣服的时候，千万不要不耐烦，也不要因为妻子喜欢上一件过于艳丽的衣服而妄加评论，那样妻子会赌气走开的。

▲妻子偶尔有事回家晚了，不要严厉地逼问，也不要批评她不顾家。

▲在与妻子发生分歧的时候，不要拿学历低、工作没档次等来作为打败她的武器，那样会伤到她的自尊心。

要想做到"将权力减半、义务加倍，把妻子放在首位"，还要注意遇事与妻子商量。比如说宴请朋友来家玩，必须事先跟妻子商量。不打招呼会使妻子感觉你根本没把她当回事。另外，还要多关心妻子的生活，问寒问暖，让她意识到，丈夫把她当成了真正意义上的妻子，把她摆放在了重要的位置上。

婚姻专家点评

走进婚姻中的男男女女们，往往并不能正视婚姻、适应婚姻，因而不能妥善经营婚姻。如果男人能够在面对问题时"把妻子放在首位"，那么情况就会大有改善了。

给妻子一定的"私密空间"

每个人都需要有隐私空间。而夫妻间的隐私常常是引起纠纷、矛盾的导火索。夫妻之间该不该有隐私呢？许多人认为夫妻之间不该有秘密，彼此之间该完全坦诚相对。

针对这个问题，多数人都有如下见解：

▲认为夫妻之间是最亲密的关系，彼此之间该"毫无保留"。一旦一方听说了另一方的秘密后，他(她)就会说："你骗了我这么多年！"随之，感情发生变质，婚姻关系产生动摇。

▲认为彼此"托付终生"，就要能够做到"以心相许"。如果还保留有小秘密，就是"不忠"的行为。

▲认为相知相爱的前提是"心心相印"，两颗心要赤诚相对，才算是心心相印。

其实，以上三点想法是错误的。夫妻之间是可以保留适当的秘密的，因为隐瞒事实与过于坦诚对婚姻同样有害，因此在互敬互爱的婚姻中偶尔保有自己的小秘密也未尝不可。

每个人都有不愿告人的或不愿公开的个人的事，夫妻之间亦然。无论妻子或丈夫最好不要去打听或者刨根问底式地询问对方的隐私。人人都有或多或少的隐私，一旦夫妻之间触动对方的隐私，会令对方尴尬异常。

比如说，男女在婚前一般都要经历20几年的人生旅途，在这期间可能发生许多的事情(包括意想不到的)，尤其是个人感情上的事，是不愿被别人提起的，特别是不愿对配偶启齿谈起，希望能够在自己的心底深藏一辈子。

倘若夫妻中的一方偶然中发觉了什么“线索”而一再逼问的话，一个埋藏在情感深处的“结”就会被强行牵动，从而造成或多或少的尴尬乃至伤害。另外，不要把对方的隐私当成手中的把柄，更不要在闹矛盾时把有意无意了解到的对方“隐私”当作“炮弹”去攻击对方。

事实上多数夫妇都会有难以向配偶启齿之事，假如在任何时候都要绝对诚实地向配偶坦白一切，那么夫妻关系就不再是亲密的，而是一种枷锁了。所以说，要在一定程度上尊重对方的隐私。

在这里要提醒身为人夫的男性读者，不要偷看妻子的日记、不要检查她的手机留存号码等。这等于刺探对方的隐私，是对女人不尊重的表现，要坚决避免。

还有一个问题，就是男人该怎么看待“妻子与异性朋友交往”。

作为现代男人，是该有“允许妻子交异性朋友”的度量的。如今不是女人“大门不出二门不迈”的年代了，女人也要干事业、拓展社交空间等等，所以说男人要能够正视妻子交异性朋友。

在现代社会，女人已经和男人一样是独立存在的人。对事业的追求和对生活的兴趣不可能只局限在家庭里。女人也有权利融入社会大舞台中，扮演各种各样的角色。如果一个人一辈子只能看到一张面孔，只能了解一种思想，那她的视野就太窄了、思维就太狭隘了。

一对再和谐的夫妻，性格和兴趣上总有不相同的地方。男人有男人的苦恼，女人有女人的苦恼，而在夫妻双方看来，有些苦恼可能是多余的，甚至可能是不能容忍的。不被理解的思想和情绪，在夫妻之外有时就可能找到理解的空间。

比如说，有些话，她可能不便对你直说，而需要转一个弯子让别人转给你。可能去找你的哥们儿、同事诉说，让他们转达给你，从而促使你转变对某些事情的态度。

还有，她对你的某些行为、习惯非常不能理解，于是就对别的男性朋友去聊，想加深对男人的了解。

所以说，非婚姻关系男女之间的交往，并非就是不健康的。你信任她的为人，她会更珍惜家庭的温暖；你尊重她的意愿，她会更加报答你的理解。相反地，一味排斥和反对这本来合理的存在，只能导致事与愿违，使双方产生矛盾。

比如说，一旦遇到比较暧昧的场面，不要不分青红皂白就妄下结论，加以阻挠。举个例子：出门去迎接下班归来的妻子，恰好看见她正钻出一辆陌生的轿车，

随后，她和一位男子亲切地握手告别……面对此情此景，有的男人可能会难捺心中汹涌的醋意，冲上前去。

遇到这类情况，最好的解决办法是等到只有两个人的时候，听妻子的解释。如果连解释的机会都不给，还声色俱厉地谴责对方："还有什么好解释的，我都看见了，傻瓜才不明白是怎么回事呢？"

也许只是一次非常平常的偶然事件，但因头脑发热、丧失理智而造成"误会"，进而演变成深重的矛盾，那么两人的情感就可能会出现裂痕，甚至因此而婚姻破裂。而如果能够给对方解释的机会，那么就会完全是另一种结局了。

婚姻中的男女，不可能因为成为了另一个男人或女人的"另一半"，就从此同异性划清界线，死不来往。

所以说，男人遇见久违的女同学，可能开句玩笑；女人遇见关系较友好的男性朋友，可能会无意中捶他一下；男人抽屉里的那张照片是和一位远房表妹的合影，并非情人……有些时候，事情就这么简单，但如果持有不正确的心态，采用不正确的处理手段，那么就会把简单的事情弄得复杂化，甚至完全是属于"无中生有"。

在夫妻关系中，有的男人习惯过分地限制妻子，就连属于"私密空间"的事情也不放过，比如说个人隐私、交异性朋友，这是不对的。人人都需要拥有独立的生活空间，只要不触犯到婚姻，就不该受到对方的干涉。

所以说，男人要注意给妻子一定的私密空间，允许她保留一定的隐私，允许她交异性朋友。只要不危及到婚姻，就没什么不可以的，这是男人该有的度量。

婚姻专家点评

无论是隐私还是交往，人人都需要私密空间。男人切不能认为妻子是你的，必须一切行为都要在你的掌控之中，不能有一点自由空间。给妻子一定的私密空间，对婚姻关系有益无害。

3. 妥善处理家务事

共同承担养育子女的责任

在婚姻生活中，还有个非常重大的问题——子女问题。这个问题可以说是家务事中的"重中之重"了。

子女是夹在夫妻之间的“亲人”，子女的出现，既会给婚姻家庭带来特殊的快乐，也可能会给婚姻家庭带来特殊的烦恼。“添丁”的喜悦可能是给婚姻家庭带来的最大的快乐，而养育子女问题又可能成为夫妻之间最大的烦恼。比如说，有了孩子就淡了夫妻间的感情，孩子成为“第三者”，或者在养育子女的问题上有意见分歧，产生纠纷等等。

子女的养育问题都是需要得到充分重视和合理协调的。随着一个家庭中小生命的降临，夫妻关系便会进入一个新的阶段，由此必然引起夫妻心理及感情上的一系列变化。

▲感情转移。多数母亲对子女所倾注的感情往往比给丈夫的更深厚，不少丈夫便会感到，自从有了孩子后，妻子对自己的爱似乎不如从前了。

▲兴趣变化。照顾一个孩子需要大量的时间和精力，妻子的注意力往往全部都转移到孩子身上，以往的兴趣和爱好多数会被丢弃。而丈夫的兴趣变化却不会那么快，于是就会出现丈夫怪妻子“越来越俗气”，而妻子则怪丈夫“越来越不关心家”的局面。

▲精力变化。对于女人来说，照顾一个孩子完全可以令她精疲力竭。在过分忙碌后，由于精力消耗过大，情绪则容易产生烦躁，感情更容易激动，双方吵架的机率也就会随之增多。

可以说，一个孩子的降临，会给夫妻带来愉悦，同时也给夫妻感情埋下了隐患。在这个问题上，男人要多了解女人的甘苦，多体谅对方，并能够帮对方一起承担养育子女的重任。

比如说，照顾孩子，尤其是照顾婴儿，是件麻烦且要耐心的事情，如果由女方单独负责，妻子就会疲惫不堪。年轻的母亲们在一起交谈时，常常会提出这样的问题：“你丈夫半夜起来帮助你照顾孩子吗?”如果答复是肯定的，便令人羡慕不已。

孩子是双方的，从哪个角度来说，男人都有照顾子女的责任和义务，起码要与妻子共同承担，这样才能使婚姻关系保持平衡。

针对子女的教育问题，夫妻之间出现意见上的分歧是比较常见的，甚至常常为教育子女而产生纠纷、吵架，严重影响到双方的感情。

请看下面的故事：

小于的妻子是独生子女，自小在家里娇惯成性，有了孩子后，她就像她父母对待她那般去娇惯孩子。对此，小于非常看不惯。小于生在农村，家里兄弟姐妹多，是非常粗放地被父母养大的。由于和妻子两个人成长环境的不同，对教育子女产生了非常严重的分歧。

比如说，在孩子小时候，不愿吃饭，每顿饭都是妻子端着碗满屋子追着喂，小于看不惯就说：“用不着这么喂，他饿了自己就会吃！”结果吵了一架。妻子埋怨小

于没有爱心，而小于说妻子对孩子太溺爱。

到了孩子上小学的时候，因为孩子功课学得平平，毫不出色，小于忍不住要训斥孩子，妻子就火了：“这么小的孩子，玩是第一位的，学不学等长大了再说！”

就这样，伴随着孩子的成长，夫妻俩一路争吵不断，从未有一方妥协过，也从未达成过协议。针对子女的教育问题，男人头疼，心里发堵；女人也头疼，心里发堵。

那么，夫妻之间该如何面对子女的教育问题呢？

其实并不难。你把你的想法和理由告诉对方，也听听对方的想法和理由，双方冷静地相互讨论，看看究竟是谁的想法对子女的成长有益。实在争执不下，可以去请教专家，得出切实可行的结论，然后双方达成协议。这样，就不必在教育子女的问题上出现分歧和纠纷了。

男人与妻子共同承担养育子女的责任，既是责任和义务，又是家庭和睦、婚姻平稳的保证。

婚姻专家点评

能否妥善处理子女的养育问题，是婚姻能否保持平稳的重要因素。合格的丈夫既要能够体谅妻子养育子女的辛劳，又要能够主动分担养育子女的重担。

帮她搞好婆媳关系

婚后的男人，不仅仅是妻子的丈夫，还依然是母亲的儿子。所以说，男人要夹在母亲与妻子中间做人是一件非常不容易的事情。

一边是亲密的人生伴侣，一边是生自己养自己的母亲，一旦两方面产生磨擦，那么男人就惨了！哪方都不会让他袖手旁观，还哪方都得罪不得。搞得他躲也不是，加入纠纷也不是！难煞人也。

对此，男人不应该把自己当作不相干的人，推得干干净净，或没有一点耐心：“我不管！烦死了！”

婆媳闹矛盾，男人不可能是局外人。这种家务纠纷，每一个家中的成员都有责任去处理、去化解。这就要求男人“会做丈夫”。夹在母亲与妻子之间的男人，是一个敏感的角色，可以说地位“举足轻重”。

婆媳相处一直就是个社会问题。女人往往心细、度量小，所以婆媳之间是最容易产生矛盾的。

一般来说，婆婆希望在媳妇面前能被重视、尊重。上了年纪的女人，大多高兴指点年轻人，希望媳妇能在各方面多多地请教她，她就会很开心，认为自己受到了重视。而媳妇则仗着有知识，见的世面大，不愿听受婆婆的制约。这往往是产生矛盾的根源。

在大多数情况下，婆媳之间并不是直接冲突，而把各自的不满诉诸于夹在她俩之间的那个男人。俗话说：会做丈夫两头圆，不会做丈夫两头盘。男人要在这方面多下功夫，才能巧妙地使大事化小、小事化了，使婆媳之间的疙瘩解开。

男人不能只听母亲或妻子的一面之词，更不能盲目地站在一方的立场上去指责另一方，这样只会加剧矛盾，把关系搞得更糟，使事情越闹越大。

另外，也不要传话，不能把一方的不满传给另一方。自己在心里要冷静地加以思考，哪些是一时之怨，哪些是需要解决的。将那些正确的意见变成自己的意见，选择适当的时机、方式，向母亲或妻子表达出来，这样会使对方容易接受，也促使问题更易得到解决。

在解决双方矛盾纠纷的时候，还要在一方面前为另一方多加美言，必要时可以编造母亲或妻子“说对方的好话”，人人都是喜欢听好话的。对于双方难以解开的“死结”，男人要“打马虎眼”、“装糊涂”、“和稀泥”，假装不知道问题的严重性，把它看作没什么大不了的，带动妻子和母亲的情绪从纠纷中淡化出来。

对于婆媳关系，男人有责任教导妻子孝敬婆婆。出现纠纷互不相让才会演化为家庭大战。按理说，媳妇该让着婆婆，尊老爱幼是中华民族的美德。如果媳妇能够让一让，那么事情就化解了。

所以说，男人要懂得“未雨绸缪”，在日常生活中注意给妻子灌输“该孝敬婆婆”的正确思想，让她明白，一个尊敬婆婆的女人是会受人称颂的，相反则受人鄙视。媳妇正确的做法是：与婆婆相处时，有必要保持低调、切忌不要锋芒毕露、抢尽风头，这正是矛盾产生的根源。

不仅如此，男人还要通过自己的言行去带动她。比如说，给她讲述母亲在自己的身上花费了多少多少心血，是多么多么的不容易。最有说服力的做法是对妻子的父母(岳父母)好好孝敬，给妻子树立一个孝敬老人的楷模。一旦得知岳父母家有什么事情，就积极主动地帮忙解决，并经常去看望二老，帮助二老干家务，陪二老聊天……

人心都是肉长的，当妻子看到你对她的父母如此“孝敬”，也就不好意思亏待你的父母亲了。

婆媳之间的纠纷是最常见的，也是最让男人头疼的。针对于此，男人是有责任的，所以说必须懂得并且学会帮妻子搞好婆媳关系。

婚姻专家点评

自古以来,婆媳关系就是"地震带"。男人要学会调理婆媳关系可以说是非常必要的。

妻子第一,金钱第二

美国丹佛大学婚姻家庭研究中心主任认为:夫妻因金钱问题发生矛盾,乃是家务纠纷的第一大主题。

是的,金钱永远是最敏感的话题,在夫妻关系和婚姻生活中也不例外。金钱既能给婚姻带来幸福和快乐,也能给婚姻造成纠纷和裂痕。

金钱永远伴随着每一个人的生活。所以说,婚姻中的人士,要学会摆正伴侣与金钱之间的"主次位置"。对于一个男人来说,正确的认识和做法是"妻子第一,金钱第二"。当妻子的位置重于金钱之时,婚姻关系才会保持平稳,才不会因金钱问题而触礁。

这就要求男人要学会为爱情而妥协。为了维护夫妻感情、维持夫妻关系,你要能够为了她而牺牲金钱、降低金钱在你心目中的位置。

女人爱花钱,几乎是她性格中的一部分。女人花钱的频率大大高于男人,每当看到琳琅满目的商品时,不管有用无用,她都想掏钱买下,可能只为一时的心血来潮;女人身上的衣服也较男人丰富,并且更新换代也较勤,这同样需要以金钱为基础;女人还偏爱首饰,金钱基础厚实的要钻的充门面,差一点的就要白金的、黄金的,最差的也会戴上银的;女人爱吃零食,光临超市食品货架的顾客,多是女人……

女人在花钱的时候,连眼都不眨一下就慷慨解囊,这可能让一边的男人看了心疼。只要妻子不是花钱如流水、影响到家庭的正常储备,最好不要轻易去制止。要本着"妻子第一,金钱第二"的原则,你要去想:钱赚来就是花的,只要能让妻子高兴就不是错!

因为每个人对花钱的态度都几乎是他(她)性格的一部分,夫妻之间是需要允许彼此保留一些各自的花钱特性的,这样才有利于预防和消除家务纠纷。

在夫妻关系中,对于花钱问题,最好是双方共同协商、共同协调。女人所花的钱一般都是小钱,相比之下,男人不花则已,一花就是大钱。因此,两个人有必要针对花钱问题好好协商处理,学会相互取长补短。

妻子大多有"把握家庭财政大权"的意愿,对此,男人尽可把一定的权限交给她，并施以一定的监督。对于夫妻理财，女人一般较男人精细，较能计划好家庭开销，如每月大体花多少，存入银行多少，消费多少等等。

但无论夫妻俩谁管钱，家庭账目都要公开。对于夫妻之间的个人消费，男人最好做到：自己花钱问妻子，妻子花钱不干涉。

“男人花钱先问妻子”，是对妻子尊重的表现。因为男人花钱数额一般较大，会直接影响到家庭经济的大局，所以该慎重。妻子同意了，男人再去花费；妻子不同意，男人就尽量同妻子协商，小心行事。这样，能有效避免因金钱而引发家务纠纷。

“妻子花钱不干涉”，因为女人多易精打细算，花的多是小钱。她们大多不希望丈夫过多地过问花钱问题。女人的钱大多花在化妆品、时装上，如果男人连这都加以干涉，那么在女人眼中就太没气量了。

还有一种情况是丈夫的收入远远高于妻子时，这就更要求男人别把金钱看得太重。

近年来，男人收入远远高于妻子的情况很多见，因此可能会出现夫妻心理失衡的现象，甚至因此而使夫妻感情产生“危机”，这就是没有摆正金钱和夫妻关系的“主次位置”所致。

作为丈夫，当自己的收入远远高于妻子时，应注意保持平常心。金钱是身外之物，生不带来，死不带去，而妻子则是要相伴一生的重要人物。所以说，切不可在妻子面前显示自己的财大气粗。

因此，应该特别注意避免一些不恰当举止：无论在家里还是出门在外，千万别对妻子颐指气使、吆三喝四，摆出一付“我比你能干，我比你强，我比你挣钱多”的架式，这既伤害妻子的自尊心，也有损自己形象。

在家里，不要把一切家务都推给妻子，应该对妻子一如既往地体贴和关心，不能因自己收入高而轻视妻子、冷落妻子。否则，就会让妻子明显地觉得在丈夫面前矮一头，因此而小心眼儿想不开。这样就会使感情受到创伤，使婚姻出现裂痕。

作为婚姻中的男人，应该懂得夫妻关系重于一切，“妻子第一，金钱第二”。因为，赚再多的钱都是为了生活得更美好而服务的，如果钱多了反而给家庭带来灾难，那么真是得不偿失！所以一定要摆正妻子与金钱的主次位置。

婚姻专家点评

如果男人认为金钱比妻子重要，那么婚姻关系就危险了。所以说男人要认清利害得失，摆正妻子与金钱之间的关系。

尽力分担妻子的家务

丈夫是否疼爱妻子,“能帮妻子分担家务”是最根本的表现之一。

“丈夫能够分担家务”,是绝大多数妇女希望丈夫疼爱自己的最基本方式。因为,不仅职业妇女深感家务是沉重的负担,即使是专职家庭主妇,也同样会对繁琐的家务产生倦怠和怨气。如果丈夫能够帮自己做一些家务,那么对她是鼓励,也是体贴和关爱。

在婚姻生活中,家务纠纷会成为夫妻之间闹矛盾的导火索。究其原因,常常是丈夫心安理得地把全部家务推给妻子,而妻子不甘心一个人去背负沉重的负担。这就难免闹别扭,进而发生矛盾与冲突。所以说,男人最好能够尽量分担家务。

为了预防和解决因家务而引发双方的矛盾,男人要主动与妻子达成干家务活上的共识:

1.共同承担责任

男人要明白,家务劳动应是夫妻双方八小时工作时间以外的共同责任,所以说,不能都把它推给妻子去做。家务劳动的分工原则应遵循“谁有时间谁多干,谁能干谁就主动去干”的平等原则。比如说,当一方工作较忙需加班时,另一方则应主动当好“后勤部长”。

2.合理分工

协调好夫妻的家务劳动,分工十分有必要。根据各自不同的体质、能力、生理和心理状态,对家务劳动进行合理、科学的安排调节。这样,不仅有利于顺利完成各自的分工,还有利于把家务做得更完善,双方配合的更默契。不仅能使家务工作有条不紊,还能增进夫妻间的感情。

3.多感谢、不挑剔

因为谁也不是专业的家政人员,所以难免把家务做糟。切忌挑剔、挖苦对方,这会打消对方的热情和积极性,并会牵累到双方的感情。当一方享受着对方的劳动成果时,最好能够说声“谢谢”,使对方虽苦犹甜,虽累也高兴。

可以说,男人能否认识到“家务分配”对夫妻生活的重要,是关系到夫妻感情和婚姻平稳的关键。

要知道,如今的职业女人要像男人一样白天工作,如果回到家中还要忙着做饭,饭后又得洗衣服、拖地、陪孩子写作业等等,那么显然会忙得团团转,疲于应付。而如果丈夫对女人的忙碌根本无动于衷,该看电视看电视,该读报纸读报纸;或者男人除了工作时间外,还总是奔波在外忙于社交活动,把妻子一个人扔在家中承担全部家务。那么，女人不仅要守着孤独，还要把时间都耗费在枯燥、繁重的家务当中。那么，总有一天妻子的怨气会爆发的。

也许，妻子的怨气爆发之日，就是夫妻感情破裂之日，甚至是婚姻破裂之日。所以说，男人一定认识到家务问题的重要性，从而尽量去分担妻子的家务。

婚姻专家点评

男人千万不要以为家务活是女人的职责，男人也同样有一份责任。能够积极主动地分担妻子的家务活，是化解矛盾、增进感情的绝好办法。

女人要宠

第三章

“出格”的女人别依着她

第一节
得寸进尺、无理取闹

DeCunJinChiWuLiQuNao

1. 飞扬跋扈、一手遮天

把男人当成私有财产

现代有一部分女人婚后就把丈夫当成了私有财产:无论是青梅竹马走到一起来的,还是月老红线牵过来的,或是从别人手里“夺”过来的,既然那个优秀或平庸的男人已经属于她,管头管脚就成了她的特权,从经济到感情,从肉体到灵魂,他的一切都必须掌控在她的手中。

对于丈夫,这类女人的心中涌动着“权利欲”,要统治着男人的后半生,对男人的言行定有严格的“定律”:要丈夫怎样怎样,不许如何如何。凡是偏离她们“定律”的所作所为,一概视为对自己的不忠或背叛,继而产生失望、埋怨和牢骚,甚至会义愤填膺、咬牙切齿、不共戴天。

为什么?因为她要求男人的心里只能有她一个人,事事把她摆在第一位,以她为生活的绝对重心……她只想到男人是她的老公,而没想到他是一个独立的人,更忽略了他的其他身份:他是他父母的儿子,他兄弟姐妹的兄弟……她不许他自作主张去独立自由地面对谁,凡事都要经过她的批准,理由很冠冕堂皇:因为她爱他,所以事事“关心”他!

这样的女人,几个男人能够忍受得了呢?丈夫是你的人,但首先他是他自己的,对于女人而言,只要他扮演好了丈夫的角色,足矣。但女人要管天管地管他呼吸,那就太过分了。男人怎么可能事事都要女人的首肯与中意呢?两个人是从不同的文化背景和人生经历走来,天生就是有差别的。就算两个人是天造地设的一对,也不可能凡事都能产生默契,作为铮铮铁骨的男人,没有独立的人格怎么成呢?

连妇女都撑起了半边天，独立自主起来，男人怎么能够去做女人的“私有财产”呢，那与傀儡、行尸走肉还有什么区别呢？

女人把男人当成私有财产一样管制是不对的。男人不该受妻子的独裁统治。

凡事以自我为中心

有一类女人该称之为“大女子主义者”，她们就像“大男子主义者”的男人一样，处处炫耀自己、夸大自己，而轻视异性或其他人的存在，凡事以自我为中心，事事只考虑自己，而不顾及别人的感受。

她们往往自我感觉非常良好，并高度自恋，沉浸在自我陶醉中不能自拔。这种女人通常是做不好妻子的。大凡这种女人，必然自爱过度，要么是过分地迷恋自己的容貌，自己对着镜子里的自己说：噢，天啊，你瞧我是多么的美丽啊，我是多么的富于吸引力啊，我是多么的不简单啊，我是多么的引人注目啊，我是多么的难得啊……

或者是过于相信自己的能力——并不是一种实事求是的自信，而是一种不切合实际的自我评判而已。别人干不好的事情，她认为自己必能干好，只要是自己做的事情，就必须人人都认可，否则就不依不饶。

她们在生活中总喜欢听些言不由衷的奉承话，比如：“你比你的实际年龄看起来小多了”、“没有哪个女人比你打扮得更得体”、“你真能干，真是女中魁首”等等。无论与实际相差多远，她们都认为自己当之无愧，根本就不去理会话里有什么水分，她只顾陶醉在她的自我感觉里。

喜欢处处炫耀、夸大自己的女人，习惯凡事以自我为中心，对丈夫、家人以及旁人的不同意见，则常常表现得不屑一顾，只有她的意见才是“真理”：“才不是那么回事”、“什么呀，你这话根本就不对”……

一个男人如果有一位如此凡事都自以为是的妻子，那么真是倒霉透了。你必须完全地顺应她那过分自我陶醉的天性，事无巨细都要迁就她，时时都围绕着她转，否则，如果她稍微受到冷落，心理就失衡，就会不讲理地纠缠你，给你这样那样的种种难堪了。她只要求丈夫时时满足自己，而根本不试着理解丈夫，也从来不考虑顾及丈夫的感受，只顾永远自我感觉良好地陶醉，将丈夫完全视为了“附属物”。

这类女人可以说是有“大女子主义”倾向了。她不顾丈夫为了她是多么的累：

他又是送花，又是准备烛光晚餐，还得与情敌勾心斗角，好不容易娶她回来，又得辛辛苦苦赚钱、细致入微地照顾她的生活……她不会去想这些，她只顾自己活得舒服。

有的女人表面上看起来并不是那么盛气凌人，内心里却十分傲慢，不管是在恋爱中还是婚后都喜欢唱主角，有着极强的支配欲。对丈夫，她习惯处处呵斥，但从不做自我检讨。一旦她对家庭有所贡献，就会加倍地夸大，好像这个家离了她就过不下去了，而别人都是可有可无的；而一旦出现什么过错，则都推到丈夫的头上。

假若偏巧她挣的工资比男人要多那就惨了，在方方面面她都要逞强争胜，极强的支配欲在事事处处都表现得淋漓尽致。

比如说：她多晚回家都成，男人可就不成了，他得乖乖地按时回到这个家里来，不然就对他不客气。

比如说：她可以在家里招待她的任何朋友，丈夫得处处依照她的意思和好恶行事，他就是再不情愿，也得硬着头皮按她的指示办。若有一丝怠慢，等客人走了以后，就有男人好瞧！反之，如若丈夫的朋友来家里了，她甚至连声招呼都不打，该电视看电视，该听音乐听音乐，旁若无人一样。不是她不懂待客之道，而是她特意端架子。她就是这样以牺牲他人的感受来成全自己的感受，把自己的欢乐建立在他人的痛苦之上。

有的女人在同性面前还倒表现得温柔可人，似乎有足够的谦让和宽容，但不知道为什么，一到男人面前，就立刻像换了一个人，端着架子、冷着面孔，故意地摆出一副十分清高、甚至于带着点儿傲慢的神情和姿态来。

威廉这样描述他的一次艳遇：前一周他在等修车的时候，遇见了一个全世界最迷人的女人。他们只聊了几分钟，她要了他的电话号码，并打电话给他，约他周六晚间出去玩。兴奋的威廉很快就陷入了失望。

威廉说："别提她了！那天晚上她只谈自己，谈了五个小时脸不红气不喘。我觉得我大可走开，逛一阵子街再回来，她也不会觉得有什么差别。事实上，经过两小时之后，我已对她兴趣全失，剩下的时间我一句话也没有听进去。她一次也没有问到我的事，真是个自大狂！"

男人是难以承受这种以自我为中心、自以为了不起的女人的。但凡清醒的男人，对于开口闭口谈的只有自己，花好几个小时谈自己的生活、自己的目标、自己的成就，对男伴的一切却从来不闻不问的女人是会敬而远之的。

那么对于结了婚的男人来说，多是不愿意拥有一位这样的妻子的。如果她永远觉得她自己的事情比男人的事情重要，她自己的工作比男人的工作有意义，她自己的存在比男人的存在有价值，男人得处处顾及她的喜恶，而她却可以任意妄为，那么男人在婚姻生活中，还有什么幸福可言呢？

凡是以自我为中心的大女子主义者，只听得进好话而听不进半句逆耳的话，这类女人是无法受到他人的欢迎的。

无分寸地限制男人

有一类女人爱限制男人的自由，甚至到了失去分寸的地步。

一个女人竟然把男人逼得行踪不见，四处寻找却没有收获，可见这个男人实在是被逼得受不了了。事情是这样的：女人为了能够将男人牢牢掌控在手中，要求他留在家里，不许他外出工作，她要赚钱养他，那男人还不得给逼成"困兽"？于是，奋起反抗，坚持要出去找工作。

男人上了班后，还没来得及松口气，呼吸一下自由的空气，女人就一天几次地打给他电话，使男人根本无心工作，搅得在单位里非常没面子，直到呆不下去辞了职。女人高兴了，又提议："你在家待着，我出去赚钱养你！"

于是，她又一天几次地把电话打到家里面，一旦哪天男人不在家，她就逼问："你到哪里去了？"简直把男人看作了她所饲养的一个宠物！

男人受不了，又开始去找工作，但是他每到一家公司面试，人家都告诉他，他老婆说过了，希望公司不要录用他！哪家公司愿意找这样的麻烦事，所以男人久久找不到工作，直到崩溃的边缘。

一天，他猛然觉醒：和这种女人在一起，自己一生就完了！因此他才离家出走了。只有这样，他才能获得自由。

男人不见了，女人开始发疯地四处寻找，在报纸上登寻人启事，男人还是一去不复返了。

这就是无分寸地限制男人的结果！

无论是出于爱还是别的心理，女人都不该自私地、无分寸地限制男人，如果爱一个人，首先要给他幸福，连自由都没有，哪里有什么幸福可言。所以，遇到这类女人，男人就不可姑息养奸了，一定要让她意识到她的错误，争取到该有的自由，不能任她这样下去。

这类女人不仅限制男人的正常工作，还限制男人的正常应酬、限制男人的业余爱好、限制男人并不过分的缺点……

以下是两个男人的对话：

甲："听说你现在每晚准时回家向太太报到，是不是真有这事？"

乙:“没办法,她管我管得严!可能是因为她太爱我了。”

甲:“你还好意思承认这事?”

乙:“因为我很珍惜我的婚姻,所以得做出这种牺牲。”

甲:“可你把我都连累了!”

乙:“我怎么妨碍到你了?”

甲:“我那口子听说你这件事后,就时不时夸你伟大啦!体贴啦!还要我以你为榜样,多向你学着点。现在我也得准时准点回家报到啦!”

乙:“真不好意思,无意中竟然连累了你。”

此后,甲乙这对老朋友见了面都露出无奈的苦笑。

男人仅仅是因为应酬而晚回家了两个小时,妻子就不依不饶:

妻子:怎么这么晚才回来?

丈夫:朋友请客喝酒,没办法。

妻子:今天这个叫、明天那个请,你有完没完?

丈夫:我若不去,不是得罪人嘛!

妻子:你是有家的人!

丈夫:我不能为了家,一个朋友都没有吧!

妻子:你要看我不顺眼,我明天就回娘家去。

就这样,本来一件日常生活中常见的小事,却演变成了一场战火。男人会会朋友是很正常的事情,一个人怎么能连朋友都没有呢?即使按时回了家,除了看电视还能干什么,女人这种过分的限制是很不应该的。

婚姻专家点评

女人把男人当成私有物一样去限制是一种过分的行为,绝不会产生正面、积极的结果。

乱使性子

有的女人自制力极差,有事没事乱使性子,从不检讨自己,总是对周围的人和生活抱持“不满”的态度。

即使男人百般关爱和谦让,身在福中不知福的女人可能还是不满意。因为乱使性子的女人往往是因为有着不符现实的“心比天高”,因此常含幽怨:这个我没拥有,那个我没拥有——她忍受不了他人比自己强过任何一点。

试问,哪个人又能够占尽全世间所有的好事呢?任何一个人可能都有着此生难求的东西,你看到身边哪个人既名利双收,又子孙满堂、又长命百岁了?你看到谁的丈夫又英俊潇洒、又事业有成、又温柔体贴了?

但是这类女人却不去想这些,她不去想她所拥有的东西,而是专想没有的以及烦心的,进而将其作为理由向丈夫撒娇发泼,乱使性子。

一哭二闹三上吊是有些女人惯用的武器,以此来要挟男人投降。夜半时分,突然在安静的楼层里发出一声尖厉的叫喊——这种情形多半是某个家庭中的女人在撒泼了,这就是一种用身体向对方诉说自己心情的手段,把堆积于心中的愤恼毫不保留、变本加厉地倾泻了出来。男人束手无策、赔尽不是后,只得乖乖投降。

于是,在"这样不行,我必须做点什么"的心情驱使下,把手伸向哭闹的女人,扶她站起,并且诚惶诚恐地献上甜言蜜语:"都是我不好,原谅我吧!"于是,男人投降了,女人胜利了。

习惯乱使性子的女人往往都是不能"通情达理"的,还会常常得寸进尺、无理取闹,那么即使有再结实的经济基础,生活也难以幸福美满。

有这样一类女人,她们一下班就吐沫星子飞舞地乱发脾气,看了哪儿都不顺眼。男人累了一天,回到家里谁不想清静清静,可是还得受这等折磨。这还不算,她来了劲可能连男人几年前的过错也一并抖落出来,声泪俱下,委屈至极;要是嫌她烦制止她发牢骚,她就会高声埋怨你不关心她,不够体贴,随之迁怒于你,还有可能会发展为夫妻大战呢。

有的女人因丈夫的体贴和纵容,就得寸进尺,不为他准备早餐,连她的衣服都要他来清洗,那么长此下去,男人的容忍迟早会崩溃的,战争可能随时爆发。在婚姻生活中,男女双方都需要以大幅度的妥协作为婚姻生活的出发点,这样才能够融洽相处、达成默契,反之如果一方不断做出让步,另一方却得寸进尺,那么婚姻也会随之而失衡,出现问题。

美琪曾经是一个不折不扣的"乱使性子"的妻子,她的丈夫则处处袒护她、依着她,助长了她的这一特性。然而,她对生活却越来越不满意起来,她一回家就开始抱怨,把日子过得不开心的错,推到任何人或任何事情的头上,而从不检讨自身的不足和过错。她每天回家时情绪都很坏,只要她一进门,全家都得蹑手蹑足,怕让她看了不顺心就会发作。

美琪为回家堵车要花那么多时间而发脾气,看到孩子把脚踏车丢在车道上或把玩具忘在门口要发脾气,埋怨丈夫做的晚餐不够好吃。不仅如此,她还时常大发雷霆,看到谁都不顺眼,丈夫和孩子都躲着她……

最后,美琪越来越难控制自己,无奈去接受了心理治疗。通过治疗她改变了对一些事情的看法,再遇到回家堵车的时候,也能够心平气和地等待了,对丈夫和孩子也渐渐和颜悦色起来,家里渐渐有了温馨和幸福,丈夫和孩子终于解脱了。

美琪的故事说明，一个女人陷入“乱使性子”的错误后，不仅会给周围的人带来不愉快，她自己也不愉快。如果她能够改变心态，用积极的态度看待生活中的人、事、物，生活就会美好起来。所以说，遇到这种女人，无论多么爱她，也不能由着她的性子来，那样就是害她；要采取正确的方式鼓励她克服这种毛病。

有类女人心比天高，满脑子不符现实的胡思乱想，又没有自制力，对周围的人有着过高的要求，稍不如意就乱使性子。如果一味地顺从她，既害了她也会给他人带来痛苦。

恃强凌弱，摆弄男人

有句话说“最毒莫过妇人心”，表露了有的女人一旦得势，那么将显露其“恃强凌弱”的特性。

确实，有一类女人一旦得势成为一时的强者时，则会毫不留情地虐待弱者，其飞扬跋扈和狠毒的程度令常人无法想象。女人的性别注定了她在人生绝大多数场合将处于被支配地位，一旦她能够摆脱作为弱者的身份，她长期被压抑的心态就会非常极端地表现出来。林蔚人先生在《愚人心语》中将婆媳关系解释为“婆活媳死或媳活婆死”，可谓对有的女人惯常于恃强凌弱作了最恰当的表述。

为了维持和强化自己的支配权，当自己处在强者地位时，对那些对权力和地位有野心的都要给予彻底的驯服，猛打“落水狗”。

在婚姻生活中也同样，有的女人一旦将男人降服，那么就立即显露出其贪婪的本性来，独揽家政大权、一手遮天，把丈夫当傀儡一般，只许依照她的指挥行动。她决定什么时候要小孩，及住房、车子、来往的朋友，一律由她掌控。她决定什么时候去什么地方度假、该煮什么样的饭菜……总之，不许男人说一个“不”字。

安娜说：“我们结婚时，汉斯才15岁，我已28岁。他的父亲在他很小的时候就遗弃了他和母亲，所以他很喜欢我主宰一切的个性。我想我也喜欢扮演母亲和姐姐的角色。但渐渐他失去了新鲜感，现在他已35岁，他不断告诉我，他希望在婚姻生活中得到更多的尊重，他要的是共同生活，而不是接受独裁统治。我终于了解，除非我开始把他的意见和需要列入考虑之中，并且学习磋商技巧，否则就会有麻烦。”

是的，如果一个男人甘心一辈子活在一个女人的指挥下，那么他可能就会感到枉活一世了；起码也要在相互尊重的前提下生活在一起。

艾琳说，当她的丈夫决心回学校读书、取得师范学历时，她简直气疯了。"我对他大吼说：'好啊，你去，你从来就不是什么好学生！'他说我不懂他想证明什么事。他难道嫌我对他不好？"艾琳真的不愿意丈夫去读什么师范，她觉得现在他们的生活状况挺好的，她不许他违背她的意旨去私作主张。

一直乖顺的丈夫第一次反抗了，他与她坐下来谈心，问她为什么从来就不考虑他的想法，他是有需求、有追求的，难道她就不能让他做一次"自己"吗？艾琳听得热泪滚滚，她第一次意识到自己在丈夫面前扮演了多么霸道的角色，而男人又是多么地渴望"自主"。

任何人都会有一种嗜好，可是偏偏有的嗜好问题常常成为夫妻吵架的导火索，男人的并不过分的嗜好竟然遭受到妻子的轻视与厌恶。

有一个男人，婚前他买了一部高级的相机。他成天快乐地背着相机四处摄取景物，他将摄影当成他的最大嗜好。但是，婚后他的妻子却很不屑。有一次，他拿了几张非常得意的作品给太太看，并高兴地说："你看，照片上的风景多美！下次你要不要跟我一块儿去？"

一番好意，却换来妻子的奚落，并带着轻视的口吻说："哼！你整天花那么多的钱，难道你还想当摄影家不成？我警告你，不要在房里冲洗照片，那些药水臭得让人受不了。"

如此一来，丈夫的兴致被妻子的话冲得一干二净。他心里不禁想：我也没费多少钱，难道有点业余爱好就不行了吗？值得这么小题大做吗？又影响不到家计。从此，他从心里与妻子就产生了隔阂，再也不愿意同她沟通了。

以后，他一个人四处旅游摄影，结识了不少新朋友，也有了志同道合的情人。再后来，情人变成了妻子。这样的结局，能怪男人花心吗？妻子该负很大的责任。

对于男人嗜酒的爱好，有的妻子就更不能容忍了。

妻子：你又买酒了？

丈夫：明天爸来家，一起喝一盅，我买了瓶汾酒。

妻子：一天到晚酒、酒的，当初我要知道你是个醉鬼，决不会嫁你。我真是瞎了眼！

丈夫：我不过喝点酒，又不是什么大过错！

妻子：一瓶汾酒好几百，干点什么不好！

丈夫：我辛辛苦苦的，就这点嗜好还不行吗？

妻子：我比你还辛苦呢，我什么时候败过家？

丈夫：我也赚钱了，喝点酒的权利都没有吗？

妻子：那好，明天咱们比着赛花钱，这日子就别过了。实在不行就离！

丈夫喝点酒，只要不嗜酒成性、常成醉鬼，就无伤大雅，可是妻子连这都限制，男人的生活就真的没了意义。女人还动辄就把离婚挂在嘴边，无非是想吓住男人，

老老实实地接受她的过分管制，可这句话却是最伤感情的，时间长了两个人倒真的想离婚了。

对于女人的过分霸道，男人就不能再听之任之了，要想办法让她明白事理，转变观念，这样才有利于夫妻关系的良性发展。

婚姻专家点评

有的女人惯于恃强凌弱，一味地独揽家政大权，要男人臣服于她。对于女人的这一恶习是不可纵容的。

会将男人逼上绝路

是的，多数男人都无法长期忍受“弱者”的地位，如果他在妻子面前明显抬不起头来，那么问题就一定会出现。

几年前，年轻姑娘吴晓从内地一所名牌大学来到深圳“淘金”，创办了一家小公司。凭着她的聪明才智，不出几年公司就发展壮大了起来，吴晓成了腰缠千万的女强人。

女强人多希望拥有一个百依百顺的丈夫，在自己面前像绵羊一般地驯服，而出色的男人对她会是一种威胁、一种枷锁；她如今可是大公司的董事长了，自然也不例外。

吴晓选中了大学同学阿山，他相貌平平、没有任何突出之处。当时，两个人各有所图，阿山借吴晓步入“富豪”之列，自然是喜从心头升；而吴晓则料定阿山会在她面前俯首贴耳、任她使唤，别无他图。

吴晓对阿山倒也知疼知热，关心他的生活，满足他一切对金钱以及物质的渴求。但是，他的一切都必须在她的指挥下进行，满足她强烈的支配欲。开始，阿山生活得简直是要风得风，要雨得雨，不就是听老婆话嘛，照做就是了！可是时间一长，阿山感到了自主和独立尊严的可贵，他觉得自己把灵魂出卖给了吴晓，再也找不到男子汉的感觉了。

由于阿山一直就大气不敢出，低眉顺眼的，所以吴晓并未察觉出异常。直到有一天，她发现阿山一觉不醒，才明白事情不妙。原来，阿山吃了大量的安眠药，以求得到解脱。阿山被救了，却死活坚持要离婚，他说宁可守着清贫，也不要再过这种屈辱的日子了。吴晓如梦方醒，明白了一个男人最需要的是什么，无奈地还给了阿山自由。

无独有偶，有一位女士哭诉，她对丈夫照顾得很好，但是他不但离家出走了，还请好了律师帮助他离婚。临走时留下了一张小便条，写道：我再也无法和你生活在一起了。她死活搞不明白，他对她有何不满？她像照顾孩子一样对他，给予了无微不至的关怀，几乎面面俱到，让他不用操一点心，就连他该穿上哪套衣服、理什么样的发型，她都事先替他安排好了，他只需照做即可。

丈夫出走之前，他们之间没有任何争吵和不愉快，却突然就出现了这样的事情，她觉得太突然、太意外、太不可思议了！

丈夫请的律师道出了男人的心酸：妻子就像个女王一样，事事都凌驾于他在头上，他虽然得到了关心，却万分地窝心，他认为一个男人，就应该有个男人的样子，如果一辈子活在这种境况下，那么倒不如投河算了。

有的女人天性飞扬跋扈，在家庭生活中惯常于一手遮天，如有这种妻子，男人就要留神了，不要等到不可收拾的那一天才采取措施，那时除了分手可能就别无选择了。要在发现苗头时趁早去改变妻子的这种不良倾向，防患于未然。

最好把问题扼杀在萌芽状态。否则，一旦无可挽回，那么最终受损的将是婚姻。

2. 无理取闹的“醋坛子”

女人易乱猜疑

女人的过分多疑，往往是夫妻吵架的导火索。比如丈夫的衬衫上留有类似口红的印痕，或者口袋里有酒吧或旅行社送的赠品，都会令她想入非非，胡乱猜疑。

心理学家的实验报告显示，对暧昧不明产生不同的想法，就是说暧昧与不正确的信息会产生种种的预测及妄想。而女性善于想象的特性则会使她们充分发挥其特长，在脑海里创造出种种虚构的画面来。

女人的多疑与她收集信息的方式有关系：女人不但注意正式渠道传来的消息，而且还要注意非正式渠道传来的消息，往往对后者还更感兴趣。由于这些道听途说的小道消息来源不明确，准确性又极差，因而女性的判断力就会受到影响，所以就产生了“捕风捉影乱猜疑”；而且女性对越暧昧越不准确的消息，越容易产生各种猜测或胡思乱想。

这就是瞎猜疑了。本来可能什么不正常的事情都没有发生，而异常的只是女人的内心或一些表象而已，根本没有任何确凿的证据和实在材料，但女人可能会突然来上一句："我说，你今天怎么啦?怪怪的?"本来男人照常地去上班，可她突然就觉得他出门时那副笑的模样不怎么对头，就起了疑心，搞得男人也紧张起来。

如果她一旦看见丈夫同一个女人在一起说说笑笑，那女人再比自己年轻些、时尚一些，那就更不得了，尽管实际上他同那个女人一点异常关系都没有，她心里也会七上八下地翻腾起来，"他们一定是有猫儿腻了"的想法就会猛烈地撞击着她的神经，一股火气就会"轰"地一声冲上她的天灵盖……接下来，就是逼供、吵闹。

女人这种捕风捉影乱猜疑等同于"疑邻偷斧"的故事：家里的斧子丢了，怀疑邻居偷去了，不仅这么认为，而且怎么看怎么像，于是就笃定无疑了。可后来斧子却在自己家里找到了，于是怎么看，那邻居都不像是个偷斧头的贼了。

女人的心理常常就是这样的，一旦怀疑到丈夫，便等于认定了丈夫有不轨行为，接下来就质问、取证。

婚姻专家点评

胡乱猜疑是女人的特性。有事无事地捕风捉影乱猜疑，对丈夫横加指责，则是女人的毛病。

控制男人的言行自由

不知是否是受了一些"第三者"插足事件的影响，有些女人的神经成天绷得紧紧的，生怕在丝毫的松懈下丈夫就"出了轨"，并且一旦发现苗头不对，就打翻醋坛子，不经确认就乱批一通，给男人"打预防针"。

在丈夫的男女关系方面，她时时都是备战状态，以期达到把男人死死掌握在掌心之中的目的，拿捏得死死的。

男人像她手里的一件稀罕宝贝，时时小心翼翼地监护着，连睡觉也都得睁着一只眼睛，以免一不留心叫哪个女人勾了去，那不就麻烦啦？如果是走在花花绿绿的大街上，男人只要斜眼瞅一瞅别的女人，她的神经立刻就受到了严重的刺激，狠话立刻就砸向男人："魂被勾走了吧？"或者说："眼睛都看花了吧？小心走不动路！"要么她什么话也不说，就把男人的下巴壳儿连扭带掐地转过来，给他一次无声的教训。

这还算是轻的，如果女人见到自己的男人跟另外的女人在一起说说笑笑，嘀嘀咕咕，那她马上就会想入非非，立即提高警惕了，甚至会遏制不住内心的妒火，回头算账："啧，行啊，真有你的啊，你在她面前怎么就笑得那么灿烂啊，笑得前仰后合，比跟我在一起开心是吗？"这种内含深刻、尖酸刻薄的话，够男人细细品味些时日的了。

男人刻意装饰了一番要出门，对女人说了句："今天我可能得回来晚点啊！"女人听了这话，再看男人的装束，心里就开始敲鼓了，忍不住酸溜溜地来上一句："莫不是跟相好的约会去吧？"一句话，就让男人的好心情顿消。

平日，如果男人回家稍稍晚了点儿，女人就穷追不舍地质问他："又跟哪个女人鬼混去了？"男人可能是加班了，也可能是见客户去了，反正筋疲力尽，却受到女人劈头盖脸的质问，心里能平衡吗？

自认为火眼金睛的女人若是发现男人身上有一根长发，那么她就有了把柄在手："哪个野女人的头发？这事你得给我说清楚！"男人解释不清，女人就会不依不饶。

一旦男人受不了女人的"专政"，产生抵触情绪，那么女人又有话说了："连我说句话都烦了，都爱理不理。什么鬼把你的魂儿都勾走了？"

……

如此控制男人的自由，没有哪个男人能够忍受到永远。不是在逼迫中颓废，就是在逼迫中暴发。

婚姻专家点评

女人过分猜疑，对男人的言行妄加评论，只能给婚姻关系制造紧张局面，给夫妻感情带来负面影响。

担心男人搞"办公室恋情"

有的女人因担心丈夫搞办公室恋情而不停地往他办公室里打电话，搞得丈夫心神不宁，无心工作，也遭到同事们的笑话。如果连蛛丝马迹都没有就瞎猜疑，那么就不是爱的表现，而是恶劣的行为了，什么样的男人也会吃不消的。

一个深受其害的男人就被迫离开了妻子，只为求得安宁。他很感慨地说："我对她的电话，感到很困扰。她一天至少打四五次电话给我，使我无法专心工作。"

那位妻子利用打电话来表现对男人"异常的爱"，结果却使这个男人吃不消，对工作也是绝对的阻碍。比如在公司里的业务部门，有时一个电话就能带来几千万元的盈利机会。女人老往公司给男人打电话，可能因为占线使男人接不到某些电话而失去信用，使公司失去赚钱机会。

最令男人受不了的是，女人往往不了解男人方不方便就任意打电话来。也许

当时正在进行汇报工作或举行重要会议，或者正在接受上司的指示，这时如有人打电话来，还是私事，那么一定会令上司觉得这个人工作态度不踏实的。而且，同事们对于电话铃声都很敏感，对于他人的电话，无论是公是私，都有许多人侧耳倾听谈话内容，他们也可能是想知道电话的内容与单位有什么关系、是否关系到自己的切身利益，也有可能是一种窥私欲，有着幸灾乐祸的心理趋向。

有人说“每个男人都有七个敌人”，这些敌人大多是公司里的同事。就是说，在公司里与你有竞争关系的同事，只要有机会就会扯你的后腿。在如此充满紧张空气的环境里，如果妻子总是打电话来给你，询问根本就子虚乌有的“办公室恋情”，对你的处境肯定极为不利。

这种情况，虽然女人没有意识到，但是已经属于“乱插手男人的事业”了，这是男人绝对忌讳的。

担心男人搞“办公室恋情”的女人，常常搅扰男人的正常工作，给男人带来负面影响和精神负担。

限制男人的正常工作

女人不仅在会朋友这类小事上限制男人，就连工作上的事情也限制男人。在工作上，男人是属于公司里的一名职员，即使男人是总经理、董事长，他也是要以工作为主的，在下班时间后会客户、安排一些应酬，都是避免不了的。可是女人不准，就是跟男人的工作过不去。她约法三章，规定男人每晚必须按时回家报到，更不准在外面过夜。

为了不让女人多心，男人即使有困难，也尽力遵守，每天早出晚归，匆匆地走，匆匆地回，累得不成人样且不说，无形中还给事业造成不少损失，不仅人际关系大大地打了折扣，还失去了许多获得信息，甚至洽谈成交的机会。

这种事情，在生活中是常能见到的。小关是做房地产生意的，正赶上做房地产生意的好时机，依据获得信息，小关和朋友去看了几块地。原想就此好好地做笔生意，可是人家的规矩是早上看地，晚上才做答复。这可惨了！这么一来，晚上就赶不回去了。为了不坏了妻子定下的规矩，只好放弃机会，及时地赶回了家。

面对妻子，小关一肚子怨气，借此机会同妻子理论起来：“都是为了你，害得我放弃了难得一遇的好机会，我的事业发展不起来，你喝西北风啊！”

妻子知道自己耽误了丈夫的大事，很是懊悔，动摇了限制丈夫的心：“是我不对。没想到会耽误了你的大事。以后我再也不会乱限制你了，只要你做到问心无愧就行了。”

失去一次机会，换来妻子的改变，小关的气消了。遇到这种通晓情理的女人还好，能够悬崖勒马、知错就改，可是有的女人却一条路走到黑，造成丈夫事业的巨大损失。

某商场的部门主管赵先生就因为妻子的“严加管束”而丧失了前程的发展机会。一天夜里十点多，赵先生及几位同事还在单位议事。走出门后，大老远就看见赵先生的妻子面目狰狞地守在那里，夫妻俩一见面就吵起来，他妻子又哭又闹的，惹得别人都上前劝架。这位婚前被赵先生宠爱的“第一美人”，此刻连妆都没化，披头散发，活像个巫婆。她是因为丈夫迟迟不归而怀疑丈夫有外遇，因此怒不可遏，深更半夜跑到这里来求证。

本来当晚大家还要到餐厅里边吃夜宵边商讨扩建店铺事宜的，但经他妻子这么一闹，不得不延期。以后总经理几次约赵先生下班后留下来商讨，赵先生却一再拒绝。理由是回家晚了也要受太太责问，严重时还要摔盆摔罐砸东西呢。

一旦赵先生哪天稍稍晚回家一小会儿，他妻子就会打来电话质问他的同事：“昨晚我那口子回来这么晚，他说是和你一块应酬去了，是真的吗?你们去哪儿了?在哪里吃的饭?”就像审问犯人似的，弄得赵先生在单位里很没面子。

不久，副经理之位出现空缺，本来大家都是推举赵先生的，可是因为他妻子的关系就没人再推举他了。大家都知道，当副经理必定应酬较多，不能按时回家更是家常便饭；要是将此职位交给赵先生，却得不到他妻子的理解，夫妻间没完没了地争吵，即使他再有才能，又怎能把工作做好呢?就这样，赵先生失去了一次事业高升的机会。

仅仅因为捕风捉影乱猜疑，就强制男人的工作时间安排，是绝对有害无益的，那样不仅会束缚了男人事业的发展，还会给婚姻关系造成紧张局面。

把丈夫的秘书当成“假想敌”

女人天生多疑，对于丈夫有无“外遇”问题，尤为敏感——这可是关系到“家庭大计”的，岂能松懈！

具有多疑心理的人，往往先在主观上假设他人的不轨，然后在生活中寻找证

据，带着“莫须有”的心理，把无中生有的事实强加于人，甚至把别人的善意曲解为恶意。这是一种狭隘的、片面的、缺乏根据的盲目想象。

英国哲学家培根说：“多疑之心犹如蝙蝠，它总是在黄昏中起飞。这种心情是迷惑人的，又是乱人心智的。它能使你陷入迷惘，混淆敌友……”

女人无论以何种原由、何种方式乱插手男人的事业，都是不应该的，那样会影响到男人的正常工作和事业发展。

如果丈夫当了总裁、总经理，那么妻子可能就紧张得不得了了，生怕她的男人成为其他女人眼中的猎物，被人给抢了去。最有“作案嫌疑”的当属丈夫的女秘书了，他们成天在一起，时间长了保不住会“日久生情”，直接威胁到自己这个“太太”的位置——这就是许多成功男士妻子的想法。

无端猜疑丈夫和秘书的关系，可谓比较普遍的现象了。有这种心理趋向的女人，往往就干起了“间谍”的勾当。

一个男人在世上活着，不可能没有朋友，在工作中也必然要有同事和战友，他不可能固步自封就能求得事业上的发展，而一个高职位男人最有力的助手莫过于女秘书了。一个尽职尽责的女秘书对提高他的收益有着绝对重要的帮助：既要忙于促使老板的工作进行，还要照料着日常中做不完的琐事。她时刻都要注意着老板的意念，不仅把他惦记的工作要做好，还要想办法减轻他的思想压力，除了妻子之外，对男人照料最周到的，要数女秘书了。

可以说，女秘书和妻子两个人该有一个共同的目标，就是要使男人的事业发展得更好，她们应该能够互相合作，朝着一个共同的目标努力。但是，现实中的妻子却难得如此通晓大义，在她的心里只有一个想法：防止女秘书对她这个太太“图谋篡位”。

于是，妻子同女秘书依照着相反的目标行事，她猜疑着女秘书，心里暗暗埋怨女秘书不该同丈夫那么亲近，不该显示出过分的体贴，同时，她还怪丈夫放松警惕，不该对女秘书不设防，说不定她“心怀不轨”呢！

有些时候就是妻子的瞎猜疑了。丈夫在你眼中很有吸引力、很值得追求，而女秘书却未必这么想。人家如此照顾、讨好你的丈夫，不过是为了做好工作或加薪，别无他想，更不会把他当成什么目标。女秘书对于老板通常只是欣赏，很少会动真情的，除非是她真的喜欢这个男人，而现实中这样的情况又很少见。一个好端端的女孩子，干嘛非得抢别人的丈夫当第三者呢？

“可怜天下妻子心”，生怕自己的位置不保，时时处在心惊胆颤的境地，二目冒火地盯着女秘书，要是胆敢越雷池半步，她就会奋不顾身冲上去。即使发现一点不能确定的苗头，她也大为头疼：如果因为工作忙，丈夫要加班工作时，而且女秘书同在，那么妻子的神经就绷紧了。她想到的不是丈夫和女秘书正在办公桌前绞尽脑汁，而是想象得如同到夜总会喝香槟一样浪漫多彩；如果女秘书爱收拾自己，习惯打扮得漂亮得体，那么妻子就横看竖看不顺眼了，她以为女秘书这样做是为了勾丈夫的魂。这也难怪，因为大部分的男人都喜欢好看的女孩子，而不欣赏乏味又不具吸引力的女秘书，但是这不一定就会发生出轨之事。

有的妻子不想“便宜”了女秘书，就亲自出马来给其施加压力，让其“死了这条心”。她会要求女秘书给自己去买丝线、排队买戏票，或是其他类似的杂务，以示自己“经理太太”的权威，知道自己不是好惹的。

这虽不是分内的事，碍于情面，女秘书也会按要求照做不误，但终归是不好的，谁心里都有本账。丈夫不吭声，心里也不痛快；女秘书不反抗，心里也拧了大疙瘩，如果长此下去，必定会碰壁。

还有的妻子到了丈夫的办公室，大摆“太太”的谱，在女秘书面前傲慢得不可一世，并刻薄地奚落女秘书，等于明确地告诉她：“我是太太，你是佣人”，别痴心妄想图谋篡位，如果是一个自尊心强的女秘书，可就能辞职走人了，留下丈夫一个人唱空城计。

一旦成为“官太太”的女人，更会紧张自己的丈夫被别人抢走，常常把离丈夫最近的女人——女秘书当成头号情敌。这种心理也许是可以理解的，但行为却是极错误的。

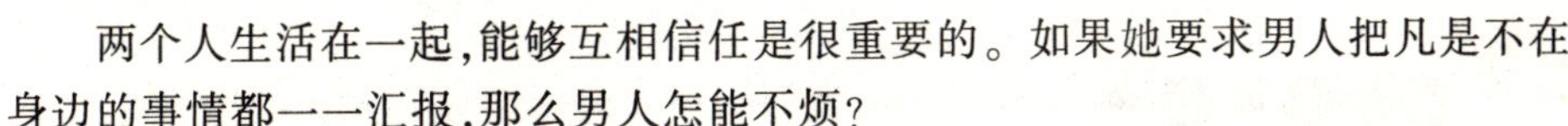

乱猜疑会导致家庭破裂

两个人生活在一起，能够互相信任是很重要的。如果她要求男人把凡是不在身边的事情都一一汇报，那么男人怎能不烦？

“你今天怎么这么晚回家?”

“酒席上还有哪些人?”

“今天你是不是格外开心呀?”

其实，这些只是女人的旁敲侧击，她们想通过这些质问使男人露出马脚，直到“坦白交待”。一句话，就是怀疑男人有外遇。

如果实在问不出什么，就干脆露骨地说：“别以为我不知道，你还是如实招来吧”或“你跟谁打情骂俏了”或“有多少女人想勾搭你”……

女人这样说，无非是探虚实，但是对于清清白白的男人来说，无疑就是一种诬蔑和对其诚信的一种攻击。

有位男士说，他天天遭女友逼供，好像她是个魔鬼班长，而自己是刚入伍的菜

鸟。她不断警告他，他如若去跟别人私通，她立即就离开他。她整天这样无中生有的瞎猜疑，搞得他倒真想离开她了。那可不是他自愿离开的，而是等于她逼着他离开的。

梅梅的丈夫是个事业成功的商人，从前，他们曾经是金童玉女般的一对，不知招来多少双羡慕的眼睛，她欣赏他的风度和才华，他喜爱她的美丽和温柔，他们一直过着幸福无比的生活。

后来，丈夫的事业发展大了，对梅梅的照顾就少了，梅梅早就辞了工作当全职太太，难免孤单，虽要什么有什么，却对丈夫日日为了事业将她丢在家里感到不满。长时间的无聊让她渐渐疑神疑鬼，甚至开始怀疑丈夫的忠诚度，于是在他的公司安排了眼线，负责报告丈夫的行踪，自己则有事没事地打电话"考察"一番。

开始丈夫还觉得她的行为是因为她爱他，可时间久了便开始厌倦，并认为没有信任的婚姻没有再维持下去的必要了。结果，梅梅失去了她引以为荣的丈夫和家庭。

当一个男人被女人驱赶得如丧家之犬满世界乱跑时，他除了选择分手，还能怎么样呢？是女人的极端占有欲造成了家庭中许多无谓的矛盾，乃至解不开的仇恨。

女人说："我的命好苦呀"、"我好可怜呀"，她并没有意识到悲惨的结局正是她一手造成的。在婚姻中，她一意孤行，把男人当作一种私有财产、一样家什般地据为已有，眼光时时刻刻紧紧地盯在男人身上，活像监护一个病人或者看管一个犯人似的，她就没顾及到男人的感受吗？

女人无端地捕风捉影乱猜疑，是最令男人烦的，越是紧张得不得了的女人，反而越是易在"家庭保卫战"中败下阵来。她不是败给了其他女人，而是败给了自己的乱猜疑。

婚姻专家点评

女人的胡乱猜疑会导致男人精神压力大、极度厌烦，从而对双方的关系产生很大的危害。

理解和帮助才是爱

有的女人认为，因猜测而产生妒忌足以证明她们的爱。而实际上，这只是一种自私的体现。因为她仅仅是希望她的丈夫不会发现比她更理想的女人，让他感到更有趣、更刺激，从而对自己构成威胁。而过分的猜忌早晚会毁掉美好的感情，是

真正促使男人疏远你的原因，因为没有男人喜欢这样的女人，他会觉得累。

作为妻子，对丈夫严加看管不是爱的正确表现，理解和帮助才是爱。理解是爱的别名，是沟通两颗心的桥梁。有这样一个真实的故事：谢爱琴是牛得草艺术事业上的知音、益友，也是他生活上的贤内助。文革期间，丈夫患右侧偏瘫，她侍奉汤药，夜不解带，很是感人。牛得草拖着病体躲在被窝里编写豫剧剧本，她不怕株连，为丈夫送纸、笔、手电。当她看到丈夫一个月内在被窝里写出两万字的剧稿时，心酸得嚎啕大哭。对丈夫，她充满着热爱、理解和支持。这是多么的难得和可贵呀！

时下不少男人感叹通情达理的女人越来越少了，即使有也是稀有动物。如果总处在这种内心苦闷、左右为难、牢骚满腹的境况下，迟早会造成一场严重的家庭变革，甚而会使家庭破裂。无论丈夫多么爱妻子，妻子多么爱丈夫，两个人都不可能与世隔绝，永远活在两个人的世界里。妻子要有事业追求，丈夫更要有事业追求，如果没有原则地乱插手男人的事业，那么必将会给男人带来烦恼和意想不到的损失。

所以，男人该提前扼制这种不幸的发生，不能对妻子听之任之，一定让她明白这样是严重的错误，并通过自身的努力去改变她的这种作风。

有句话说得对，婚后的女子要警惕被丈夫抛弃，不是光靠一双警惕的眼睛就能维系的，用柔情感化他、用体贴打动他、用情理疏导他、用能力征服他、用魅力迷住他才是最正确的方式。

如果你的妻子有捕风捉影乱猜疑的习惯，那么既不要放纵她，也不要呵斥她，而是教导她采用正确的“爱”的方式。

对于女人捕风捉影乱猜疑这一劣性，男人首先要能正视，然后采取正确有效的解决方法改变她。

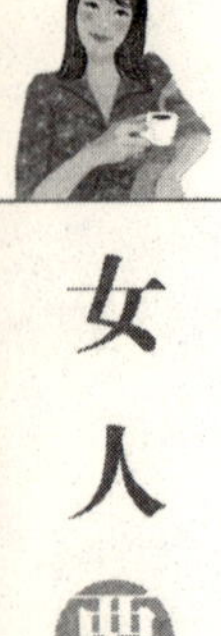

第二节 作风浮躁、不安分

ZuoFengFuZaoBuAnFen

1. 没有口德

无事生非的长舌妇

“无事生非的长舌妇们”都有一个共同的特点，就是话多，不如男人那么含蓄深沉。这类女人往往心直口快，有什么都想向亲近的人说出来，否则就坐卧不宁。

这类女人的天赋便是无穷无尽地絮叨，她们可以把没有的事情说得跟真的一样，甚至可以把死人说得活转过来。这样的女人往往“笑人无，嫉人有”，她的目光扫描了这家又扫描那家，比了东家比西家。你要比她强，她恨你，你要不如她，她会笑你；你风光得不得了，她深深地嫉妒你，你要是窝囊了，她就笑话你。

这类女人有喜欢打探别人隐私的强烈欲望，喜欢和别人分享秘密，凡事不论大小、对错，在半生不熟时便向别人推心置腹，坦露秘密。

这类女人喜欢打探别人的隐私，首先是由得知他人的不幸确认自己的幸福。那些热衷于打探别人隐私和丑闻的女人，她们的心理总是在一种莫名的平衡点上：“我才不会发生那种事呢！”或者“还有比我更不幸的人呢！”

这类女人心中常常有不满和不幸的意念。为了知道这个世界上还有比她更不幸的女人，她们专门找些不幸的“丑闻”和“婚姻纠纷”事件，用“比上不足、比下有余”的心理来安慰自己。也就是说，由探得别人的不幸来反衬自己的幸福，以此平衡自己的“不满”。

举个例子说，一个家里有钱的女人会因为空虚而感到不幸福，她就乐于听到一个比她更有钱却精神生活又悲伤又可怜的真事，那样她就心理平衡了。所以说，有一部分女人特别喜欢询问、打听、传播他人的私事，并不一定有什么实际目的，仅仅是以刺探别人隐私使自己心理满足而已。

这类女人特别喜欢听别人的丑闻,包括麻烦、挫折、混乱、困惑的事,都是当事人最不愿意让别人知道的秘密,从而把别人的不幸事件作为对自己的一种补偿。比如说,那些知名度较高的演员和艺术人员,都是平日里女人们既羡慕又嫉妒的对象,但女人们最愿听他们的丑闻和不幸消息。那些八卦娱乐周刊不总是披露明星们的不光彩事件嘛,就是针对了女人们的这种心理而产生的,什么某个影星跟谁亲近了,某某影星正协议离婚等等千篇一律的内幕绯闻。

男人往往没有这么无聊的兴趣爱好。女人则对于这类丑闻永远保持着最大兴趣。即使在美容院里洗头时,女人的话题总是离不开电影明星的私生活如何如何。没有交谈对象就看杂志来解闷,杂志的内容还是以影星绯闻为内容的内幕报道。

为什么女人对别人,特别是明星的丑闻感兴趣呢?首先是爱嫉妒心理造成的。名人都是社会上的成功者。谁都想成功,想出名。对那些特别爱嫉妒的人来说,名人们尽管是经过自己的辛勤努力才出名的,但她们仍然会认为他们只不过是运气好,自己辛辛苦苦不知何时才能有出头之日,所以一旦名人的丑闻被暴露出来,她就会长出一口气,心理也稍稍平衡了。

另外,是幸灾乐祸心理造成的。在日常生活中,人们经常遇到类似这样一种女人,她们的性格里充满了恶毒的成分。她见了与她无关的灾祸,都会兴奋得手舞足蹈:“哎呀呀,不好啦,那里的大楼黄铺了,你们快去看呀”、“哎呀呀,不好啦,街道上出车祸了!你们快去看啊”。

她嘴巴上说的是“不好啦”,可她脸上却表现出高兴的神色来,明显就是“幸灾乐祸”。这种性情恶劣的女人是让人无法容忍的。

有时候,她们的谈话内容大大超出了人们能够容忍的范围:拨弄是非,擅长散布小道消息,抖搂抖搂家长里短等等,以从中寻找乐趣。这种无事生非的长舌妇最招人讨厌。

“王小姐对总务科的赵先生好像很有意思。听说有人看到他们紧紧靠在一起散步了!”这种仅仅是“听说”来的事情,一旦传播开来,就被人们添油加醋得形象生动起来,而那个“莫须有”故事中的男女主角就成了被害者,正常生活被无情地打乱、身心都深受其害,这也就达到了制造绯闻、传播绯闻者幸灾乐祸、看热闹的目的。

这种无事生非的长舌妇煞是可恶,不知为了满足自己的私欲害了多少无辜的人。心理学研究证明,人人都需要一个不受侵犯的生活空间,同样,人人也需要有一个自我的心理空间。连夫妻之间、父母与儿女之间、兄弟姐妹之间、亲密的朋友之间,都需要保留个人的内心隐秘,都会有不愿向他人坦露的内心世界。

“静坐常思己过,闲谈莫论人非”是一种修养,是一个受人尊敬的女人所必备

的；而对于这类偏偏喜欢逆人心而行的长舌妇，万万不可随其同污合流，也不能迁就，而是该如过街之鼠，人人喊打的。

有一类女人，是天生的"长舌妇型"，幸灾乐祸、搬弄是非。这类女人是招人讨厌的，是不该迁就她的。

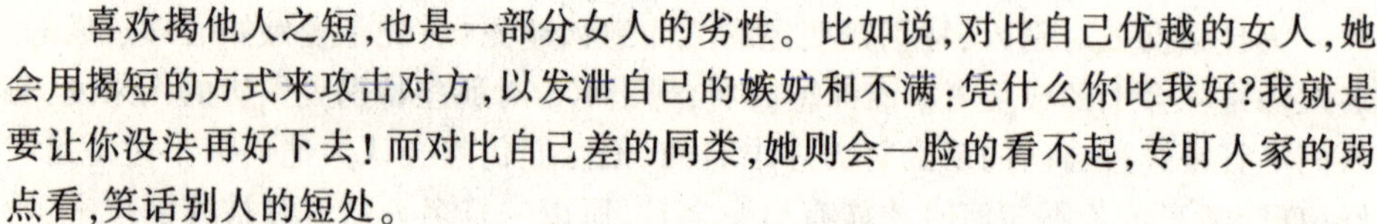

乱揭他人短

喜欢揭他人之短，也是一部分女人的劣性。比如说，对比自己优越的女人，她会用揭短的方式来攻击对方，以发泄自己的嫉妒和不满：凭什么你比我好？我就是要让你没法再好下去！而对比自己差的同类，她则会一脸的看不起，专盯人家的弱点看，笑话别人的短处。

有这样一个故事：三个女人在咖啡厅里边喝咖啡边聊天，有一位女人先行离去，剩下两位继续聊。不久，那位先行离去的女人又折了回来，神情诡异地对两位女人说："我把包落在这里了！你们可能没想到，里面装着录音机呢！"另两位女人闻听此言，顿时脸色大变，额头渗出汗珠子来。

为什么？因为，那两位留在咖啡厅的女人一直在说离去的那位女人的坏话，而那位女人也正想听听她们的谈论，所以采用了这样一个高明的办法，拿到了"铁证"。

这就是女人，对于表面上亲密相处的同性朋友，可能会一转脸就谈论人家的短处，并把这当成话题、当成习惯、当成乐趣。

一部分女人不仅会对同性朋友如此，对自己的人生伴侣——丈夫也不放过。

夫妻之间朝暮相处，本该本着相敬相爱的原则，可是，有的女人却专爱揭男人隐私，以此来作达到某些目的的"必杀技"，成功地对丈夫进行要挟，使其被降服。

何谓隐私？隐者，谓之不公开；私者，不容侵犯；隐私，是尘封在情感深处的一本私人存折，是秘而不宣的事，男人的隐私比女人埋得更深，因为他们是家庭中的父亲、丈夫、儿子，是一棵挺拔的树，要有坚定的双臂和厚实的胸膛，如果显出软弱和混乱，那么形象必定坍塌，从此抬不起头来做人。

所以说，隐私是男人的一块心病、一处伤疤、一片雷区，一旦触及，必受重创。如果是好女人，是绝不会轻易去揭丈夫的隐私的。现实中却有的女人以此为要挟男人的"必杀技"，以达到某种目的。

有一个女人染上了赌瘾，并一发不可收拾，下了班连家都顾不上回，就聚众搓麻将，将家务和孩子统统扔给了男人。男人不知有什么短在妻子的手里，所以不太敢哼声，默默地当着"女人背后的男人"。

时间长了，终有承受不住的一天，家务堆成山，家庭经济也亮起了红灯，眼看就要入不敷出了，于是男人不得不上前劝阻。

哪料，妻子竟当着众"赌友"的面抖搂开了丈夫的"痛处"，让丈夫落荒而逃。于是，女人继续搓麻，男人继续当她背后的男人，并为她解决赌资问题，从此女人便更加理直气壮、变本加厉起来。

遇到此类妻子，男人真够头大的。有正确婚姻关系理念的人都知道，男女相悦相伴，要能够有一份惺惺相惜的情谊、欢乐与共的关爱、互谅互助的勇气、可信可赖的真诚，但是如果对对方施恶，那么必将引起恶性循环，使家庭气氛充满火药味，毫无温馨幸福可言，严重的导致婚姻破裂。

如果你拥有一个知书达理的妻子，那么你就是幸运的，该加倍珍惜；相反，如果你的妻子常常言语尖刻，乱揭男人伤疤，那么就要小心了，绝不能听之任之，如果不加以及时的劝导，就有可能以婚姻破裂而告终。

喜欢揭他人之短也是一部分女人的坏毛病，拿别人的痛苦换取自己的欢乐，这对于夫妻关系无疑会造成巨大的损伤，需要男人正确对待和处理。

2. 过分求虚荣

对男人"明码标价"

有一类天性清高的女人对男人的要求太苛刻，无论在选择男友时还是婚姻生活中，都把太多的希望寄托于男人身上，使男人不堪负重、喘不过气来。

在选择男朋友的时候，有的女人会像明码标价一样规定男友所必须具备的"硬性指标"，比如说长相、身高、学历、经济基础等等，差一分一毫都不可以。非找一流大学出身、在一流公司工作、月收入要几千元以上、身高不能低于一米几几等等。哪怕自身条件根本就不怎么样，也还是对男方要求种种，把绝大多数男人都拒之门外。

比如说身高，多要求比自己高出多少公分：一定要在我自己的身高加高跟鞋的高，再加上一些，不然怎么成呢？站在一起多难看！有位小伙子就是这种原因被一位姑娘拒绝了。媒人问，那么好的小伙子，你为什么就看不上呢，真替你感到可惜。姑娘说，我知道他是个好小伙子，唯一的不足就是个子太矮了，和他站在一起多别扭呀。

女性为什么不喜欢矮个子呢？最大的理由是走在一块儿时不雅观。若天下所有的女人都心存这种观点，那么诸多的矮个子男士岂不是都要打一辈子光棍了！

如果说接受不了男人个子比自己矮，还有情可原，但是如果自恃漂亮、条件好而横挑竖捡，对男人左看右看看不上眼，那么就只能落得当"孤家寡人"的份了。

清高的女人多是因为可选择的男人很多，所以认为自己大有资本在，随即就心高气傲起来，即使有很出色的男人出现，但也总觉得与自己梦想中的白马王子有一段距离，专挑人家的不足之处，于是就居高临下地不肯接受他。

有一位大学里的校花，模样娇俏、身材苗条，心仪她的男生自然不在少数，可女孩的心气极高，虽然其中不乏相当优秀的男生，对诸多追求者无一接受，因在她眼里，没有人能够达到她的要求。

参加工作后，她依然不改旧习，对追求者横挑竖捡，直到婚龄，她依然独身一人。又过了几年，她的同龄人几乎都有了孩子，她仍然孤身一人，再看看身边追求她的男人，较之从前可谓"残军败将"了，更让她看不上眼，不禁感叹无可奈何花落去。对男人的苛刻要求，使自己错过了最好的年龄和最好的人选。

可以说，这种女人不仅会害了真心喜欢她的男人，更会害了她自己。

因过分求虚荣而对男人明码标价的女人，对其是该避而远之的。这类女人对他人无益，对自己也无益。

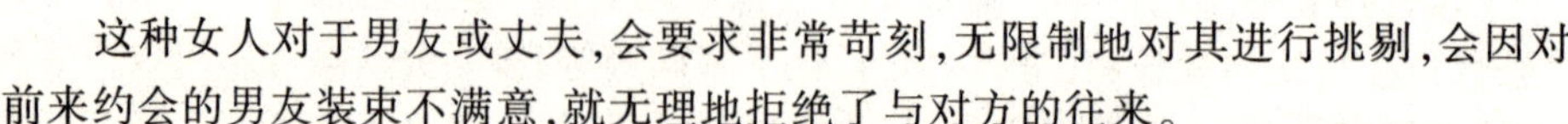

对男人要求过高

这种女人对于男友或丈夫，会要求非常苛刻，无限制地对其进行挑剔，会因对前来约会的男友装束不满意，就无理地拒绝了与对方的往来。

如果丈夫或恋人的形象外表受到别人指指戳戳的时候，这种类型的女人会如同自己被人羞辱一样的难堪。有的女人在夫妇相偕外出时，常会对丈夫的言谈举止“不厌其烦”地加以挑剔，并强求对方按照自己的要求去做，因为她需要男人穿戴得体，形象潇洒以期给自己脸上增色。

著名作家马克·吐温说：“有一位先生，没有系领带就去邻居家拜访，回家后，他妻子对他大加指责。他在受到指责后，就拿起一条领带，附上一张纸条，送到邻居家里，纸条上这样写着：刚才我没有打领带，在府上打扰了半个小时，现在将这条领带搁置半个小时，以此赎罪。”

幸好这个男人既胸怀大度，又懂得幽默，才巧妙地对太太的苛刻要求进行了抗议，使太太在一笑了之后，发现自己对丈夫的要求是太苛刻了。

女人后半生的幸福和命运，常与婚姻有着巨大的关联，甚至可以说是由婚姻来决定的。因而，女人在选中了目标并走进婚姻后，就可能产生通过男人实现所有心愿的目的，寄太多的希望在男人身上，包括不现实的和根本就不可能实现的，这些苛刻的要求会把男人压得喘不过气来：女人要求男人既是丈夫又是情人，既是朋友又是兄长，而最好是连同父亲的那份责任也担起来……对男人的苛求多到不可思议的地步。

例如，她要求男人在出外旅行的时候是个“挑夫”，在家里是够一级厨师的“伙夫”，进了交际场合是个彬彬有礼的绅士，进了商场则是个腰缠万贯的阔佬，在丈母娘大人面前则应该像一个恭恭敬敬的“小学生”，在体贴入微方面恰似伺候慈禧太后的李莲英，在公众场合则跟在后面像个职业保镖……

以上只是女人对男人要求的一部分，她的要求会随着所感所受时时增加，并且越来越“专业”，能苛刻到让男人跳楼的地步。

她们一会儿要求男人是乖巧的“小白脸”儿，一会儿要求男人变成一位善解人意的绅士，一会儿又要求男人是富有强烈责任心的好丈夫，但过一会又突发奇想地要求男人是胸脯上长满了胸毛的歹徒，或者是阳刚至极的冷面杀手，或者是铁塔般可以一口咬断钢丝的硬汉子……

总之，她要求男人像橡皮泥一样，任她怎么捏怎么是，要求男人一身而兼三任、四任、五任……即使男人是三头六臂的神仙，恐怕也变不出这么多的花样来。遇到这种女人，不把男人折腾得哭爹喊妈才怪。

此类对男人要求过于苛刻的女人，男人切记小心谨慎，无论她多么娇艳诱人，多么讨人喜爱，都不能纵容她的这种恶习，否则，她会越来越嚣张。

对男人的要求太高、太苛刻是不可取的。因为人无完人，做得再好也不可能达到无可挑剔的程度。

一心图虚荣

有一类女人过分讲求虚荣,不追求实实在在的东西,如此就失去了一个人应具有的美好本质,进而退化成了“虚荣”的奴隶。

有的女人纯属“盲目”追求虚荣,只图从虚荣中求得快乐和满足感。她们说:“人活一世,可千万别亏待了自己。”有一个女孩子曾经这样描述自己的生活:“我是比较追求享乐的,我认为无论金钱、地位、家庭,都是为了把短暂的人生装点得美好。况且对于我来说,开心是人生最重要的事情,所以我寻求快乐,而不是寻找真理!我和朋友们一起去游泳,一起去看水上舞蹈……”

瞧瞧,谈话内容全是对虚荣和快乐的追求,没有一点有分量的理想和追求。只知道享受的女人不是生活的创造者,而是生活的奴隶。

现在,此类女人有相当一部分,她们事事都过分地讲求虚荣,饭店要上高级的,东西要买高价的,送礼要送值钱的,否则就看不起对方,或者认为对方轻视自己——都是女人的虚荣心理在作怪。

从心理学角度看,虚荣心应属于人的情感特征。同人的其他情绪发生一样,虚荣心的出现也取决于人的某种需要。人的需要有多种层次,它包含着广泛内容,在许多方面因人而异。虚荣心强的人,一般自尊心也较强。而虚荣并不完全能代表自尊,虚荣心是一种过分膨胀的、扭曲了的自尊心。

当然,虚荣的女人在谈恋爱交男朋友时,也是以能否满足虚荣为重要参数的。虚荣心过重的女人,在选择男友时,并不着重这个人内在的本质、品德、涵养,而是图他的长相、学历、工作、经济基础等外在的东西。只要对方给自己“增光”,不管其为人如何,思想、感情、个性能否同自己契合,都可以成为“意中人”。

比如说,有的女人一心想嫁个富有的男人,有的女人看到对方有个高官厚禄的爸爸,就情窦大开。凡此种种,可以说她们追求的并不是对方的人品、个性、志趣、修养等人的内在素质,而是看其能为自己提供多少“面子”的外在条件。

当然,这也是一种大众心理趋向,绝大多数人都喜欢与有名望者结识、交往,但是在择偶时过分注重外在的东西,那么,无疑就是过分地讲求虚荣了。更露骨的是,有的女人在恋爱中不注重对方给自己多少关怀,而注重对方向自己贡献了多少钱,把纯洁的恋情变作了金钱的关系。如果男人花的钱不多,女人就会不高兴。

真正明智的男人,是不会去爱这种女人的。

一心图虚荣的女人往往是严重的拜金主义者，成为金钱的奴隶，内心却没有正确的人生理想和追求。可谓“金玉其外，败絮其中”。

对男人朝三暮四

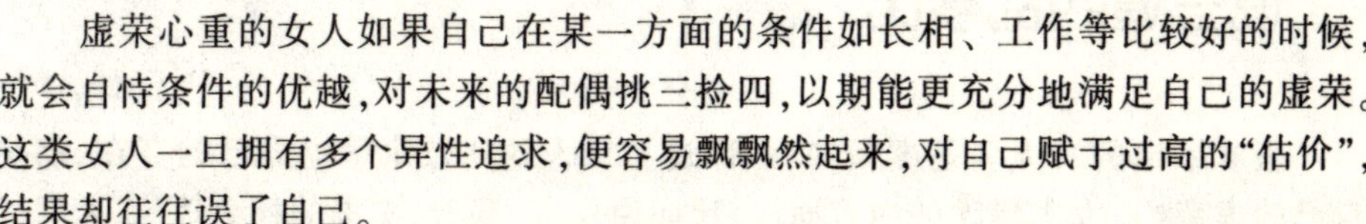

虚荣心重的女人如果自己在某一方面的条件如长相、工作等比较好的时候，就会自恃条件的优越，对未来的配偶挑三捡四，以期能更充分地满足自己的虚荣。这类女人一旦拥有多个异性追求，便容易飘飘然起来，对自己赋于过高的“估价”，结果却往往误了自己。

曾有一个青年女工，本来同一位共青团干部谈恋爱的，双方感情也不错，后来又有两位男青年见她长得较漂亮，也来向她献殷勤。追求的人一多，女青年顿时觉得自己高不可攀了起来，不仅对共青团干部看不顺眼了，觉得眼前的人选统统都配不上自己了。结果，追求她的人都找到了女朋友，她却孤身一人，落得羡慕别人的份。

还有一位女教师，腿部有点残疾，多年来一直未能觅到理想的伴侣。后来，一位男教师对她产生了好感，经过一段时间的接触，他真诚地向她表露了心意，她受宠若惊，感动极了。这时，另一位原先也对她不错只是对她的腿疾耿耿于怀的人，出于从众心理，也开始追求她。如此一来，女教师就洋洋得意起来，仿佛自己一下子成了公主，觉得眼前的两个人条件都不够好，自己还有很多更好的选择。

爱她的男老师见她久久不与他确立关系，不得不退出。而另一位男人的从众心理也随着竞争对象的消失而消失了。这时，女教师才如梦初醒，但追悔莫及。这就是她萌发虚荣心而不珍惜眼前拥有而导致的。

有着正确恋爱观的人都知道，爱情的基础并不是各种条件的相配，心灵的撞击和感情的相融也不是长相、身材、职业、经济条件等外在因素所能决定的。即使就这些外在条件来说，绝大多数人也是这几个条件好一些、那几个条件差一些，各方面条件都好或都不好的人固然有，但毕竟是不多见的。

在选择恋爱对象时，如果动辄就虚荣心作祟，朝三暮四，总是想着还可能出现更好的选择，就是对眼前的男人不尊重的体现。这种朝三暮四求虚荣的女人，由于不追求双方情感的融洽，就会使双方的关系很虚假，即使成立恋爱关系，也潜伏着某种危机，一旦她所求的虚荣得不到满足了，那么双方的关系可能也就会随之而告吹了。

所以说，在选择恋爱、结婚对象时，切不可轻易把自己交给虚荣心重的女人，她们很少会与男人交心，感情也就建立在不正确的理念上，是脆弱易碎的。

婚姻专家点评

对男人朝三暮四的女人，往往没有正确的感情观和人生价值观，随波逐流、变化无常，既耽误自己也耽误别人。

说三道四乱攀比

喜欢攀比的女人多是虚荣的，她通过与别人的比较来确立自己的存在，满足自己的虚荣心。女人攀比的内容面广，比如说住房、穿着、丈夫的社会地位、家庭的经济实力等等，都是她们攀比的内容，有此嗜好的女人都乐于向他人炫耀自己较对方突出之处，从而赢得羡慕。

女人最常相互攀比的就是消费了，因为消费在生活中几乎无时不有，一顿饭、一支口红、润肤霜、时装、鞋子等等，都是女人们惯常谈论的内容，你看商场里琳琅满目的商品，多是为女人准备的。为了满足虚荣，她们愿意去大商场买高档货，因为这可以成为炫耀的一种资本。

你有一样什么东西，我也就想办法有一件什么东西。你的衣服是从广州买的，那我的衣服就从日本买；你的是从日本买来的，那我的衣服就去巴黎时装展示会上买；你一只手上五只黄金戒指，我就戴上白金镶钻的；你一天换一身衣服，那我就上午换一身，下午换一身……家里的衣服已经堆成了小山，嘴里还总是喊着："实在没衣服穿啦，这可怎么出得去呀！"每次出门之前，衣服试了一套又一套，各种各样的鞋子摆出来多得能开鞋铺了，可心里还是惦记着再去购买。

她们对新颖的款式以及对流行的色彩都十分敏感，她们的消费品味越来越高，要依照她们的购买欲，把商场整个儿搬回家里来才好。无限度的消费攀比，是需要以雄厚的经济基础为后盾的。试问，除了超级大款外，有几个男人能够承受得起如此折腾？

所以说，有个经济基础雄厚的丈夫就显得格外重要了。通过丈夫来抬高自己，也是这类女人卖弄虚荣的一个有力砝码，因此常借丈夫来成全自我优越意识。

"我老公出差回来给我带来了什么什么东西了"、"我老公出差去了一趟美国，过几天又要到英国去了，累得不得了，一回来就睡着了"、"出国都出烦了，可有啥办法啊，他不去，生意就谈不成的。人家外国就认他一个人……"、"这是我们在国外照的照片。你瞧瞧，这是国会广场，这是白宫。这不是美国，是法国了，这是凯旋

这是卢浮宫，这是……”

有些女性为了让人家知道自己的丈夫当上了经理，逢人就说：“自从当上了经理，就忙起来了，外面应酬多，很少回家吃晚饭！”她脸上露出无奈的神色，心里却是得意非凡的。有的女人就干脆编造出一些“莫须有”的梦幻般的丈夫工作背景，往自己脸上涂脂抹粉，装得还蛮像回事似的。她们在光天化日下公然撒谎，无非是求得在攀比中得到满足。

女人常爱对比别人的丈夫，一旦比出丈夫的劣势来，甚至抛下多年的感情而嫌弃丈夫没本事，不如某某的丈夫职位高，不如某某的丈夫能赚钱，因而对丈夫左看右看不顺眼。或者是婚前对丈夫寄予了太多的希望，而经过一段时间后发现，有些愿望得不到满足，就开始羡慕起别的女人来。

十全十美的事情往往是不存在的，有些女性偏要丈夫成为自己心目中的十全十美的人，如果发现丈夫有一点小毛病，就会产生后悔的心理。这类女人还总爱拿自己的丈夫与同事或同学的丈夫进行比较，而比较时只是看到别人的丈夫比自己的丈夫强，却视而不见这些人不如自己丈夫之处，由于总是看不到自己丈夫的优势，结果就会失望，进而后悔。

男人听到自己太太羡慕别的女人的男朋友或丈夫，都会受到一种打击。有的女人却偏偏不停地这样打击丈夫：“我真羡慕她！嫁给了一位一表人才的好男人！”这就等于明确地告诉丈夫，你不是一个一表人才的好男人，你与他相比，至少差一大截。

或者说：“赵小姐的先生还不到三十岁，就有几十万元的存款呢！他们住在很高档的小区里，最近打算买车了！”这就等于明白地告诉丈夫，你不如人家，你没有本事让我住在同等高档的小区，没本事买辆车开。

遇到这类只会以羡慕别人来寄托自己生活价值的女人，实在是男人的不幸。那些“长他人志气，灭自己威风”的话，不但会令丈夫厌烦，还可能严重地危及到他的自信心，使其丧失男子汉气概。

有的女人更过分，时常就用露骨的话来奚落丈夫，表达她“恨铁不成钢”的心情。

妻子：你看人家某某，年轻有为，已经提为局长了。你呢，在单位混了这么多年才混到小科长，而且还是副的。

丈夫：人各有志！

妻子：看看人家老李，搞第二职业发了大财！

丈夫：充其量也就是暴发户！要那么多钱又有什么用？我们俩的工资加起来，过小康生活足矣！

妻子：没出息！看人家开进口车，你坐公交车就不觉得脸红？

丈夫：可我有时间陪你和孩子逛街、逛公园，他行吗？

妻子：窝囊废！谁稀罕你陪！有本事你如何如何……

有攀比心理是正常的。但是要有分寸，如果事事攀比、过度攀比，那么就是危害了。即使男人再努力，也不一定就能达到成功。一个人要在社会取得成功不仅靠主观的努力，而且涉及许多客观因素，综合起来就是所谓天时、地利、人和。

如果因为丈夫不如某某，那么就动辄甩出“窝囊废”一类的话来来奚落丈夫，那么，不仅不能使男人更加奋发，还会挫伤他的自尊心与自信心，令他觉得无法在社会、在家庭立足，从而颓丧起来，夫妻间的感情也会大大受挫。

针对此类女人，男人切不可任她乱攀比，也不能把她的胡言乱语放到心里。如不能说服她改变心态，那么就要本着一句话：走自己的路，让她说去吧！

喜欢乱攀比的女人，往往心气浮躁不踏实，总是这山望那山高，不能本本分分过日子，甚至对男人横加指责。对此，男人要有正确的认识和处理方法。

为虚荣逼夫“惹火上身”

自古以来，就有“女人是祸水”一说。中国女人的“祸水”之说可谓源远流长，早起西周，便有了奇特的“女祸论”，妲己投之一笑，商纣王朝便毁之一旦；西施致使吴国夫差人国俱毁；杨玉环不仅使唐玄宗声名狼藉，还葬送了辉煌的前程。“女人是祸水”这句话是尝过女人甜头后又吃尽女人苦头的男人用血、泪、前程甚至生命为代价总结出来的，成为至理名言以及一些人的“座右铭”。

不仅中国人有此一说，就连国外人士也有同等见解，外国之所以说女人是“祸水”，其罪过如此：“成天跳舞、闲逛、搬弄是非，还给上帝子民乱起绰号……”

当然，女人受到如此贬斥，同男尊女卑的传统观念不无关联，男人干的坏事可能比女人更多、更猖獗，为什么没有“男人是祸水”之说呢？显然，此说有失公平。但是，我们不能不认识到，在某些罪过中，女人也确实起到了非同小可的“推动作用”。

不能说某些女人的心肠是坏的，但是她们比男人目光短浅、爱慕虚荣却是不争的事实，可怕的是男人经受不起她们的怂恿，从一个内心纯净、两袖清风、清清白白的好男人，蜕变为一个为了金钱而丧失原则、以身试法的人，这就不能不说是女人的错了。

特别是在经济大潮汹涌澎湃的今天，对名、利过分追逐的女人增多了，她们做梦都想能够成为有身份、有地位的人，以达到某种目的或满足某种情绪需要。自己的能力有限，她们就急切地想通过丈夫来转变命运，“夫贵妻荣”嘛。女人的这种依赖心理往往是逼着男人犯错误、铤而走险的导火索。

下面这个故事就很好地说明了这一点：

小于被公安局逮捕的消息不胫而走，人们都非常惊诧：一个好学上进的有志青年，一个多次被评为先进的标兵，一个文静而略有几分腼腆的小伙子，怎么会落得这般光景？事实是不容人们质疑的。

小于是复员军人，在银行某分理处当工资管理员，负责现金专口的接单审单。他工作勤奋，聪明好学，待人谦和，乐于帮助别人，很受同事及领导的称赞。因此曾多次被评为单位的“标兵”、“突击手”。然而就是这样一个人，竟在一年多的时间内非法挪用、盗窃国家公款达100多万元！是什么原因小于走上这条“不归路”的呢？

小于在法庭上交待时悔不当初、涕泪横流：“我不该听妻子的话，不该以身试法来满足她的虚荣与财欲，我不该错误地认为爱她就要为她不顾一切……”

小于的妻子很爱慕虚荣，当她看到周围的人都由于各种原因纷纷富了起来时，很是嫉妒，觉得脸上很没面子。恰巧她的一位好友的丈夫是一家医药公司的会计，家里摆的、用的、吃的，是自己家里无法比拟的。

有一次她开玩笑地同朋友说：“真不明白，你们家哪儿来那么多钱，会不会是你们家那口子从单位弄的？”没想到，朋友当时就承认了：“这有什么大惊小怪的，现在这世道是撑死胆大的，饿死胆小的！谁有机会不捞点儿?我不相信你们家小于整天守着钱两手就那么清白！”她如实相告：“他一分钱也没弄过，我们胆小，万一查出来怎么办？”朋友底气十足地说：“比咱们弄得多的多的是，查也查不到咱们头上。你看某某工资也不比咱多几十，哪来的钱买房子；某某的工资还不如咱呢，可人家家里的电器是进口的。你们别傻了，过了这村，没这店，你们现在不捞，待以后风紧了或不干这工作了，再想捞也没机会了。没事儿的！”

朋友的一番话，使小于的妻子着了魔似的，好似猛然醒悟，觉得自己与丈夫前几年真是白活了。回到家中，一边给丈夫似水的温情，一边把朋友的一番话说给了丈夫，并怂恿道：“你看人家，工资也不比咱多多少，可看看人家那日子，再看看咱们这日子！”

丈夫听后有些犹豫，担心出事。妻子不依不饶：“绝对没事的，现在这世道，大家有机会都捞，有机会不捞被人家当成傻冒。咱们少捞点儿，改善改善生活，反正比咱捞得多的有的是，查也查不到咱头上。”

见丈夫还不点头，她便哭起来：“你口口声声说爱我，却没本事让我享过一天福！你结婚前总说结婚后要让我过上怎样怎样的生活，没钱一切都是空话！”小于很爱妻子，见不得她哭，便连连哄劝，并狠下心答应了她，妻子这才破涕为笑。

不久后的一天，某单位一位会计来分理处领款，因为很熟，打过招呼，便把装有领款单的书包交给小于办理领款业务，小于打开包，发现里面还有数张盖好印章的空白支票。小于捏着支票犹豫了好久，但想起了妻子对他的温情和伤心的眼泪，便偷偷地将一张支票拿出来，放进自己的桌内，之后便添写了一张支票，顺利地提了六万元。

夫妻俩过了一段宽裕的神仙日子。见没出一点意外，小于的胆子便大了起来，从那以后短短一年多时间里，他采用各种手段非法弄到了100多万元。在两个人高兴得找不着北的时候，一双冰凉的手铐戴到了小于的双手上，妻子最终人财两空。是妻子的虚荣心逼着丈夫上了断头台。

小于的经历让人深思。当今社会，妻子吹枕头风介入丈夫工作的事情不是少数，甚至可以说是很普遍的。一旦遇到这种情况，男人切不可苟同，无论是妻子一时的心血来潮还是一贯作风，男人都要坚持自己的立场，对其阐明利害，如果对方以死相逼，那么即使付出婚姻的代价，也不能以前程为砝码去赌，那无异于“飞蛾扑火，自取灭亡”。

最可怕的是女人因图虚荣逼着男人以身试法，最终落得人财两空，这是所有男人都该警惕的。